被禁止的知识

天才学者揭露科学与意识终极奥秘的大胆对话

Beyond the Matrix:

Daring Conversations with the Brilliant Minds of Our Times

[美] 帕特丽夏·科莉 著　徐冬妲 译

江苏文艺出版社
JIANGSU LITERATURE AND ART
PUBLISHING HOUSE

图书在版编目（CIP）数据

被禁止的知识：天才学者揭露科学与意识终极奥秘的大胆对话 /（美）科莉（Cori,P.）著；徐冬妲译．--南京：江苏文艺出版社，2013.3
ISBN 978-7-5399-5913-9

Ⅰ．①被… Ⅱ．①科… ②徐… Ⅲ．①科学知识－普及读物 Ⅳ．①Z228

中国版本图书馆 CIP 数据核字（2013）第 009701 号

江苏省版权局著作权合同登记：10－2011－643 号

书　　名	被禁止的知识：天才学者揭露科学与意识终极奥秘的大胆对话
著　　者	[美]帕特丽夏·科莉
译　　者	徐冬妲
责任编辑	孙金荣
出版发行	凤凰出版传媒股份有限公司 江苏文艺出版社
出版社地址	南京市中央路165号，邮编：210009
出版社网址	http://www.jswenyi.com
经　　销	凤凰出版传媒股份有限公司
印　　刷	三河市金元印装有限公司
开　　本	700毫米×1000毫米　1/16
印　　张	22.25
字　　数	220千字
版　　次	2013年3月第1版　2013年3月第1次印刷
标准书号	ISBN 978-7-5399-5913-9
定　　价	39.80元

（江苏文艺版图书凡印刷、装订错误可随时向承印厂调换）

令人惊叹的工作，绝非“出众”一词可以形容！离奇的直觉和惊人的超自然天赋已经使帕特丽夏·科莉（Patricia Cori）成为一位国际偶像。同时，凭借每周一期的电台脱口秀节目“超越矩阵”（*Beyond the Matrix*），她成为BBS最为出色的电台主持之一。别具一格的洞察力以及与读者交流真相的方式，使帕特丽夏成为每一个图书馆的主打女作家。就像魔术一样神奇，这个女人将改变你们的整个人生。

——唐纳德·纽森（Donald Newsom），
BBS广播网股份有限公司（BBS Network，Inc）总裁

《被禁止的知识》探索了整个人类进程中一些最为激动人心的发展与进步，同时描绘了一幅极为乐观的未来图景。这本书的特别之处就是一系列对话对象均为当代世界最知名的思想家。

——《纽约时报》（*The New York Times*）

科莉是精神运动的杰出人物。她在国际性巡回讲座中也享有盛名。她在世界各地积极开设主题多样的课程、研讨会和工作室。她知识渊博，研发出非主流治疗方法；天赋异禀，乐于帮助人们唤醒内心能量。科莉的书和她的冥想光盘被认为是唤醒人类扩展意识的关键，受到全世界的推崇。她与17位思想精英的对话，再次彰显了她无与伦比的洞察力。

——Witchgrove.com网站书评

在这本引人入胜的书中，帕特丽夏·科莉搜集了一些她的BBS广播秀中最有争议且最为前沿的对话，同时带来各个非主流思想领域的领导者，直面改革浪潮，着手处理将于2012年发生的巨变，提出了关乎人类未来的振奋人心的全新观点。

——《书目》杂志（*Book list*）

令人惊叹……帕特丽夏·科莉再次让我们感受到了她那不可思议的精神力量。她的信念之光是如此令人惊叹……

——《光连接》（*The Light Connection*）

献给那些有远见且跳出传统思考樊笼的人
献给那些有勇气说出真相的人

矩阵（Matrix），犹如烟雾中的霓虹，令人费解，自相矛盾。

它与我们生活里各式各样的物质混杂在一起，在密度上拖累我们，切断我们的翅膀，将我们俘获在它的网中。

矩阵是有限的、狭隘的，将我们划入其千篇一律的网格中：镜厅里的戴着面具的强盗。

矩阵是嘈杂的、喧哗的，不管是在我们的内心还是外部世界，它总是用混杂、狂怒的噪声撕扯着我们——敲响大鼓，吹响号角。

它是不必要的渴求和欲望的神经冲动，是那些无法看到光明之人的牢狱。

矩阵黑暗而果决，其存在的目的是将我们的思维困在囚笼中、立方体中、盒子中，甚至角落中——或者蜷伏在我们自己制造的牢房中。那里，恐惧是看门狗，而信任不过是回忆。

然而，超越了矩阵就是光明。

光明是澄澈的，纯净的，它是释放的旋律。

它是使灵魂翱翔的一阵清风。

它是黎明，是永恒的太阳之暖。

它是凉爽的月明之夜的奇迹。

它是一个真理之地：追寻与智慧；它是一支宇宙之舞；它是神秘的国度。

超越了矩阵，那里有希望和梦想，一个使我们热血沸腾的梦想。

它是梦想。梦想。梦想。

目录
Contents

引言

复兴的共振

◆◆◆帕特丽夏·科莉◆◆◆
◆◆◆Patricia Cori◆◆◆

我总想知道，在那个伟大的时代，文艺复兴究竟是什么样子。几个世纪以来，暴力、疾病、饥荒以及痛苦一直如影随形，曾让人类心灰意懒、精疲力尽，但是他们终于破茧成蝶、振翅起飞了。一开始，他们飞得很慢，在一些特权阶级中，出现了新意识——人类潜在的想象力萌发的迹象。这些人敢于梦想，敢于在宗教和皇权的范围之内，表达他们对人类一切经历中高贵品质的追求。

很快，全球各个阶层都开始体会到史无前例的变化——巨变。艺术和文化的影响以及新科学的无限可能跨越了海洋，抵达每一个城市小镇——新的光景照亮了一个黑暗的世界，即黑暗时代。它给哲学、古代文明和神圣的宗教仪式的研究带来了生机——觉醒中的人们正是从一切探索领域中获得营养，茁壮成长。

设想一下……

21 世纪伊始，我们这些行走在地球上的人被赋予了特权：不是因为我们属于这个富裕或者说高贵的阶级，而是因为我们就站在这里。现在，我们也经历了一次复兴——诸多高八度音（many octaves higher）——我们将全面了解：我们一直在研究的栖息地是一个无限的多元宇宙，里面有数不清的物种和无数有知觉、有智慧的人类群体。

我们也从一个相对黑暗、各个阶级互相敌对的时代中进化而来。就我们所有的技术和成就来讲，人类的生存条件总体上还是比较艰苦和令人不满的。在我们的世界里，特权阶级仍然存在，他们是这个辽阔的地球上的绝少数，而苦苦挣扎着的是绝大多数人。暴力肆虐于每个角落，而人类身上的动物本质继续贪婪地追求权利，喂养其嗜血的欲望。我们和其他食肉动物唯一的区别是，我们仍然为了获得纯粹的快感而去杀戮。我们恐怕还是拥有伟大智力的物种……位于我们星球进化链的最高端。

在当今世界的黑暗时代，那些我们以为不会蔓延的疾病，自一个大洲到另一个大洲威胁着我们的生存。人们正在挨饿——是的，挨饿……这些年来，我们以为，发展到巅峰的文明已经产生了巨大的影响。

一眼看去，我们似乎完全不可能踏入启蒙时代！

在战争中，很多人看不到别的，只看到徒劳和失望，还有一些人盯着受到控制的媒体，将自己托付给人类中的败类，相信地球及其上人类没有希望可言。世界末日的鼓吹者预言出一个大日子。他们相信，我们将再次上演索多玛（Sodom）和蛾摩拉（Gomorrah）的悲剧。他们认为，生命种子终极毁灭的预言，即将应验，而最终的解决方式是世界末日大决战。

还有……

不管当今手握大权的人多么腐败不堪（不论是我们“选举的”还是强加于我们的）；不管宗教和文化的教条里有多少陈词滥调；不管地球如何改变，奇迹就发生在我们眼前……犹如奇迹在我们身上孕育——在每一个人的细胞中孕育。

我们祖先深远的愿景重现了。逻辑和直觉之间的战役开始演变成一个新的模式——一种与灵性融合的科学。当我们中和自身存在的二元性（作为物理空间中的物质领域中的生物），并改善我们自身有机体的振动信号和它们作用于生物领域的印记时，我们最终将意识到，一切事物是如何作为彼此的各个方面而存在的。一切都是宇宙中的一部分。当我们将自己带到一个自我的更高频率中时，一切都变得神圣、微妙、和谐。我们作为整体的意识单位，能够自由决定，在每一转折处，在生命的交响乐中，如何演奏自己的音乐。

由于科学和灵性正在融合，逻辑和直觉之间的分界线将会越来越模糊，直至消失。我们正意识到，自地球未曾付诸文字的伟大文明时代直至现在，我们一直都了解这一切。经过我们存在的数次轮回，生命的真正意义已经摆在我们的眼前。有时，在文明的兴盛与衰亡的循环中，我们珍贵的智慧就像一朵刚刚摘下来的玫瑰，我们已经将它捧在手中；有时，为了无法实现的也毫无意义的野心，满足个人的成就感和满足感，正是为了这些如同过眼云烟一般虚幻的东西，我们放弃了智慧。怀着谦恭的心，我们认识到，无论我们多么努力地试着证明创生的思想是复杂的也是非常不可思议的，然而，从宏观宇宙到微观宇宙，关于存在的问题却是不可避免的，但也是非常简单的。智慧被编译到各个等级的生命之中——每一片树叶，每一朵花，每一座山，每一只动物，每一片云……也有人类；还有每一个音符，每一个旋律，每一首歌，每一首交响乐。

无论我们猜想上帝是什么，我们可以肯定他或她或它拥有最异乎寻常的能力：创造了大量最动人的物质外表，并将其精确地组合成一个高级公式——其目的是在我们的星球上和我们认为即将被发现的世界中，生产出无数互相影响的生物。

除去方法、技术和工具，以及从所有灵性修炼中获得的教育，你会明白一个简单的不可动摇的真理：存在的一切都是能量——单纯的能量。一切都是意识，一切都是心灵感应。同样，我们如今正在倾听伟大的科学思想者的话语，坚信实验室中的真理。哈利路亚！心灵感应是如何在不同的框架中体现的……我们是如何制作音乐的……那就是我们追求的启蒙和知识的核心，正如我们在人生的琴键上与一个高八度音产生共鸣。

****

在很小的时候，我就知道自己天赋异禀，拥有“遥视”能力，它引导我度过了很多艰难的时刻，同时也给我制造了不少困难。那就是人类成长的过程，不断与自己认为是相遇的一切打交道——最后意识到这一切都是来自自身……你在灵魂中创造了一切。

我们大胆惊奇地前进一步，也战战兢兢、犹犹豫豫地后退一步。我们向左转，也向右转。这就是生命的舞蹈。一切都是音乐的反映，而音乐本身不是其他的，就是这些意识经历的伟大管弦乐队中的所有生物的整合体。

在我求知欲抵达高峰的那些时间里，我和大多数玄学家一样遭到嘲讽，那是因为我敢于说出有关外星生物的观点，以及一系列超现实的追求和最终表达，即人类曾经是“愚蠢的”。除了从我真正的良师即我的母亲那获得了支持和鼓励外，我发现每个角落的人都对我怀有敌意。我敢于不墨守成规，相信那些在很早的记忆中就萦绕在我脑海里的幻想。我跟“高灵”对话，他们也回应我，我从“灵界”的源头确认了我的想法。

我仍然在这样做。

有类似天赋的人们都被锁在研究所的大门外，被人误解为“疯子”。在黑暗时代早期，另有一些人被认为是“异教徒”，被烧死在木桩上。我知道，在这一生中，事情将发生改变。

那个时代已经来临。改变——真正的改变，确确实实发生在我们身上。现在，怀疑者正变成信徒，科学正拥抱那些它一直以来拒绝的东西，二元性的极点正在合二为一，成为我们个体存在的共同信念（存在于很多音符和很多和声中），也成为我们辽阔的无止境的多元宇宙的存在。

我一直追求与同伴分享和探索新的真理，所以决定主持一个广播节目。这个节目是以互联网为基础的谈话节目，至今还在BBS电台（BBS Radio）播出。节目名为“超越矩阵”（Beyond the Matrix），每周一小时。在节目里，我与世界最前沿的思想者展开讨论——这些我找来的受访者来自各个领域。为了将正在觉醒的文明新模式带给更多的人，我已与一些著名物理学家、医学家、治疗者、工程师、探险家、玄学家等交流过。

在诸多的访问中，有一些人已触碰到我内心深处。无论是证实我的理解和看法，还是向我提出挑战，都将我过去的信念纳入另一个可能的领域中。这些梦想者已经在人类经历的基础上描绘出了一幅全新的激动人心的远景。他们致力于积极的成果：相信我们有能力匡扶正义，唤醒心灵感应，治愈地球的创伤，而更为重要的是，庆祝这一时刻的进步。

他们是我们这个时代的智者之一。

我莫名其妙地感到，这些绝妙的对话应该带给更多的人，应该与怀疑者和信徒一起分享，一切都是为了一个共同的目的：提高我们对凡人和永生的意义的理解，追求一种对发生在身边的一切事情的领悟，然后从这些理解和领悟中，探明在这个广袤的宇宙中，我们所处的真正位置。那就是这本书创作的初衷，那就是这本书为什么从脱口秀变成书面文字，最终得以出版。

从著名的物理大师、现代物理学超弦理论（String Field Theory）创立者之一加来道雄博士（Dr.Michio Kaku）到保护海洋、鲸鱼和海豚的卫士，“蓝色之声”（BlueVoice.org）的创办人哈迪·琼斯（Hardy Jones），这部大胆的谈话录挑战读者，带领他们冲破传统思维的牢笼，超越自身的既定信念，与雄鹰一起展翅飞向自由思考的领域。

超越矩阵，那里没有思想警察，也不会仇罪。那里没有施害者，也没有受害者。那里没有统治者，也没有奴隶。那里没有恐惧，也没有隔离。那里没有正确的道路，也没有错误的方法……总之，没有绝对的答案折磨我们的灵魂。

在我们惊人的潜力的无限光辉中，可以发现无穷无尽的可能的现实。在这些现实之中，我们在生命的乐器上振动，将自己的旋律融入到地球的音乐中。

我们在那里创造思想，思想产生能量，而能量形成心灵感应，心灵感应荡漾在每一个思想者的脑海里。我们听到小草正在生长的声音；当波浪击打海岸之时，我们为它们庆祝；我们听到鸟儿歌唱，呼唤花儿开放。我们将自己的思想献给意识的伟大集团，向前移动，靠近悬崖，在那儿，我们纵身一跃，就像塔罗牌中的傻瓜，跳进那些未知之中……而那些已知的、值得我们信任的，其实我们一直都有所了解。

这些都写在“以太”里，就在那儿，在我们三维感觉面纱的后面。

我们又一次来到这里，将愚昧的循环留给它自身的死亡，我们高高地站着，勇敢地向前走——踏入新的黎明之光中。

这些激昂的人们对明天的设想充满了希望和期盼，我从与他们的交流中获得了深刻的见解。我希望，并且热切盼望着，这些见解能将你对生命和人类的看法提升至一个全新的高度。无论我们是否仍被环境和情感蒙蔽，无论我们是否感到自己与那些星星相隔多么遥远，请让我们都认识到这一沿着光明的涡旋星系前行的欢庆旅程……我们将这些置于身后，而一切都近在眼前。

那就是我们的财富。看……就在前面。那就是启蒙的时代：向左转，在下一颗星星出现的地方，你会在那儿……

第一章

不可思议的物理——与加来道雄对话

◆◆◆加来道雄博士◆◆◆

加来道雄博士是纽约城市大学（City University of New York）的一位教授。他是一个非常出色的物理学家，也是一位极好的老师，被誉为当今的“爱因斯坦”（Einstein）。他是超弦理论的创立者之一。他写过不少书，也在一些纪录片中把“新”物理的复杂理论解释为通俗易懂的概念。

****

■加来博士，我面前放着你所有的书……请你谈谈知识的价值吧！感谢你为人类觉醒所做的一切。

对话开始前，我想说说自己是如何找到你的。一年前，我正在看探索发现频道（Discovery Channel）。我被一个节目吸住目光，然而不巧的是，节目已经播出一会了，再现了一个行走在商场的极其痛苦的女人的故事。人们从她身体上径直穿过，而她对此完全不知情，她只有一种强烈的感觉，

知道自己不知怎的“隐形”了。镜头转向了你，你站在时代广场（Times Square）中央，解释其他维度的存在，你说纪录片中的人们其实身处另一个维度。

你能详细地解释一下维度融合的世界吗？

可以。首先，我在旧金山（San Francisco）长大，小时候，我常常连续几个小时站在日本茶园中，观看鲤鱼游泳。我常常幻想自己就是一条鱼，一条在这个浅浅的池塘中游泳的小鱼。我冥思苦想，它们是如何生活在二维世界中的：它们只能向前、向后，或者向左、向右。那么，无论哪一条鱼敢于谈论“上层”的世界，即三维世界，或是多维空间，它就会被视为“疯子”或“白痴”。我想象那里有一条科学家鱼，它会说：“呸，骗子！没有‘上面’的世界。这里只有你看到的世界；你在池塘中看到的就是存在。就是这么回事。”

所以我那时想潜到水下，逮住那条科学家鱼，将它带到“上层”世界来——三维世界、多维空间。它会看到什么呢？它将看到一个奇妙的世界，那里的生物没有鱼鳍……一个新的物理学规律，这些生物离开水也能呼吸……一个全新的生物学规律。无论大家相不相信，今天，我们物理学家认为，并在试图证明，我们就是那条鱼。我们把自己的一生都消耗在这个三维空间中（向前、向后、向左、向右、向上、向下）。有人敢于提出存在看不见的世界，一个我们无法看到、触摸的世界，这些人就被视为疯子。

■顺便说一下，我就是其中之一。在我这一生中，我的那些在未知世界的深刻经历，一直遭到蔑视和讥讽。

不会再有人嘲笑你了。当今潮流已经发生了巨大的变化。如今，物理学家相信，事实上，我们也许可以考虑更高维度的存在，即我们看不到的维度，而这些维度就在我们身边，就好像对于鱼来说的“上层”世界。

■你说的“多维空间”是什么意思？你在书中提到了十维，意为现实的“分层”。我很好奇，你为什么把自己局限于十维空间中，又是如何得

出这些结论的？

爱因斯坦曾有一个梦想，他花了30年去追求这个梦想——创造一个“万有理论”（Theory of Everything），一个有一英寸长的方程式，将宇宙中的所有作用力归纳在内，让他读懂上帝的想法。然而，每当我们将重力方程式、光的方程式、比率方程式合并到一起时就会发现，在三维世界里没有足够的空间，即没有足够的空间将所有的作用力填塞在一起。然而，如果你假设存在一个更高的维度，事实上，可以假设到十维度，那么所有的作用力都会完美优雅地落到一个简洁的关联理论中。这将震惊整个物理界。但是爱因斯坦走得不够远。他在四维度就止步了，而你如果走到六维度、七维度、八维度……一直走到十维度，那么可以简单又完美地描述这些更高维度的世界。

现在，我们假设宇宙是一个类似肥皂泡泡的东西。我们生活在肥皂泡的表面，无法离开。我们被困在这里，就好像苍蝇被粘在苍蝇贴上，而肥皂泡正在膨胀——这一点可以用我们从卫星上获得的很多数据来证明。但是我们至今仍相信还有其他肥皂泡存在，那些肥皂泡上漂着的是什么？那些肥皂泡会膨胀成什么样子？如果宇宙膨胀了，会变成什么样子？

我们认为它将会变成更高的维度空间。这令我非常高兴。当我长大时，我去了主日学校。在那里，我学习了《创世记》（*Genesis*）和宇宙的起源。但我的父母都是佛教徒，他们相信涅槃，涅槃既不是起源也不是末日。现在，我们物理学家认为，我们可以将佛教与犹太教和基督教中的“创世记”融合在一起。

我们的确相信，宇宙起源于一场爆炸，但是这些大爆炸却每时每刻都在发生。它们发生在一个更为广阔的涅槃之海中，我们目前给它命名为“十维超空间”。我们认为，我们有一张漂亮的图片，上面描绘了宇宙起源、成长、膨胀以及其他已经形成的宇宙，那些平行的世界，以及一个更为广阔的永恒的领域：涅槃——佛教中的涅槃；物理学上的涅槃；十维超空间。

■那么，你说的是我们可能会接受这些概念：那就是一切，那从来就是一切，那永远将是一切。大爆炸将成为一切永恒存在的证明？

说对了。人们很难将大爆炸和一些神学理论相协调，然而这张大图片，这张多元宇宙的图片，呈现了诸多过去模式的漂亮、完美的和谐。无论你信不信，这张图片与卫星数据相吻合。

我们目前有绕地卫星，即 WMAR。卫星显示宇宙年龄为 137 亿年，展示了所有和图片相吻合的数据：我们手中的这张图片——泡泡们，就像来自一场泡泡浴；设想一次泡泡浴或是一个跳出来的、不断膨胀的泡泡，一些是小泡泡，一些是与其他泡泡相撞的泡泡。这就是从现实中创造出的新图景。纵观历史，我们可以在宗教中看到这一图景。

■这一图景是如何与宗教产生联系的呢？

如果你看一看《创世记》的第一章第一篇，就会看到在上帝创造宇宙的时候，书中提到的瞬间。这与宇宙大爆炸理论是一致的。事实上，曾经有一位天主教大主教说，宇宙大爆炸理论与《创世记》是能相提并论的。但后来，我们有了印度教和佛教的一些模型，宣称宇宙没有起源，也没有结束。宇宙是永恒的，所以我们有了涅槃。因而，我们不仅仅看到了两种观点的融合——宇宙大爆炸发生在涅槃之中，也看到了大爆炸一直在发生。

甚至在我们说话的瞬间，很多宇宙诞生了，我们的卫星数据与这张图片吻合——永恒的大爆炸，永恒的膨胀。事实上，我的一个朋友艾伦·古斯（Alan Guth）也许会因这张图片与卫星数据相吻合而获得诺贝尔（Nobel）物理奖。我认为，我们有一门非常好的综合科学，它来自卫星数据、爱因斯坦的统一场论以及宗教理论框架。

■由于你出色的工作，让普通人也能够理解物理学领域的复杂概念，我们对此表示衷心感谢，因为这些概念实在难以掌握。你可以给我们简单说说超弦理论（你被认为是该理论的创立者之一），以及这一理论是如何与量子物理产生联系的？

两千多年前，毕达哥拉斯（Pythagoreans）哲学派的希腊哲学家们对希腊的七弦竖琴进行分析，希望由此找到音乐的数学比率：和声数学。我们为什么有升半音和降半音，三分音符和五分音符，以及大三和弦和小三和弦？利用希腊人对它们的数学理解，得出的结论是，音乐遵循了数学规律。当他们意识到这一点时，大为震惊，由此他们认为：或许也可以用音乐语言来解释宇宙。然而，他们失败了。那时，他们不知道原子，也还没有发展出化学和物理学，这些概念还不为人知。

现在，我们已经圆满地完成了任务。我们有太多的离子、电子和中微子；我们有伽马射线和希格斯（Higgs）玻色子粒子。为了获得加州大学（University of California）的博士学位，我不得不记住成千上百个亚原子的名字和它们的外国名字。

今天我们相信，所有的粒子只不过是音符——在橡皮筋上震颤的音符。如果我用一个显微镜来观察电子，会看到它完全不是一个点（那是一张旧照片），不过是一根震颤的橡皮筋。如果我改变振动的频率，它就会变成中微子；如果我再改变，它会变成和声。我又一次改变频率，它会变成上百个我为了获得物理学博士学位而记下的亚原子之一。

我希望，将来申请物理学博士学位时，你只要说“超弦理论”就能拿到博士学位。如今我们物理学家认为，物理只不过是振动弦的音乐。化学是在这些振动着的琴弦上你弹出的旋律。宇宙是这些振动弦的交响乐。那么，上帝的想法是什么呢？

我刚刚说到，爱因斯坦花了 30 年时间去追求一种能够让他读懂上帝的理论。不管我们信不信，我们现在已经有了另一个候选人，一个能够读懂上帝的候选人，他已经让整个物理界为之振奋。《时代》（*Time*）杂志、音乐杂志以及所有的主流网络写了很多这类故事——上帝的想法。我们物理学家认为，它是通过超空间共鸣的宇宙的音乐，那就是我们认为的上帝的想法。

■出于这一原因，我被你的工作深深吸引。因我在灵性方面的小小贡献，我写的所有东西都是关于宇宙音乐的。当我读到你写的作品时，从科学的观点来说，我会想：“哦，天哪，科学和灵性真正融合在一起了！”

那是真的，顺便说一下，下个月我们将首次在瑞士的日内瓦（Geneva）推出目前科学界所能制造出的最大的机器——“大型强子碰撞型加速装置”（Large Hadron Collider）。它有17英里长。我们希望真正创造出一个无法看到的、更高的音乐粒子，因为我们是八度音阶中的最低音。你在我们周围看到的一切，都是在小橡皮筋上以最低频率发生的振动。我们计划在“大型强子碰撞型加速装置”上生成更高的频率。

当然，目前媒体已经扰乱了整个计划。媒体说，这也许会创造出能够吞噬地球的黑洞，那是非常愚蠢的无稽之谈。我们不可能在瑞士的日内瓦制造黑洞。我们希望获得更高音阶的音乐。那就是和这台机器有关的一切。

■这与球体音乐有何联系？

几个世纪前的音乐家尝试用球体音乐来解释星球的运动和我们看到的周围物体的运动，他们想用音乐来解释运动。

这一想法没有在科学上实现，因为伊萨克·牛顿（Isaac Newton）来了。他给我们带来了运动定律，这一定律对我们的卫星和星球都很有效。之后爱因斯坦来了，他说牛顿走得不够远，星球的运动不仅能用重力来解释，也可以用时间和空间（即空间和时间的曲度）来解释。现在，我们意识到，爱因斯坦也走得不够远。我们不只要走到时间和空间里，还要走到多维空间，穿过创造音乐的震动弦——多维空间震动的音乐，把我们带回到球体音乐。从某种程度来说，我们已经完成了一个哲学意义上的完整的循环。

■让我试着跟上你的思想。根据你的橡皮筋暗喻和振动改变现实的概念，难道是说，假如这个星球上有足够多的人提高他们思想的频率，那么我们就可以改变星球上的物质本质？

在这种情况下，我不能完全肯定如何改变这些粒子的频率——当然有一种方法，即通过大型强子碰撞型加速装置来实现。

■当然，这就是音乐，是吗？

是的，另一种可能是，使用我们的绕地卫星来完成。顺便提一下，我刚才忘了说：我们现在有一张宇宙初期的照片……宇宙大爆炸初期的照片。人们经常抱怨我们物理学家，我们没有图片证据证明137亿年前发生过爆炸。但是现在，我们有了图片：爆炸自身的图片。这些图片是在微波的环境中拍摄的。如果你去美国国家航空航天局（National Aeronautics and Space Administration，以下简称为NASA）的官方网站www.nasa.gov上，输入WMAP，就可以看到有关大爆炸的图片了。这的确是一张令人满意的基础照片。那里有“创世记”，有起源，也有宇宙的突然爆炸。我们现在拍到了这一场景。那么下一个问题是：“大爆炸之前发生了什么？”

我们认为，那就是超弦理论出现的地方。

大爆炸是在137亿年前发生的。实际上，超弦理论将你带到爆炸之前，因为在爆炸之前，时间还没有开始。超弦理论预言，那里可能存在其他宇宙——因此，如果多元宇宙像一次泡泡浴，那么我们的肥皂泡会从另一个肥皂泡中分离出来。就好像你在洗泡泡浴的时候，肥皂泡一分为二或者两个泡泡猛力撞击，融合成了一个泡泡。

那就叫作超弦理论。

一些物理学家，特别是我在普林斯顿（Princeton）的一些朋友，大力推崇大啪理论（Big Splat Theory）；然而，我的一个在MIT的朋友推崇成长理论，也就是“膨胀理论”。这一理论认为，我们的宇宙是从另一个宇宙中发育而来的。我们不确信哪一个理论是正确的。但关键是，我强调，宇宙和时间并不是从大爆炸开始的。我们认为，我们可以来到大爆炸之前，我们将在2014年左右测量出这一时间。届时，我们将发射新一代的卫星，帮助我们搜集图片，不只是大爆炸的图片，还有形成那一瞬间的图片，那一瞬间我们的宇宙正从子宫中分离出来。

也许，我们甚至将发现脐带——联系婴儿宇宙和母体宇宙的脐带。目前我们还未实施这个方案。然而，我们早有安排。现在我们没有证据，但是到2014年，当我们发射新一代卫星去寻找联系我们的婴儿宇宙和母体宇宙的脐带时，一切都将振奋人心。

■这的确是振奋人心的，特别是因为它与一些更为深远的概念联系到一起。这些概念来自玄学界。我的几本书也讨论了太阳的星际脐带。请你谈一谈宇宙的脐带。这很吸引人。

平行宇宙的观念是出自宗教和精神领域的另一主题：存在的其他平面。例如，天主教会一直相信天堂和地狱代表两个不同的精神层面，且与我们的宇宙并存。我们物理学家暗地里嘲笑这一观点，但是我们不嘲笑任何人，因为一切证据证明，确实存在其他宇宙，其他平行宇宙。

例如，想一想你客厅中的收音机。你的收音机收到某一个频率，但你要知道你的客厅中还有几百个频率——有莫斯科广播（Radio Moscow）、哈瓦那广播（Radio Havana）、BBC……很多你不能听到的频率。现在提出疑问，你为什么听不到呢？这是因为你的广播与其他波段不一致（我们说不再匹配）。那是科学术语：它与BBC隔离了。你收听美国的摇滚电台，而听不到来自伦敦的BBC：你与BBC电台隔离了。

目前，我们认为，周围的一切都在一个特定的频率上振动。有在房间里振动的短波，也有来自其他频率的波段。每个频率都代表一个不同的宇宙，比如，在你的客厅中也许有恐龙的波动函数，还有一个埃尔维斯·普雷斯利（Elvis Presley）依然活着的世界的波段函数。

这些是我们从未接触过的频率，我们与它们分隔了。这一理论被称为“多世界”（Many Worlds），它是由一位名为休·艾弗雷特（Hugh Everett）的物理学家于20世纪50年代在普林斯顿提出的。

这个理论第一次提出来的时候，遭到人们的嘲笑，但是现在，我们开始相信艾弗雷特是对的，相信多世界真的存在。我们只不过与它们分离了，我们不再与它们联系了……但是我们和它们是共同存在的。

■加来博士，你认为有人会从其他的维度中找到这些频率吗？

我道听途说了类似的一些故事。我不知道可信与否，因为我需要检测这些人是否具有好的音感，但是如果你去看物理著作，会发现我们物理学家再也不会嘲笑休·艾弗雷特的观点了。“多世界”理论也是目前理论物理学界的首要主题之一。你可以去世界上任何一个物理图书馆寻找“多世界”理论，在那里，你会发现有500篇论文是关于量子力学的，它是“多世界”理论的量子理论基础。

爱因斯坦并不喜欢这一理论，在这个问题上，爱因斯坦是错误的。爱因斯坦不相信量子理论，但是，我们现在认为，量子理论确实描绘了这个世界。那就是我们为什么会研发出激光束、晶体管。没有量子理论，就没有广播，没有电视机，也没有激光束和卫星。所有的这一切都依赖于量子理论，量子理论的扩展就是“多世界”。

■我读过你的一本书，在书中，你讨论了“穿越维度的生命船”。你可以具体解释一下吗？我觉得它非常迷人。

很多人都跟我说：“教授，这一切都很好。你谈论了更高的维度，十维度，但是我怎样才能访问其他世界呢？我怎么到这些地方呢？”

那很难。

首先，宗教和教会的人已经谈论过冥想和宇宙穿越。而我们物理学家正在实践。我们会制造一个机器，按一下按钮，它就会带我们走，而不是通过吃一些能产生幻觉的药物或是通过冥想。在我的《平行宇宙》（*Parallel Worlds*）一书中，我甚至描绘了这个机器会是什么样的。

你必须理解爱因斯坦说的话：“空间和时间像一匹布，而时间像一条河。”当这条河漫步穿过宇宙时，它可以加速，也可以减速。

我们一直用卫星GPS系统获取这些测量数据，比如你的租赁车就安装了它。在外层空间，这一系统依靠加速或减速的时间。但是有一个新的难题，星球之河可能有新的涡流，分成了两条河。在这种情况下，我们无法排除有穿越宇宙的生命船的可能性。我们不能排除有带我们穿越时间之河的时光机器的可能性。

当然，现在这些都被认为是“不切实际的”，然而爱因斯坦自己也意识到，在他的方程式中，时间旅行是可能的。1949年，第一个时间旅行的方案在爱因斯坦的方程式中发现。自那时起，我们物理学家已经发现了几百种时间旅行的方案，它们能让我们在多个宇宙中穿梭。斯蒂芬·霍金

（Stephen Hawking）甚至称它们是“婴儿宇宙”——让我们时光倒流回到过去或连接不同宇宙的小宇宙。

老实说，能在几个维度间穿越的机器一定是庞大的。我们正在谈论的机器是非常巨大的，因此它只能放在外太空，但我认为，事实上我们考虑的这些东西是非常令人惊奇的。通常，科幻作家和幻想作家会提到时光河中的旋涡：其他宇宙的入口。这就是交接区。我们目前正非常严肃地对待它，甚至描绘出了这种机器的蓝本。

■你希望科学何时能够实现这一重大的成就？

这不仅仅取决于我们，从某种意义上来说，我们谈论的是巨大的能量……但是有一天，如果有人敲你的门，声称是你的曾曾曾曾曾曾孙女，你不要砰的一声把门关上！这是真的。当时光机器出现的时候，你的曾曾曾曾曾曾孙女生活在另一时空，而且决定拜访她的祖先，如果有人声称是你的还未出现的后代，请不要把门关上。

■毫无疑问，斯蒂芬·斯皮尔伯格（Steven Spielberg）肯定会喜欢这一场景。

事实上，我的一个朋友，加州理工学院（Caltech）的一位物理学家，正在为斯皮尔伯格的下一部电影做顾问，这部电影就是关于时光旅行的。

斯皮尔伯格很严肃地对待这个问题。他和物理学家一起探讨，共同创造他的下部电影，就像卡尔·萨根（Carl Sagan）制作他的电影《接触》（*Contact*）时向一位物理学家咨询一样。他的确与朱迪·福斯特（Jodie Foster）一道，用最先进的物理学知识创造了这部电影，电影讲的是一个与外星球文明接触的故事。

■加来博士，你何时去拍一部电影呢？

近来还没这个打算。我自己都很惊讶，自己的书竟然能上《纽约时报》

（*New York Times*）的畅销书排行榜！我真的很震惊！

■那真的很棒，我要列举你的一些重要著作：《多维空间》（*Hyperspace*）——不得不读的一本书；《平行宇宙》——另一本绝妙的书；而现在我们也打算拜读这本新书——《不可思议的物理》（*Physics of the Impossible*）。但是在我们读这本书之前，我想去瑞士看看那儿将发生什么事。你能告诉我们是具体哪一天吗？

下个月，在瑞士的日内瓦，科学家将启动一台17英里长的机器。它不具破坏性，放在地下，所以没有任何辐射会泄露出来，它也不可能制造出一个能吞噬地球的黑洞。我认为媒体的报道在这一方面出现了偏差。

2008年5月，我们将启动那个机器。我们获得了某种电磁波，只有当它达到一定速度时，才会产生这种电磁波。这种电磁波将会重新创造一个宇宙，像小熊维尼一样极小的一个宇宙——大自然母亲将会创造能量，不会有任何危险发生。

地球在这些宇宙射线中洗了一个澡，这些射线比我们弱小的人类在地球上创造的任何东西都要强大，但是我们创造了这台机器，它可以为我们打开一扇“创世记”的动力学上的窗户。我为之振奋，因为它可能会帮助我们证明超弦理论。

有人说，超弦理论无法证明，因为必须在实验室中创造一个微型宇宙。当然，我们不是神，无法在实验室中创造一个微型宇宙。但是你可以做的最好的事情就是，创造音乐的高级形式。我们希望创造“超对性粒子”。“超对性粒子”是超级粒子，它们从五维空间中振动的小橡皮绳上发射出来，而我们处于这根绳上的八度音阶中的底层。但是那里有更高的音符——我们还没有看到它们，那就是我们想利用瑞士日内瓦的欧洲核子研究委员会（CERN）的机器来创造更高振动的原因。

如果目的达到了，它将冲击整个物理学界，它将重击那些嘲笑者。后者认为，由于我们无法在实验室中创建微型宇宙，超弦理论就无法论证。我们可以把大多数事情做好，比如创造超对性粒子，我们认为这将是振动弦上的振动的下一发展阶段。

■如果在著名的2012转变前，将这一具有重大意义的努力付诸实践，将令人激动，也非常有趣。很多人表现出他们对2012的恐惧。我想请教你：我们将何去何从，你有何感受或看法呢？

让我来说一些与此相关的事吧。我看过一些玛雅人（Maya）的翻译著作。在玛雅人的历法中，他们讨论周期，当然，这些周期长达几千年。我们正驶向周期的尽头。这里有两种看问题的方法。第一种当然是我们处于周期的尽头，世界的尽头。但是我认为，玛雅人看问题的方式却是第二种，他们认为这是一个开端。它是循环，是重生，因此它并不意味着万物的结束，只是代表着重生和再循环。我们过去已经经历了几个周期，而且并没有发生什么，我们将来也会经历更多的周期。我认为这是复兴，而非毁灭。

■我也有同感。我把它看成我们个体再生过程的一个难以置信的原型。

是的，如果是这样，我们就不再需要用悲观者的幽暗的眼睛来看待它了，我认为我们应该把宇宙看成是光辉灿烂的。宇宙的存在绝对是令人惊奇的。宇宙是一个辉煌、奇妙的地方，我们就住在这里，很难相信，一个循环将在一瞬间结束一切，而大多数循环代表着重生。那就是我对世界未来报以乐观态度的原因。当然，目前世界面临着诸多挑战，但是我相信人类有着不屈不挠的精神，我相信我们能克服一切困难。我们已经这样做了，我相信我们今后也会这样做。

■听到你这么肯定，我非常高兴。不管现在我们的星球上有多少黑暗和困难，我们需要积极的思想和庆祝的声音。我完全同意，人类的精神是不可战胜的，当我们面临最艰难的挑战时，我们也有很大的机会去战胜它们。

从循环的角度看待世界的一个好处是，你会看到过去的周期，你会开始思考："我们曾在哪里？过去我们战胜了什么困难？"而那是未来的一个向导。我们不看阴暗和死亡，而看那些我们可以重新审视我们曾待过的地方。除非你理解了我们一直处在什么位置，否则我们无法理解自己将前往何处，这是一个事实。我们循环看待自己的历史，这将迫使我们重新审视历史，我认为，这会给我们带来希望，我们有能力创造未来。

■你认为在我们身上将会发生什么呢？你如何预言近在眼前的转变？要知道，在我们前方，我们面临黑暗事物的挑战，不需要一一列举，而相对地，我们也拥有很多积极的、具有革命意义的变化。你认为未来几年这个星球会发生什么？

让我来告诉你下个世纪将要发生的事情，因为我坚信诞生与重生。物理学家兢兢业业地寻觅宇宙中的智慧生物，我们也必须严肃地分析这个问题：“我们一旦与这些外星生物接触上了，我们如何定义我们的文明？”对于我们来说，这不是一个学术问题：我们有望远镜、卫星，总有一天，我们会和他们有所交流。

一些物理学家已经提出了一种理论，认为文明有三种形态：第一形态、第二形态和第三形态。

第一种是真正的星球文明：他们有一种星球文化；他们应该能够控制天气，比如飓风和地震；他们在海洋上建造城市。100 年后，一种与此描述相应的星球文化将出现在我们面前。

第二种文明形态现已在多颗行星上发展起来了，他们控制了行星……一些邻近的行星。他们将一些邻近的太阳系行星作为殖民地，并控制了整个星球的能源输出量。

然后是第三种：这种文明形态是银河的，他们真正控制了能量，不是一个星球的能量，也不是 100 个的，而是行星系统中几十亿个行星的能量。那就是第三形态。如果有天外文明来造访我们，那大概就是第二文明形态或第三形态。

现在，回过头来看我们自己，我们处在哪个阶段呢？我们处在零文明形态。

■好吧，那么你是如何定义零文明形态的？这一文明形态听起来好像

是一种没有进化的文明。

好的。让我们来谈谈零文明形态。这种文明形态从死去的植物身上获取我们需要的能量。丛林中的野蛮人、宗教主义的原始状态、无知、贫穷和疾病仍然存在。他们只能梦想造就一种星球文明社会，但是如果你用一个计算器做些计算，得出的结果是：我们要建立一种星球文明社会还要100年。每当我读报纸的时候，我总看到第一文明形态诞生时的痛苦。

比如，什么是因特网？因特网是第一形态电话系统的开始。历史上，我们第一次看到一张星级电子通信系统的略图。因特网是第一形态电话系统的婴儿、萌芽和种子。他们将会说什么语言呢？他们很可能会说英语。英语已经是精英语言。我在每一次会议上都用英语发表演讲，而精英商人、政客和科学家也都说英语。从现在起的100年之内，英语也将成为中层阶级的语言。中层阶级也都会说英语，就像说他们自己的语言。

欧盟是什么？欧盟是第一形态经济的雏形——我们为什么要有欧盟？为了与北美自由贸易协定抗衡，也就是与美国抗衡，因而我们看到了第一形态经济的雏形。我每到一个地方，包括我听广播、看电视，我都能看到第一形态文化的开端。年轻人喜欢摇滚音乐。他们喜欢RAP（边说边唱），并跟着最流行的拍子跳舞。精英喜欢更高级的时尚，我认为在全世界范围内，一贯如此。我们都喜欢电影，那也给了我们一个第一形态的文化形式。

每到一处，我们都能看到第一形态文化的开始，但是也有反冲，这就是我所担心的。有些力量不想拥有第一形态的星球文明，因为这一文明是多元文化的，是启蒙的，是进步的；它相信平等和未来的进步。这些力量就是恐怖分子。

恐怖分子信任负一形态的文明——一种由教条、严厉的宗教信条和一个非常严格的等级制度控制的文明，在那样的文明中，男性高高在上，女性被踩在脚底。

那就是恐怖分子，他们不相信进步的第一形态的星球文明。现在还不知道我们能否从零形态转化到第一形态。一些人认为，也许在2012年，我们会转化到第一形态，但是我认为2012年只不过是复兴，是一个新的开始。我们将驶向何方？人们一直讨论的宝瓶座时代在哪里？对于我来说，那就是第一形态文明——星球的、包容的、进步的、科学的、民主的。我认为，那就是我们前进的方向，除非我们先把自己炸死。

■我想在你的星球级别的区分中加上一些想法，不只有所谓的“恐怖分子”不想让我们这个物种进化。在恐怖分子的身后，还有另外一些力量正在发挥作用，你认为呢？

哦，是的，我赞同。

■我明白，所以我们不必扮演任何人。

是的，当然，我们有核武器、人口增长、生化武器、温室效应和全球变暖这一系列的问题。有一些力量不想让我们进化到星球文明，因此我认为有一个抗拒时间的种族。那就是我看到的一个模式。

一方面，我们有启蒙和教育的力量，这些力量正成长为卓越的、多元文化的、星球的文明；另一方面，我们有无知、宗派意识、原教旨主义以及种族主义的力量。我们自身有黑暗的一面，这一面来自原始森林。我们仍然有自己古老的大脑，不得不在沼泽地和森林中对抗所有人，我们身上仍然有这些不好的东西。我们不知道谁会赢，但是我认为，总体上，我们会生存下来，我们将平安度过 2012，最终我们的文明将走向第一形态。我很乐观。

■我也是！话说回来，请你告诉我们，你的《不可思议的物理》一书的总体意义和目的。

刚刚去世的阿瑟·克拉克（Arthur C.Clarke）曾做过一个非常有名的论断，我引用一下：“任何足够先进的技术都是无法与魔术区分开的。”

现在，想一想魔术。

魔术能够消失、隐形，又在另一个地方出现。魔术是一种将一个物体变为另一个物体的能力，它使它们消失，又使它们在某个地方出现。

未来我们将拥有这种能力，比如，隐形术。两年前，在杜克大学（Duke University）和伦敦的帝国理工学院（Imperial College），我们在隐形能力研究方面获得了重大突破。我们能够使一个物体消失不见，至少在你使用微波射线的时候才能看到它。就在几个月前，在加利福尼亚理工学院，他们展示了同样有此功能的可见光。我认为，在未来的几十年中，我们将能够使物体隐形——所以，哈利·波特（Harry Potter），你要小心了！

■那不就是著名的“费城实验”的本质吗？

从某种意义上来说，是的。我们现在有能力展示隐藏一个物体的可见光了，这种光还可以在另一头将物体重现。我们以前都认为这些是不可能实现的。我在大学里给学生上光学课，我常常告诉他们隐形能力是可能的，因为光和水不一样，光可以缠绕一块大圆石，然后在另一头使物体重现，就像一条河一样。

■你是怎么做到的？

有一种新的物质叫作“超物质”（metamaterial）。它上面有很多杂质，以前我们从来没有想过这些杂质，但是这些杂质可以与光线反冲，这样它就能隐藏一个物体了。

把哈利·波特带过来，然后把他放进一个圆柱体中。触碰到圆柱体的光线包围着圆柱体，然后在另一头重新成形。这一原理已经在两年前被证实了。这震撼了整个物理学界。在此问题上，每一本物理教科书都是错误的。

■但这是多么奇妙啊！这就是“不可思议的物理”，是吧？

是的，这就是不可思议的物理。现在，另一个“不可思议”的东西，像魔术师一样消失，然后在另外一个地方重新出现。我们物理学家称它为“心灵感应”。在原子层面上，我们在实验室里已经能够做到这一点了。我们已经能使一个光子消失，然后让它在100英里之外重新出现，比如从加那利群岛（Canary Island，又名金丝雀岛）到另一加那利群岛。

下面，我们希望做一些有关航天飞机的事情。我们想要在地球上取一粒光子，使它消失，然后让它出现在航天飞机上。2020年之后，我们计划在月球上做这个实验。

这种实验是没有止境的。我们确实能够使一个物体在月球上重现。现在，对于原子来说，不只是光子，我们用铯原子和铍原子做的实验已经取得成功，当然，这些都是在实验室里试验成功的。我估计，在未来10年时间里，我们应该可以让一个分子，例如DNA消失，然后让它出现在别的地方，也许还可能是一个病毒或一个细胞。

在人类身上做隐形实验也不是不可能的。老实说，一个人有着50万亿个细胞。我们无法传输所有的细胞，但是我们的技术已经达到这个水平了，我认为应该考虑一下哲学上的限制。当你被传输的时候，你事实上已经死了，你消失了。你在这一过程当中分解，然后你在别的地方重现。这个场景常常在电影中出现，比如《越空行者》（*Jumper*）和《星际迷航》（*Star Trek*）。你刚刚看到寇克舰长（Captain Kirk）在一个房间中死去，又看到冒充他的一个人——寇克舰长出现在那里，说：“我是真的寇克舰长。我有他的记忆、基因、神经系统以及他的怪癖。”

这会让你怀疑灵魂。如果你看到他分解，而他带着自己所有完整的记忆重现，他的灵魂发生了什么变化呢？

■那也是一个我和其他玄学家们所担心的问题。

我们物理学家也觉得这个问题非常棘手。对你来说，自己身上的所有原子分解意味着什么？你已经不在这儿了，无论你曾经是谁……你已经走了吗？站在那儿的另一个人是谁，长得如此像你，拥有和你一样的思维模式、一样的记忆，而且他声称他就是你？在未来几十年中，这将是一个学术性的问题，我们该如何处理？有灵魂吗？我们在实验室中将要面临这样一个问题。

在《不可思议的物理》一书中，我描述了很多你在电影中看到的技术（比如《哈利·波特》[*Harry Potter*]、《终结者》[*The Terminator*]、《外星人》[*E. T.*]，《星球大战》[*Star Wars*]以及很多好莱坞大片），这些其实都是建立在我们物理学家认为将来会实现的技术上的。关于我们何时才能拥有这些技术，我无法给你一个时间框架，几年，几十年，几个世纪，或是一千年。

■这项技术的实现会比想象中更快些吗？让我们再回顾一下《星际迷航》，再看看那些掌上通信工具。我的一个同事说，诺基亚（Nokia）是按照《星际迷航》中的模型生产的。

是的，我们也有这样的感觉。

■我们已经有这些产品了，而且它们看起来完全一样，功能也一模一样。

是的，再看看心灵感应。你知道，心灵感应曾经被认为是占卜者和拉斯维加斯（Las Vegas）魔术师的无聊伎俩，但是我们物理学家实际上已经能够复制心灵感应的有限的几种模式了。比如，在布朗大学（Brown University），他们在完全瘫痪的中风患者的大脑中放上一块芯片，芯片大约有一美分的1/4大，然后将芯片与一台手提电脑连接起来。我们在3小时内训练他们阅读电子邮件、打字、猜字谜、打电子游戏、上网。

■那听起来有点毛骨悚然，加来博士……但是你看，想一想所有的植物人，陷入全身瘫痪，他们无法做任何事……而现在他们可以写电子邮件了。

是的，但是容我插句话，那么健康的人接入一个电脑会怎样？

将来有一天，人们会有选择的。

他们会有选择。一些人也许真的想插入一根微型植入管，他们只需要想一想就可以上网。这些都是可能的。他们会有选择吗？我们希望他们会想得更多一些，想一想插入芯片的意义，插入芯片意味着什么。

现在，如果你想知道一些毛骨悚然的事情，这里还真有一些。

我们可以利用核磁共振成像仪和脑部扫描，查看一个说谎者的脑部模式。当你说谎的时候，需要更多的能量。为了说谎，你必须要知道真相，还要制造一个借口。这些都是大量的能量，在一张脑部扫描 X 光片中很容易看到这些。将来，我们也许能通过读取大脑扫描的 X 光片结果，就可以看到思想和感情的轮廓。当然，这可能需要上法庭。

有一家保险公司拒付一个保险索赔，原因是公司认为那个人自己烧毁了房子。保险公司说：“你自己烧毁了房子。因此，我们不会赔你一分钱。”那人非常气愤，回答说：“我要去告你们，将我的大脑扫描 X 光片呈给法庭，我要证明自己并没有烧房子。”

将来，这些手段也许都会走向法庭。我们也许能够通过读取嫌疑犯的大脑扫描 X 光片，判定其是否有罪。

■你认为这将把我们带入第一种形态的星球文明吗？

一旦用激光扫描这个屋子里的人，他们的灵魂将发生什么变化呢？伦理学上的问题随之被提出来。如果你读取了一个人的大脑，那么隐私呢？我们有没有隐私呢？我们希望像科幻小说中那样剖析自己的思想吗？这些问题我们都要面对。无论我们喜欢与否，有些事情总是要来的。这本《不可思议的物理》告诉你这条路上将要有什么来临……无论你是否喜欢。

我也讨论了未来几十年星际飞船出现的可能性。

NASA 已经开始考虑在将飞船发送到那些行星上去时，顺便携带些什么。事实上，我是 NASA 的顾问。我必须考察一些向 NASA 提出的建造星际飞船的提议，实施起来当然还需要几十年，不会是马上，但是我们正在考虑与外太空的外星文明建立联系。

这不再是电影中的东西了，我们科学家正在认真研究之中。微软的亿万富翁保罗·艾伦（Paul Allen）已经投资了 2600 万美元建造一个新的望远镜（电子望远镜）来窃听外星文明之间的对话，因此这是一项非常大的买卖。亿万富翁们开始把钱投在这一领域中，一些人声称，在 25 年时间里，我们也许可以与另一种有智慧的文明进行第一次接触。

■我认为已经不远了，也许在未来的某个时间，在你还记得这次对话时，但是我认为可能比 25 年还早些。

可能吧……很有可能马上发生。

■我真的很想问你，你想看到一个什么样的“不可思议”的发明被创造出来？你认为，人类最需要什么？

啊！我们现在最需要什么？我想我们需要解决这些古老冲突的途径，这些从人类出现就已经存在的冲突，我们还需要一些公平的途径。

当然大多数人宁愿要更小的东西：更多的钱用于医疗保险；少投一点钱给……在政治领域发生的欺诈现象。我希望我们能做一个大一点的馅饼。我们不是为小馅饼和陷入内战和进行侵略而奋斗，我希望科学和技术可以给我们一个更大的馅饼，这样我们不必常常为了分馅饼而陷入宗派斗争。

但如果要我现在考虑一个能真正解放我们的机器，那也许就是建造一个时光机器来观察未来。我们可能看到事情是如何发生的，从那里学到教训，也许有一天会改变自己的未来。

■发现这些，会不会给我们带来更多的快乐呢？

是的，但也会带来苦恼和痛苦。这是一种交易。

■好，这里我不禁想到：在你不可思议的人生和头脑中，正寻找着创造不可能的途径，也许将来出现在我们面前的一种机器就是源于你在瑞士的发明，在瑞士你建立了更高的领域。我也相信，一切都是音乐，希望有一天我们能通过外太空和外宇宙，看到在这个星球上更高的八度音阶。

是的，我也希望如此；我希望我可以实现爱因斯坦的梦想，读懂上帝的想法。我认为目前我们大家都向着一些宇宙问题前进，我们可以在自己的后院中解决这些问题吗？我们如果能活着看到这些问题因技术突破而得到回答，将是多么美妙的一件事啊。

超弦理论很有希望能把我们带上这条道路。

★★★★★★★★★

加来道雄博士的作品可以通过他的书和网站 www.MKahu.org 看到。他的新书《不可思议的物理——对世界移相器、力场、心灵感应和时光旅行的科学探索》已经登上《纽约时报》的畅销书榜。

他的其他作品包括：《平行宇宙》（*Parallel Worlds*），2006；《爱因斯坦的宇宙》（*Einstein's Cosmos*），2005；《幻觉》（*Visions*），1998；《超越爱因斯坦》（*Beyond Einstein*），1995；《多维空间》（*Hyperspace*），1995。

第二章

科学与灵性的交汇处——与玛安娜·斯蒂芬森对话

◆◆◆玛安娜·斯蒂芬森◆◆◆
◆◆◆ MaAnna Stephenson ◆◆◆

玛安娜·斯蒂芬森是一位著名的愿景思想家，她将科学和直觉融合在一起。在她的写作生涯初期，她撰写触发“灵魂记忆”的短篇故事，并开始自学技术、科学和新时代的思想，并以同样的热情探索了古代的神秘主义和理性科学。经过5年的准备，她成为一位女萨满（shaman）。她的启蒙训练帮她将理性科学和启蒙艺术融合到一起。在她的《圣人时代：科学与直觉智慧的融合》（*The Sage Age: Blending Science with Intuitive Wisdom*）一书中，这种融合达到了顶峰。

****

■玛安娜，你的书是直觉和科学的百科全书。你花了多长时间研究这些呢？我想你一辈子都在研究吧。

刚开始写这本书的时候，我把它当作自己的一本参考书。之后，我把自己一生的经历都写了进来。但是从我真正开始研究这一主题直至结束，我一共花了 4 年半的时间。

■这听起来像是一场“科学家”之间的谈话，但可以肯定的是，直觉的声音正融入宇宙的翅膀之上。

哦，是的，凭借萨满教巫师的工作，它们每天都在发生。我认为，大多数人并不理解“女萨满”是什么。它只是“萨满巫师”的女性专用术语而已。大多数人认为萨满巫师是巫医，但并不是所有萨满都是。“女萨满”基本是指一个穿越到其他领域并从那儿带回信息的人。那是我曾经在所有的研究和写作过程中都基本使用了的东西，因为那时有非常多的信息需要分类。由于在这本书中，有各种“专业类”的材料，因此遴选出那些最重要的，以及在各个话题之间建立联系，都是非常重要的。我试着把所有能帮助人们取得关联的东西都放在一起，也帮助他们看到科学界和玄学界的确正在探索讨论同类事物——也许只不过使用了不同的语言，而他们彼此并不明白各自的语言。

■那就是我们这个进化时代可为之振奋的东西。在我的节目中，我遇到过很多人，他们正好意见相合，比如加来道雄——你肯定认识他。我记得第一次看到加来道雄的电视录像时，他开口就说：“一方面，我是一个佛教徒；另一方面，作为一个物理学家，我相信宇宙大爆炸理论，这是我身上的矛盾之处。”

从一位这么有名的物理学家口中听到这些，我非常高兴。因为我就是一个沟通渠道，也正在处理从别的领域中获得的信息，所以我试着翻译道雄给出的信息的双重本质。我也是一个萨满巫师，常常寻找机会帮助人们（甚至包括那些怀疑者）发现他们通往灵性的道路，帮助有宗教信仰的人们学习我们需要以此来与母体地球建立联系的基础知识。

是的，因为这项工作中的很多事情无所不包——科学和直觉艺术都非常需要深刻敏锐的洞察力。

■那是绝对的。我认为现在更是如此。当面纱正在消散，各个维度正相互交织，我们不得不停在转变的时间点上，这就是我真正想强调的东西。

我发现你的生平非常有意思。你之前说你的父亲是一位工程师，他对你影响很大。你能不能和我们分享一下呢？

是的，他确实有一个工程学的头脑。他能够将任何东西分门别类地列出来。无论你在他面前放什么，他都可以分辨出来。而他教给我的就是，如何用一种系统方法看待事物。他教我如何将大的东西分割成小的东西，理解小的东西，然后再理解整体：万事万物是如何和谐共处的。

那真的是一个非常棒的学习过程。

他也是艺术家和音乐家，所以我也能看到他的创造性和表现性的一面。他能将一个东西和另一个东西平衡起来。那真是一个非常好的成长坏境。我的母亲至今仍是我认识的人中最具创造力的人，因为她不被物理定律所左右。她不必关心事物是如何运转的。她只是知道她想要的和她可以看到的。在这一方面，她非常具有想象力和创造力……相比而言，我的父亲知道如何使它工作。

■在你的父母身上有这么两个与众不同的“最好的世界”，你是多么幸运啊！

确实如此。我刚好活在两个世界的中心，并且受益匪浅：我会看看谁创造了新东西，也会瞅瞅这些东西在世界上是如何显示的。那真的是一个非常棒的成长环境。

我家庭中的所有女性成员，我整个大家庭中的所有女性成员，都具有非常棒的直觉力。因此，在我的成长过程中，我总以为所有的女性都应该如此。也许是在快要进入初中的时候，我才意识到，事实上，不是所有的女性都具有不错的直觉力。非常奇怪的是，某一天我突然觉醒了，弄清楚了：“哦，你说不是所有人都跟我们一样？”

■我知道你指什么。在我年轻时，如果看到电视上的痛苦画面，或者看到有人受伤，我就会告诉母亲我能在我的背上、腿上、头上和整个身体上感觉到“精神疼痛”。

一天，她问我：“宝贝，你说的‘精神疼痛’到底是指什么？”

她竟然不知道，我太震惊了。后来我与别人讲精神疼痛的时候，没有一个人能明白。你伴随着各个阶段的敏感和所谓的“超自然天赋”长大，但是有时候，你却意识不到（直到有人问你才知道）这些天赋并非是人人都有的。那次的认识和发现的惊奇是使我成为治疗师的一个关键因素，后来我做了30年的治疗师。我可以真切地在自己的体内感受他们的痛苦，他们的每一分痛苦。当你在治疗他人时，这是一个神奇的工具。

所以我真的能理解你说的，而且我肯定，当你意识到并不是所有人都有直觉力的时候……而你却有这样的天赋，那就是触发你的东西。

是的，确实如此。这种天赋让我知道世上行为的诸多方式。当我深入探究各种不同的事物时，它帮助我平衡两种不同的东西。如果天赋是创造性的，那么我确实得益于此。利用音乐、工程以及自己所做的一切，我已经发现一种事物可以与另一种事物相互平衡，帮助我获得远景和各种各样的知识。

我相信多样性是非常重要的。我们已经频繁地将事物专门化到了极点，右手不知道左手就在那儿……更不知道它在那儿做什么！人们没有意识到，一个事物是如何作用于另一个事物的，因为除了事物是什么，人们并没有看到更多，他们集中全力去看一幅更大的图片去了。

我知道现在就是成为“列奥纳多·达·芬奇”（Leonardo da Vinci）的时候了。他曾希望从各个角度观察事物，那就是他能表现奇妙事物的原因：在他之前，人们从未这样去看待事物。当他想成为一个工程师时，他也想成为一个艺术家，他想将二者合二为一，从通过理性和直觉学习到的东西中发现更大的价值。

他有能力将所有的经历，表现成那些从不曾存在于地球上的东西。

我们现在拥有专门化的知识，应该珍惜这些通过学习得来的各个方面的知识经验。只有利用它们帮助我们审视并平衡我们所做的一切，我们才能发现一条不一样的行动道路。

■我喜欢“成为列奥纳多·达·芬奇”的观点，他是一位真正的幻想家和真理的追求者。他是我们伟大的偶像，我们在他身上发现了我们想要追求的灵感。

重要的一点是：在这本书中，你提出了一个绝妙的概念，即“身体天线”，你可以为我们解释一下吗？

首先，那就是激发我做这项研究的东西。我们现在知道，人体实际上是一个多层面的天线系统，可以接收各种各样的信息。包括你的肉身，从你的骨骼一直到你的每一个细胞。大脑处理来自外界的信息。在你的体内，也有一种神秘的能量，用各种方法理解这些信息。你的大脑－肉体天线将整个身体调整，从各个地方接受信息。

我书中的很多内容涉及了这一概念，并展示了身体天线如何像广播和电视天线那样工作。书中也对一些事物的前景进行了研究。例如瑜伽和太极，我们通过各种常见的姿势摆动身体，帮助设备接受频率。就好比室内天线安到旧电视机上一样，我们找好自己的位置，并通过不同的能量波长移动，就像电子扫描仪在各个不同的波段移动，从而获得信息。

■使用不同的身体语言与他人交流，是如何创造出和声从而获得共鸣的？谈谈这肯定很有意思。

当你想获取别人的信息时，你就会设置自己的身体天线，以正好对准他们。用广播的术语来说，就是准备调整频道了。当你的天线调节至即将接收到的频率时，就是你能获得的最好的接收状态。当你将自己的身体放置在与你要对话那个人相同的地平长度和方向时，它会将那个人的思想同步带给你。

出色的销售人员和顾问都知道这一点，他们也正因此而获得了顾客的真实想法。

■其他一些章节谈论了波长和电磁波——我发现这些目前都与我们的经历相关。你能否仔细谈谈人们经历过的这些方面？

可以。关于这一基本的物理学知识，存在一些混淆。

人们谈论“频率”和“波段”，但没有真正理解两者到底是什么。这两个词可以有完全不同的意义，就看你是用科学术语还是用灵性概念来表达。由于一些人相信它们是同一个频率的一部分，也是同一个连续体上的一部分，因此在“声频连续体”和“光连续体”的概念上，也存在一些混淆。然而事实并非如此，它们是完全不一样的。

声音是一种物理实体，而光不是。光是由没有质量的粒子构成的，甚至算不上一种物理实体。光只不过是单纯的能量。如果你走进一个极其宽泛的范围里，那么一切都是能量……只是单纯的能量而已。

■事实上，我刚才想说，玄学家在这一点上会说“等等”。

是的，你必须走到一个非常宽泛的地方，才能将那些放在同一个连续体上。但是科学界认为，它们是不同的东西，它们之间没有相互作用。它们只不过正好都是用频率和波长来测量的，那就是它们唯一的共同点了。

就像测量任何东西一样：我们用“英尺”来衡量两个东西，但这并不意味着它们是同一个东西。如果你测量一棵树，然后再测量一块石头，它们并不因为你都用“英尺”和“米”衡量而成为同一种东西。

■说到音波和光波之间的区别，你怎么看呢？

声波是能够通过空气传播的物理形态。它是物理分子，通过声波的运动形成。光波不是物理形态，它们由没有质量的粒子组成。它们绝对没有质量，而是相互作用的电波和磁波。声波如果走得很远，它们会耗尽能量，然后被其他物质吸收。光波没有这样的限制。它们可以一直向前走，直到它们被其他物质打碎。它们是自行的波。

那就是我们可以从很远的地方看到光的原因。我们绝对无法从那么远的地方听到声音。声音无法在真空中传播，因为没有流动的空气。所以它是物理实体，而光不是……

■所以声音需要空气才能传播？

正确。在你看过的所有科幻电影里，都可以听到宇宙飞船外部轰隆作响的引擎声，而这不过是虚构的罢了。如果你真的在宇宙飞船的外面，你不会听到这样的声音。因为太空中是没有声音的，太空死一般寂静。那里没有任何声音，但是那里有光。因此这就是声音和光之间的主要差别。正如我说的，声音要靠物理媒介传播，这个媒介可以是固体，比如说地球。当地震隆隆作响时，你听到的是穿过地球的声波；一部分隆隆声就是穿过地球的物理波。

■你能给我们解释一下这是为什么呢？也许这些对你来讲很简单，但是对我们这些不是科学家的人来说，却很难理解。如果你解释一下声音为什么要依靠物理媒介来传播，我想会很有意思。

声音是物理波，它需要物理媒介才能传播。它在物质中运动，需要物质才能被传输。能量从一个分子传送到另一个分子，这些分子互相碰撞，一起消失。这就是所谓的物理波。

■因此，我们可以说宇宙飞船上的喇叭嘟嘟作响，就意味着要离开真空了。那么声波会怎么样呢？

没有什么。没有声波。

■它会被吸收吗？

不会。不存在波。没有什么可以传播的。没有媒介可以用来传播。太空中没有任何传播媒介。关于光，有一个非常矛盾的地方，即光从远古时代开始，一直在传播。我们认为，就像声波，光波需要传播的媒介。

这个想法延续了很长时间，而且有很多人还认为太空不是真空：太空不是什么都没有，那里有以太。他们相信，从光穿过以太时起，它就必须要有传播的媒介。爱因斯坦时代就有过这样的研究。至今还有人做这项研究：仍然有人在寻找以太，尽管从来没有人发现过。没有人能够证明以太是存在的。他们仍然在寻找以太，以证明光需要物质才能传播。

爱因斯坦用他的狭义相对论给了我们一个定论：太空中的传播行为不需要借助以太。因此科学就停在那里，他们认为，既然这不是必需的，何况没有人发现以太，那么就没有理由寻找它了。今天的科学就停在这里，尽管很多研究者仍然认为光必须依靠以太才能传播，他们也还在继续探索。如果他们能够证明以太的存在，那将会改变我们现有的对宇宙的一切认知。这就是很多人寻找以太的原因。

■让我们称之为“探索经济”。

是的，当然可以。有一些人花几十亿美元，试图寻找一些东西。它们完全是理论性的存在，况且用量子方程式就可以排除这些发现的可能。但是，那并没有阻止他们继续把钱花在这些方面。

■我们也许可以给他们一些建议，希望他们把钱花在更需要的地方……说到我们的目的，那也许太政治化了。我们来谈谈你的一个绝妙的描述，即身体如何成为一个晶格。我敢肯定，很多人听到你的讲述，会大吃一惊。即便已经有很多玄学家一直在讨论我们人类构造的水晶本质，今天我仍想听听你的看法。

对于身体来说，这的确是新的成像技术的关键。我希望参与引进一个名为“三－四分音符”的小装置，它在《星际迷航》中也出现过。不用触碰，只需指向，它就可以测量任何对象（无论它是能量还是光），并且能够判定其是如何与事件相互作用的。它可以测量并告诉你物体的内部结构、后面的东西，就像你真正往里面看到的一样。它们有一个医学“三－四分音符”，也可以做同样的事情，在运行的时候可以报告体内的状况。

我真的希望在我们有生之年能够看到它被开发出来。我们真的比预期更靠近它了，目前我们只差一个新颖的想法。

技术其实已经存在了。爱因斯坦给我们“$E=mc^2$”的方程式，它可以应用到所有现存的科技之中——它是一切最新科技的起点，比如激光。想象身体就像磁共振成像（磁共振扫描仪）那样，要取得身体内部的图像，就需要用到体内的晶体，即电子。当原子核置于静磁场中，本来是随机取向的双极磁体受磁场力的作用，与磁场作同一取向。如果向磁矩施加射频能量，而这个能量等于较高和较低两种基本能量状态间磁场能量的差值，就能使磁矩从能量较低的“平行”状态跳到能量较高的“反向平行”状态，就能发生共振。它利用体内的晶体，后者就像一根天线，报道体内发生了什么。这个玩意就是这样工作的。

其他可行的成像技术，比如电子计算机X线断层扫描，大多数也是以同样的原理运作。你的身体、骨骼、筋、软骨、肠，甚至你的牙齿，都充满了压电晶体，这些水晶可以将电能转化为机械能，也能将机械能转化为电能。它们就像电吉他传感器或留声机指针一样。当你用力踩你的脚时，你产生了机械能。你压到了你的骨头。你用力将它们推到一起，它们通过压电晶体，转化为电子信号，然后通过你的神经系统传到你的大脑，并对你说：“嘿！有人在踩它，你能回到这儿吗？你能救救骨头吗？”

那就是我们通过举重、散步和其他运动方式锻炼骨骼的原理。压电晶体促成了这些运动。即便是你的内脏里和肠里也充满了压电晶体，它们转化为从你大脑中、神经系统中出来的电子信号，告诉人体何时排泄、何时排毒。那又变成机械运动，帮助你将东西从你的体内清理出去。这是使人体成为一个晶格的一部分。

我们周围也有液晶体。就像你的电脑屏幕，LCD，即液晶显示屏。实际上你是一个大晶体，将电子信号转化为机械能。

自20世纪60年代起，人们着手利用磁体治疗骨骼的研究了。目前，各种磁性治疗技术已投入使用。人们无法确切描述它们是如何工作的，人们只知道这些技术可以这样用，因为人体对它们有反应。实际上，这个过程是通过磁体与体内晶格的相互作用而实现的。当我们通过天线调节我们的身体时，当我们以莲花坐姿或者其他瑜伽动作或者太极动作，转向一个不同的方向时，我们实际上是在调整晶格的方向——就像当收音机重新定向，利用晶体接收并改变频率一样。

■那真是令人惊叹。身为玄学家，我们一定要告诉人们，水晶与你们并存，你们不需要为了能量的配置而在体外设置一个晶体。你们自己就是晶体。但是听到你的科学解释，真令人兴奋。

当然，从事晶体研究工作的任何人都只是强调那个频率。这种晶体也可以是石英或者其他矿物。你也可以在其他物质上发现晶体，比如木头和丝绸，它们同样含有晶体。人们在治疗工作中利用这些工具，只是在强调频率的运输、传递和接收。晶体也许能帮助他们集中注意力。

■在我们身体的连接处，也有这样的压电晶体吗？

不仅如此，我们的骨骼里也有，它们是骨骼的一部分。它们也组成了我们的肠、牙齿、筋和软骨，是我们身体结构的一部分。

■这怎么跟江本博士（Dr.Emoto）和他的水晶体联系在一起呢？

你知道，他的工作有点不一样。他将水结成冰，然后观察水结晶的布局，目的是为了看一看水结晶会不会凝结成某种形状。你体内的压电晶体时刻都有一个凝聚式的结构。它们总是聚在一起的。

■那么，晶体的本质就是，它有一个不一样的结构，是吗？

是这样的，但是江本博士研究的水结晶并不是这样的。那些水结晶的结构不一样。它们并不是由同一类物质构成的。他是从水中寻找存在于水结晶背后的原理。他看到一种与石英晶体有些不一样的东西，这种东西有一个它本身的机理，并决定了其随后的发展模式。

■当然。我的问题是：因为我赞成晶体正被刻上祈祷或冥想和积极思想的记号，那么它们似乎可以将自己转化为代表更高的心灵感应的结构。这会帮助人们理解信念、意志和祈祷是如何直接影响身体的吗？

那是绝对的。思想是什么？思想如何表现现实？对于这两点，我们仍要打上一个大大的问号。思想到底是什么？科学家宣称，他们正在为这一问题作答。不是将来，正是现在。

科学家已经为我们找到了映射大脑的途径：当我们做事情时，比如伸起胳膊，我们可以识别大脑中几个特别的区域，它们具有电子活动。它们能够映射大脑中的这些区域，观察我们是如何通过想象移动了一个物体。因为我们设想移动我们的胳膊时，电子活动就被激活了。因此，如果我们兴奋地接收到一个信号，我们不需要实际接触一个物体就能移动它。科学正在宣传的，媒体正在普及的，就是我们正用思想推动发展。

这是不正确的。我们是用大脑活动移动物体。没有人可以测量我们的思想，因为没有人能够测量思想。

能够测量的是影子，是思想活动的机械影子：大脑中的电光。当思想产生时，没有人知道思想是什么，没有人知道思想的能量有多少。如果你向另一个人发送希望他平安的愿望，我认为这是无法测量的。你可以测量这一愿望对他们安全与否的影响。你可以测量大脑活动——但你无法测量思想。

我们还没到测量思想的那一步，那是科学家错误的宣称。他们利用这些告诉我们，我们在测量思想。而事实并非如此。因此，直觉术士如何运用意念工作，如何理解意念，这些都是意识研究领域的工作，它们与科学家描述的机械学之间还是存在鸿沟的。意识领域与物理领域的思想差别很大，后者常常称之为“大脑运动”。

■但是如果你仔细想想，这很有意思。如果你的大脑说：“举起你的胳膊”，你真的就举起了胳膊。如果你相信经过训练，你的想法真的会使

你举起胳膊，那么你也许可以对身体之外的某些东西做同样的事情。当然，这就是我们所说的“隔空移物”。

当然，我认为我们目前在自己的文化中看到的很多变化，正是为我们转化到另一个意识阶段做准备。我最近在写一篇文章，与我们常常在手机和很多电子产品中使用的短信服务有关。我们正在发展一套新的符号和缩写系统来代替语言，事实上那是古老的通信方式。如果回到古代，很多第一手作品都是图画形式的。一个整体的概念、一个整体的想法都是通过一个符号来表达，而不是通过书面语言。你看到的将不是一连串话语，而是代表整个概念的一个符号。从某种意义上来说，我们正在回到一种古老的思考方式：用概念思考，而不是用话语和线性思维。

这就是全盘考虑。因为有了这一新工具，更多人联系到一起了。如果你有一个手机，那么你就被联系起来了。

每时每刻，此时此刻，你与世界上几乎所有的地方都有了联系。我想到一些人，他们谈论那些忧郁的孩子是如何与意识网络产生联系的。

他们总是不断地互相联系。从文化上来讲，我们进入一个位置，在这个位置上，当孩子说“我总是被联系到”的时候，那并不奇怪，因为大众正习惯每时每刻被联系到。

■因此，换句话来说，你认为我们创造的通信网络矩阵是积极的吗？

那是绝对的。我认为，我们正前往一个地方，在那里，通信网络矩阵被视为文化上的正常现象。因此，当人们使用意念移动东西的时候，不用触碰物体，也不用与技术挂钩。我们将对此习以为常。毫无疑问，到那个时候，我们将常常看到人们只要通过大脑活动就能移动物体。我想，在他们真正意识到人们可以不凭借科技就能表达这些与哲学、直觉变化、模式转化相关的想法之前，我们通过科技正在为大众研究一种与这些想法接轨的方法。

■当我们置身于自己称之为“升天”“巨大转变”的旋涡之中时，你

是如何看待我们的？很多人将注意力聚焦在2012上时，你如何看待人类将要进化的问题？

我认为，我们要做的第一件事，就是要将注意力放在自己的思想上，即思想对思想。罗伯特·门罗（Robert Monroe）曾是第一批因此类书成名的人，书中涉及“灵魂出体”。他还研究了身心灵等。

■那就是远距离观察组织的领导者。

是的，他们确实在那里传授过知识（他们用一切能够被定义为“全盘”的东西来做实验），但是他最出名的是促成“灵魂出体”。他称之为围绕地球的噪音污染“H带”，被他定义为无法控制的思想的产物。安妮·贝萨特（Annie Besant）几年前写了一本书，关于思想和思想是什么。她认为思想的能量和这些能量的表现，展示了如果我们想要再前进一步的话，我们确实需要控制自己的思想了。我们需要为思想能量的内容负责，把噪音降到最低限度：把精神污染降到最低点。很多人认为，当我们可以通过心灵感应彼此相连的时候，将会非常激动人心，但是你知道什么呢？当这个地球真正到了那个时刻，我肯定大家不想要那样了。有太多的噪音污染了。

■我同意你的看法。

我真的不想与大多数人用这种方式取得联系，我想要一个过滤系统。但如果我们严肃对待思想能量的话（那是我们描述现实的第一步），我们就必须更认真地思考：我们该如何看待世界和我们自身？这一切通过我们之间的心灵对话，或者通过我们传递到另一个人或另一种情景中的能量进行。我认为，这是我们取得进步的第一个步骤。

■确实如此。事实上，你在《群体思想如何改变天线模式》（*how group thought changes the antenna pattern*）一书中讨论了这个问题。我发现它同样有趣。

那是绝对的。科学家已经做了很多实验。普林斯顿工程异象研究（The Princeton Engineering Anomalies Research）项目花了12年时间，研究结果显示这是可行的。当人们聚集到一起冥想，并将他们的整体注意力放在某个目的上时，事情是能够改变的，例如降低华盛顿（Washington）的犯罪率。当人们坐在一起冥想，犯罪率会下降；当他们停止时，犯罪率又会回升正常。这些研究被存入档案，因此这是千真万确的。还有，你也知道，通过祈祷、冥想实现治疗的意图，以及那些更崇高的目的，非常有效。

■当然。现在我有点不明白，但是我肯定你非常清楚麦田怪圈现象，这是我最喜欢讨论的话题之一。人们与此相关的一些经历和观点，我都非常好奇。很多人谈论过这点：他们坐在一起，想象并集中精力在一个形状或符号上，麦田怪圈就出现了。

我可以看到你在哪里掌控了这些能量。不幸的是，有很多关于麦田怪圈的恶作剧的传言。我很担心这一点——因为这里确实有一些我们不知道的东西。很多人忽略它，认为这些结构都是恶作剧，但事实上它们不是。我想，人们忘记了那些能够被掌控和交换的地球能量。不一定非要和外星人和不明飞行物联系在一起。

■不，我并不是在谈论不明飞行物。我指的是人们的报道，他们坐在一起，对一个特别的形状或几何图形苦思冥想，为的是在田地里创造或表现一种图案。

他们能够做到。我们用这样的方式掌控地球能量，以此影响地球的表面。

■尽管我知道你是从科学的角度出发，但我不是很喜欢听到“掌控”一词。我们就说利用这些地球能量“增强并产生共鸣”吧。

因为我们想朝着一个目标前进，所以我使用了“掌控”这个词。我可以和一棵树和睦相处，但是我无法改变它。如果我想对它做一些改变，我必须非常清楚我要把它变成什么。

■集中注意力。

是的，你说得很对——那确实比“掌控”这个词好得多。这种力量能够和我们周围的各种能量互相作用，以彰显变化。我认为，人们可以亲眼看到一些东西显现。这非常奇妙，但你知道，这不是重点。

■确实如此，那不是重点。我很关心专注于宗教工作的人们。现在星球上有很多不可思议的地方。看到这些东西很好，但是不要把我们的注意力放在拍摄现象上，这会使我们远离能量内在的爆发力。

让我们聊聊意识－人体测量的其他方式吧。我们刚刚回头讨论了声波和光波的测量。那么，另外还有什么是来自人体的呢？

科技需要花时间去理解直觉一直在说的东西。我们只不过没有能做这种测量的技术罢了。以前我们也没有创造或测量电波的技术，但是当然，现在我们有了这样的东西。隐形光可以携带信息，但曾经这只出现在科幻小说中。

治疗师们一直坚持认为，他们能将自己体内的能量移到另一个人身上。我们如今拥有测量这种能量的技术，这种技术非常敏感，你必须在一个特别隐蔽的房间内才能接受测量，因为像电子波这样的东西会和它发生作用。

他们已经能够测量从治疗师手中发出的能量，因此他们能够发现它。他们发现了一个奇妙之处：这些能量与舒曼（Schumann）共振处于一个笔直的平面阵列中。与舒曼共振一样，它以 7.81 赫兹 / 秒的速度横穿地球。这是一种在地表、高空中穿梭的能量波。

这种能量波通过闪电吸收能量，创造环绕地球的光波。他们已经发现，从某种意义上来说，治疗师手中的能量与它有直接联系。这是一个非常有意思的发现！

他们也从治疗师那里发现，这些光波和电子扫描仪非常相像。无论治疗师想把他们的注意力放在哪里，来自治疗师的能量围绕着光上上下下，直到它发现一个响应频率，并停在那里。能量在那里暂停片刻，判断能与它们发生联系的能量，然后再次进行扫描。

人们已经能用一种特殊的方式测量这些东西了，并已经证明这些能量是从我们身上发射出来的（更高频率的能量），而我们以前却无法测量到它们。它们非常非常微弱，这也许是我们无法测量的原因之一。就像拍一张心电图或脑电图，你可以在房间对面测量这些强一点的电子信号，但是当你想读取心脏或大脑的电磁能量数据时，你必须要在这个人的头顶才能看到，因为它们相对比较微弱。这些敏感的能量到现在也很微弱，你必须全副武装，才能捕捉到它们。它们已经被存入文档了。

■他们用的是什么设备呢？

这种设备称为“鱿鱼”（SQUID），是一种超导体，能探测量子物理世界。它从量子的角度来看发生的一切。事实上，那是“超导体量子界面设备”的缩写。它非常特殊。

■的确很特殊。现在，你对基尔里安（Kirlian）摄影术有何看法？几年前，它在新时代展会和宗教圈中非常流行。这样的调查有效吗？

我认为，它真的能帮助我们指出物体表面存在能量鞘。无论他们拍到什么（关于他们拍到的照片有很多争论），都没有关系。老实说，对我来说，一点关系都没有。我们利用它可以看到，有一些能量模板在物体上，而在我们可以测量的现实领域中，这些模板是看不到的，就像我们看不到电子波一样。我们必须使用非常特殊的设备才能测量光的级别。我们可以利用能量层开始工作，后者能帮助我们利用科技测量它们本身，能量工作者可以与科学对话，因为他们可以说：“我们可以测量这些东西了，还可以与它们对话了。”

芭芭拉·布南伦（Barbara Brennan）事实上已经做了这样一些工作。

她曾为NASA工作，将她的科学研究方法引入“人类能量领域”的研究。很多人看到各层面上的微妙的能量体，就像看待洋葱的各层。她没有这样看。她把它看成一个整体，就像一整个洋葱，她看到各种振动（就像洋葱上的各个不同的纹理）以及每一个这样的物体都有一个特殊功能，可以为我们带来需要处理的各种信息。

■我不知道芭芭拉·布南伦曾经为NASA工作过！

哦，这是真的。因为她的方法论，所以我在《圣人时代》一书中特意将她的工作描述了一番。她说直觉治疗师所做的一切就是个人的、主观的，这是我在书中强调她的原因之一。芭芭拉·布南伦正尝试着这一方法。它获得的结果更方便量化，对每个人来说都如此。她解释说，拿医学院的学生来说，当他们看到一个病变的部分时，都看到了同样的疾病。她想让能量工作者看到光环、人类能量场以及微妙的能量体时，他们看到的是同一样东西。她想将这项工作做得少一些个人化，少一些主观化，将科学测量带进来，以便我们研究、利用。

如果我们用那种方法治疗，物理身体处于那样的环境里，一旦能量涌动，我们将从诸多常见健康问题中解脱出来。

■嗯。作为一个心理治疗师，我不知道我会不会同意这种测量治疗。

就健康领域来说，它看起来的确是这样的，就像现在，没有把人类的福祉作为它的第一目标。

不，它没有，人们也没有。我认为，人们忘了（我听说在治疗艺术领域有很多直觉治疗师）“指责”。我们明白的第一件事情就是，我们已经放弃了指责的权利，宣称其实他们不知道我们正在谈论的东西……或者更糟糕，他们甚至不知道他们自己在谈论什么。我们必须一视同仁地重视获取知识的所有途径，发现协助阻止这种事情发生的方法。

我认为，很多人并不理解健康行业是一个买方市场。当X光技术首次出现的时候，人们对这些东西感到非常惊奇，他们甚至希望得了感冒，这样就可以拍X光片了。他们需要它。为病人拍X光片的医生赚到了一大笔钱。直到我们发现X射线是有害的，政府开始严格管制时，医生们开始思考是不是值得拍一次X光片。

这完全是一个买方市场。当人们对疾病和疼痛的需要失去兴趣的时候，整个行业将会消失。但是它也会遵循这样的规律：直到我们从这种需求和渴望中解脱出来，我们才能摆脱整个行业。

■那倒是真的。整体治疗就常常使人们掉入这个陷阱。我曾当过30年的治疗师。人们来找我，躺下来，然后说："请给我治疗。"之后他们获得巨大的满足，并且离开，回到他们并不和谐的生活中去。他们走的时候还会问我，下次何时再能约到我。我试着让他们明白，如果他们认为治疗病痛的方法不过是每周一次的简单治疗的话，那他们真的没有为自己的幸福负责。

他们并不关心自己的幸福。我认为，医疗业的主要目的是，服务于打破循环。后者阻止人们利用最高的模板重新整合身体。药品只是去阻止任何带来或允许疾病发生的现有循环。药品并不是意味着治愈疾病，它只是能够暂时阻止一个循环，让人们记起健康。而人们现在的想法却只是："给我治疗！"

外人治不了你。

药片也治不了你，草药也不行。外人都无法治愈你，它们能做的就是暂时阻止你陷进这个循环，给你的身体一些时间和空间来记起健康。因为你知道什么才是最佳的健康状态，你只需要发现你需要或利用这些疾病的目的是什么。疼痛或疾病都会过去，而你需要通过自己的考验，因此病痛才是有价值的。回到古代，如果部落中有人生病了，这些人会遭到驱逐。因此，得病不是每个人想要的……但是现在不一样了。疾病和病痛把我们的注意力带到我们想要关注的事情上来。因为我们发展得较好，能够生活在奢侈的状态之中。如果我们不会遭到部落的驱逐，那么我们可以利用疾病。

我认为这就是疾病还存在的原因之一：对于大多数人来说，疾病还是有价值的。当你看到一个运动员和一个残疾人时，他们是一枚银币的正反两面。他们都必须注意自己的身体，大多数人也认为这理所应当。他们必须注意饮食，注意锻炼。他们必须要花几个小时关注自己和健康。有些人也许更喜欢银币的某一面，但是这两面都是有价值的。当我看到治疗师和直觉实践者时，我明白他们已经学会了某些东西，他们正在传递某种信息：我已经被治愈了，而我可以告诉你怎样治愈疾病。

那是非常有价值的信息。

当我们从疾病中解脱出来的时候，你猜会发生什么？所有的治疗师也消失了。有一些人会处于这种状态：“我是特别的，我征服了，我是天才……”随之而来的是自我主义泛滥。一切都不得不离开。

■是的，一切都正在离开。我也告诉过人们，治疗师们将不会治疗他们了，因为一个崭新的时代要来了，他们要自己治愈自己，或者更好：干脆忘记治疗……健健康康地生活。我得到了很多反映，因为有很多治疗师看着我，好像在说：“你是在告诉我，我做的事情将会变得毫无意义，是吗？”

我能给他们的最好答案是——我们将进入感情供给的更高形式。

是的。那是绝对的，那是真的。一个不容质疑的原因是，疾病仍然存在。它是一个我们必须以某种方式依靠的系统，如果这个系统没有了，我们的部分身份也将会消失，甚至会忘了自己是谁。如果你得了疾病，就开始将你的人生与这种疾病联系起来；如果你是一位治疗师，你也会开始将你的人生与疾病联系在一起。“个人身份”必须要离开，因为我们不止是那些。在一种更高的程度上，重新连接自身与这种个人身份没有太大的关系。

我一个非常好的朋友朱丽叶·南丁格尔（Juliet Nightingale）多次与死亡擦肩。我倾听她的诉说，因为她跟别人分析他们接近死亡的经历，试着帮助他们理解这些东西。她也许是我遇到的与这个地球联系得最少的人了。她更多的是在心灵层面上，而不是个人存在的层面上，与自己交流。那就是我们努力的方向：放弃个人存在层面，将自己与个人存在分离开来。这点非常重要，我们需要去追求那些能给心灵营养的东西——这就是我们存在的原因。

■但在这一过程中，我们将会真正了解融合在一起的奇妙，我们想要知道的一切就在我们存在的理由之中。

是的。我想你刚才提到的问题是：你是如何看待我们的未来的？如何看待个人责任是摆在我们面前的首要问题，我们必须为我们的思想、幸福和行动负责。把它纳入我们的行程中，而不是把它搁在那儿或者置之不理。不要认为我们的幸福要依靠别人。别人也许会加入一些东西，因为他们能够帮助我们探索，把一些东西带到我们面前，但这不是别人的工作，而是我们要为自己做的一切。

■你这样真的很像一位萨满巫师！

真正对你自己负责，这点很重要，而不必过多在乎外在规则。不为一个组织或其他人负责，只为自己负责，为你的完整的能力活着。

■我们不妨谈谈声和光，因为我们已经远离了一个重要的话题——健康。但是声和光的主题与你的书是有紧密联系的。我们能不能谈一下，假如我们有更多的意识，对光进行物理的、科学的、超自然的、研究性的理解，我们从中会学到些什么呢？

我目前从事的一项工作是声音的分类，这项工作方便能量工作者理解声学。

这就回到了对一个循环是如何运行的理解上。不是一个循环是什么，而是一个循环是如何运行的。那与理解光的本质密切相关。它把我们带到古代几何学中。

我们被一些符号环绕着，它们带给我们一系列观点。我们是无知的，因为对于大部分人来说，我们已经忘记了这些符号是什么。我们必须回过头去理解它们，看看它们是如何展现这个世界的。我们利用几何学描述世界的方法之一，就是将这些符号翻译成声音频率，因为声音是有形状的——

物理形状。

如果你在空气中扔了一个隐形的盒子，它带动了空气，当它行进的时候，它移动了空气粒子。当声音穿过空气时，它便是这个样子。当你的肉体与声音相遇时，实际上是你让声音的物理实体穿过了你的身体。通过理解声学，借助循环是如何工作的知识……世界各地的声音治疗师正在完善这一理论。

能量工作者在光的领域中工作，对他们来说，致力于研究细微的能量物体，理解物理形状，理解你的身体如何像天线一样与物理形体产生共鸣，利用光进行治疗，这些都是非常重要的。我认为，这些都是非常基本的研究，如果一个人使用其中之一……他们就会直觉地与其他人发生联系。

■肯定如此。

从光谱的角度来说，我真的不知道是否存在一些科学数据可以帮助人们完成此项工作。在我看来，我知道我们用“光”这一个词代表很多东西，我认为这就是科学和直觉艺术永远无法在一个地方会面的原因。我这样说，是因为我觉得，“光”并非像科学理解的那样（热的副产品），它是直觉艺术研究的光。我认为这两者不一样。我认为，直觉艺术者使用“光”一词，因为在该领域中，唯有“光”接近于他们研究的东西。

■但是我们也在试图研究射线呀。作为一个色彩治疗师，我利用有色光治疗身体的不同部位。因此我们确实取得了一些实质进步。我不只是在谈论神之光，也谈论那些以实际的方法利用光的实践措施。

我认为这很有用。当然，量子物理学完全与光有关。就我自己的萨满巫师的工作来说，这与你说的并不是一回事。直觉艺术家谈论的“较高频率”，是用来描述不同的能量领域的。科学可以测量一切，例如伽马射线，而我们无法做到这一点。它们将摧毁一切物理实体。甚至大量的 X 射线，也将会摧毁一个物理结构。它们将杀死它。

从科学上讲，我们可以讨论各种杀死物质的射线，而你也可以讨论神之光；在能量动力学中，神之光优于其他光线，而且它不会伤害任何东西。这也是我说两者不一样的原因之一。我们通过量子物理学对光的物理性质进行的研究，不会揭示直觉艺术工作者正在研究的东西。它们不能。它们在科学上能够测量的只是行动的影子，正如我之前说过，你永远无法测量一种想法，但是我们可以测量与这个想法相关的大脑活动，因此我们可以测量进入物质领域或与物质发生作用的神之光的物理效果，但是我们无法测量神之光。

■我们是不是无法测量“启蒙”？

正是。我们永远也无法做到。只要我们继续用同一个词描述两个领域中的东西，只要科学家继续观察他们看到的东西（光谱中的光）……他们就永远发现不了。因此他们会说它根本不存在：“你说的东西压根不存在，因为我们测量了，但是找不到它。”直觉艺术家不理解科学家在说什么，他们会说：“我虽然在用‘光’这个词，但不是你说的那种光……”

对“维度”一词来说，也存在类似的问题。在数学领域，维度是一个测量项目，比如长或者高。而对于直觉艺术家来说，它指的是存在的领域。

■的确如此。

因此当你谈论“弦理论”，必须构想一个十维的最小值时，直觉艺术家会跑掉，他们会说：“你看，他们正在谈论现实中的十维。”但是这并非是科学家谈论的那种，他们谈论长度的十维、高度的十维或者平面的十维……总而言之，都是测量项目。

■另一个方面，有一些伟大的物理学家，例如加来道雄博士，他们正在讨论不同的维度世界。

哦，是这样的。他是一位物理大师，但是当他谈论存在的不同平面时，指的不是多元宇宙，也不是弦理论，更不是弦理论中的维度，这一点常常让人们很迷惑。当他谈论弦理论的十维或十一维时，他谈论的却正是测量学里的平面。

当他谈论其他空间时，他在谈论平行宇宙、多元宇宙、微型世界理论……这些东西相互没有关系。

■玛安娜，我们现在谈论得是不是很愉快？这一刻太美妙了。

是的……对于已经经历许多变化的我们来说，非常美妙，但是一些变化将不止是令人难以置信的，从伦理角度来看，也是令人震惊的。我们真的需要一些“大脑甜品”来补给自己。有很多资料与这些想法有关，但只是一种新奇的想法而已。它只是大脑甜品。人们知道这些词，但是他们不知道它们意味着什么。

■我们很快就会知道，因为事情正在转变。我建议工作室里的人们做好准备，他们将会在自己的餐桌上看到一只恐龙，因为空间正在融合！

是的，我们正在将技术融入真人，这样会重新塑造一个人。如果我们能够长生不老，活到三百多岁，那么对于地球上的资源来说，这意味着什么？

■我想，这听起来并不是一个好主意！重要的是，人们需要理解我们不能长生不老，不需要一直活着，就像我们想的那样。

是的，当然。但是有很多人还在设法延长寿命，很多有钱人也许会买到寿命。与10到15年后在世上出现的东西相比，这不算什么。其实已经不远了。这也是我想澄清一些想法的原因之一，我想帮助人们明白我们此刻谈论的东西，我们被赋予了什么，由此，我们对科学和技术才能做出负责任的选择，才能知道我们为何追求科学和技术。

■在你的《圣人时代》一书中，你做了很多极好的工作。祝贺你，感

谢你为我们推进科学与灵性的融合做了如此多的工作。

★★★★★★★★★

玛安娜·斯蒂芬森的书是《圣人时代：科学与直觉智慧的融合》。她的网站是：www.sageage.net。

第三章

有余三摩地——与埃德加·米切尔对话

◆◆◆埃德加·米切尔博士◆◆◆
◆◆◆Dr. Edgar Mitchell◆◆◆

1971 年 1 月 31 日，埃德加·米切尔博士踏上前往外太空的旅程，成为第六个登上月球的地球人。阿波罗 14 号（Apollo 14）的使命是实施 NASA 的第三次载人登月计划。9 天后，即 1971 年的 2 月 9 日，这一历史性的旅程顺利完成。这是人类历史上无畏的一刻。然而对米切尔来说，最为与众不同的经历才刚刚开始……

****

■米切尔博士，欢迎加入我们的对话。我简直无法想象我正与一个曾经登上神秘月球的人对话。现在，我想请问你一个浅显的问题：当你离开我们美丽的星球进入太空，在月球表面行走时，有何感受？

作为一个从地球来到另一个星球的人，除了四处看看，收集数据，探索，然后回来告诉大家他获得的一些信息，还会有什么感受呢？一个探险家还会做些什么呢？那就是我的感受。

■也许并不是你想走多远就能走多远，但是就像你说的，这确实是一次打破纪录的旅程之一。

希望是吧，事实上，我们将会走得更远，但是目前，这是我们能够走到的最远的地方了。

■但是近来，我们似乎正准备把人送到火星上去，不是吗？

如果我们还没有笨到中途就把自己炸毁，那么我确定我们会这么做的。

■对于把人类送上火星，你怎么看呢？我们是不是正像很多人想的那样，越来越靠近大决战？

只要我们还没有意识到，暴力和战争带来的唯一东西就是更多的暴力和战争，那么我们肯定还置身于使用一些“终极”武器的危险之中。那将成为世界终结的原因……如果我们笨到会那样做的话。

■我也深有感触，人类和其他高等动物会统治这个世界，我们最终能找到走出混乱的道路。

那就是我希望的，我也深信这一点。但是我不太确定。我们不得不做出选择。当然我们的选择必须要比最近做出的明智一些。

■你能否跟我们谈一谈你对人类经历的看法，以及那些关于人类将进入一个新时代观点的个人感受？

事实上，在人类文明史上常常上演这样的一幕：也许是几百年，甚至是更短的时间，我们会经历一次主要变革，例如罗马帝国的衰落、启蒙运动、文艺复兴以及工业革命。我们正以看清现实和认识自我的方式，准备好了面对另一次主要的变革。

■我坚持认为，我们现在面临的危机正迫使我们寻找其他选择，是这些障碍的一个极其积极的方面。例如，因为石油危机，人们最终不得不更加严肃地寻找生态产品来代替石油。

有一点迟，但确实如此。

■看来，我们必须在将自己燃烧干净之前，找到一个真正的突破点。

30年前，我刚从月球回来，在瑞士卢塞恩(Lucerne)的扶轮国际(Rotary International)作了一次公开演讲。我提到一点，我们的确有石油矿物能源储备，但是我们必须开始考虑这一问题了。哦，那是30年前的事了，如今我们正越来越靠近所谓的“石油荒峰”，事实上也确实如此。

■但另一方面，我们的确经常听到这样的声音：还有很多其他的潜在资源啊。我们还听说，在巴西有大量储备。

是的，有这些储备，但是它们仍然是有限的。几个月前，我们已经达成一致意见，是时候寻找代替品了。

■事实上，我们拥有太阳，无论我们需要多少能量，我们都可以从太阳上取得。

确实如此，我们可以从太阳和其他来源中获得能量。还有很多资源，但是需要我们认真寻找。我们以前有一些心不在焉，而且我担心，石油公司有一点顽固。

■他们“有一点顽固”，确实如此！

让我们谈谈你的神奇之旅吧。我至今还不敢相信我正在与一位登上过月球的人交谈。你能告诉我在通往月球的旅程中究竟发生了什么，据说它使你认为，意识和宇宙之间是有联系的？

好，让我们简单地聊一聊。我们这是第三次登上月球，但却是第一次在月球上进行科学研究。第一次飞行时，阿波罗 11 号（Apollo 11）只是向我们证明了我们可以登上月球，也能安全离开。而第二次，阿波罗 12 号，向我们证明，我们可以准确找到着陆位置，而且可以精确着陆。每一次飞行的成功都是建立在前一次的基础之上。我们的飞行紧随着阿波罗 13 号（Apollo 13，没有成功），我们的任务是在月球表面进行科学研究和地质实验，以发现月球到底是什么。

当我们成功完成所有的工作后，就可以稍微放松一下。在我们向着地球返回的旅程中，宇宙飞船一直在转动，每两分钟，窗口就会展现一幅地球、月亮和太阳以及太空的360度全景图。那真的太美了，令人难以置信：在太空中，由于没有空气，星星和天空要比地球上所见的大 10 倍。即使是在地球的最高锋，见着大量的行星和最璀璨的星光，太空中的这一切依然要比地球上的所见亮上 10 倍。在回家的旅途中，当我看着窗外，注视着这一幅奇妙的景象时，我意识到自己体内的分子、宇宙飞船的分子以及我父母体内的分子的原型来自恒星初期，甚至就是产生在那个时期。不知怎么的，它突然变成一种非常个人化的、情绪化的体验，而不是一种理性经历。我能感觉到它，它就在我的体内。随之而来的是极度的快乐，这是我从来没有体验过的。

一直以来，人们都有类似的经历。但是由于我从未研究过秘传经历，所以以前我不曾体会过。回家的一路上，我都有这样的体验。我们仍然有实验要做，但是由于已经登上了月球，我们主要的工作已经完成了。

我意识到，人们永远在问这些问题：“我们是谁？我们是如何来到这里的？我们将要到哪里去？我们和宇宙是什么关系？宇宙到底是怎样的？”

我意识到，科学（我们历史上的一个新来者）所说的人类历史，也许是不完善的，是有缺陷的。我意识到，我们的文化宇宙学是如何从宗教和秘传见解中产生的。后者都是一些老套的东西，也许还是错误的。既然我们已经发展了向太空前进的文明（第一代太空登陆者），我们也许需要重新审视这些问题了。也许我们要从更长远的角度来看待这些问题，我们要站得更远来观察我们的地球，以一个完全不同的角度来看待我们这颗小星球和太阳系的辉煌。

那是产生的见解的一部分。

这种想法太强烈了，我无法对它视而不见。我一回到家，就开始查阅各种科学著作，但是没有发现我想要的东西，即这次的经历到底是什么。在我熟悉的宗教著作中，我也没有任何发现，因此我向离休斯顿（Houston）很近的莱斯大学（Rice University）的科学家求救："帮帮我！我们一起查阅著作吧——科学著作，看看我们能否找到关于这次经历的蛛丝马迹。"

很快，他们过来告诉我说，我的经历和古代梵文著作中称之为"有余三摩地"（Savikalpa Samadhi）的经历很相似。"有余三摩地"在梵文中意味着，你看到了事物的不同个性，但你却本能、饱含感情地把它们作为一个整体来体验。这正描述了我的感觉和体会，我突然意识到，从古代传统的神秘著作来看，有史以来人们一直有这样的体会。我之后研究了数年，和诸多文化界和宗教界的精神导师和领袖接触，开始了解我们普遍经历中的神秘核心。

我发现，在地球上，这种革命性的经历可以在不同文化的著作和教义中找到。从本质上讲，这些经历都是一样的，但是当我们谈论时，它们被附上了文化的烙印。不幸的是，当我们通过各自的文化探索这些意识的各个方面时，它们莫名其妙地被转化成了宗教教义。因此，我们开始争论谁的宗教是正确的，谁的解释是最好的，并为此大打出手。之后我们看到的便是秘传形式，而不是微妙的秘传智慧。

■现在我们真正意识到科学和灵性正在融合。你的确是一位敏锐的科学家。你在两者之间架起了一座桥梁，振奋人心。对一个接受过认知训练和逻辑训练的人来说，拥有"转化经历"（transformational experience）非

比寻常。而把这种经历与他人分享，应该是很激动人心的吧。

所以在几年前，我成立了纯理性科学研究协会（Institute of Noetic Sciences），从科学的角度来精确审视这些现象。勒奈·笛卡尔（René Descartes）身后400年间，因其二元论非常盛行，科学已经拒绝研究意识。肉体-精神领域被认为是两个毫不相关的领域，当然，我们知道这不是真的。我们已经发现了量子，它告诉我们物质和精神是互有联系的。我们最终将利用科学工具来看待这些事情。

■你能不能详细谈谈你创建的纯理性研究协会呢？这个组织有些什么活动？

开始时，我们的一个目的是：利用科学工具观察在我们理解的意识范围之外的异常现象，然后就意识本身展开一种正式的研究。当然，科学是靠异常事物运行的。如果我们发现这些事物并不在已经创立的框架内运行（我们认为正确的框架），那么我们只好寻找其他途径，创造一个新的框架——一个新的模式。尽管我不太理解“para”一词，但我还是对所谓的“心理玄学现象”很感兴趣，并正在为此工作。

我们现在知道，所有的一切都在量子理论中得到解释，因此“para”和一些异常事物的存在毫不奇怪。它不过是把一切容纳于内。通过大量工作，我们解决了大部分问题。从感知理解上来说，量子理论也将对所谓的异常现象研究有所帮助。我们也意识到，所谓的“心里的东西”其实并非异类，一旦我们深入研究量子物理，这些都将很容易解释。8年来，这些都被认为是不可能存在的，自20世纪的早期量子科学建立以来，这些都不被认可。但是现在，我们已经有了足够的发现，这些发现要求我们利用量子物理工具去帮助我们理解大脑意识，并讨论灵性话题。

■是的，就是现在。

有很多我喜欢的暗喻和类比，可以用来帮助人们理解这个概念。在实验室中，我们多次证明人与人之间的相互感应，特别是爱人、父母与孩子之间所谓的“孪生子效应”，可以清除隔绝电磁信号的法拉第障碍。它们无法通过电磁屏幕设备显示出来。这种性质被称为“非定域性”，是一种量子纠缠性质。关于这一主题的实验数不胜数，实验对象不仅包括人类，还涉及了植物和动物。这种性质是量子科学的基础。

■你能为我们解释下，你所说的“量子纠缠”是什么意思吗？

回溯20世纪初期，早期的科学巨人们（爱因斯坦、迪拉克[Dirac]、普朗克[Planck]以及薛定谔[Schrödinger]等）意识到在原子层面存在许多特殊的现象。量子物理由此产生。纠缠的概念就是，如果亚原子物质在同一过程中产生，然后不论它以何种方式分裂，它仍然以“量子纠缠”或是“量子相互关联”的形式维持它的关系，此种关联不受亚原子所在的空间限制。如果其中一个粒子发生变化，比如它遭受捕获或者发生在它身上的其他作用，那么与其具有纠缠关系的另一个亚原子会同时发生反应——爱因斯坦称之为“鬼魅般的超距作用”。

尽管它确实存在，并且已经被无数遍地论证，我们仍然不能够真正理解它的基本机理。相干是量子纠缠粒子的性质，例如，相互纠缠的光是相干光。那意味着，它的波形相互关联在一起，纠缠的粒子能够维持这种非定域性特征。这意味着它们相互间存在瞬时通信。8年来，我们也曾认为这确实不能简单纳入我们的领域、我们的现实世界——它只是一种亚原子性质。但是近年来，实验研究证明，它不仅仅属于亚原子的世界。

它属于一切。

近14年来，德国一所大学的沃尔特·申普博士（Dr.Walter Schempp）在使用核磁共振成像设备进行试验时，发现一种被称为“量子全息图”的东西。量子全息图意味着，所有的物质在持续不断地发出和吸收相关能量。这一点我们如今已经有所了解。从量子物理学家马克斯·普朗克时代起，我们认为这些辐射都是随机的：它们并没有承载任何信息。相反，申普博士的工作显示，它们是量子纠缠的、非定域的，并且它们承载着每一个物体的信息，无论是在我面前的一只咖啡杯、桌子、我戴着的耳机，还是我自己。

所有的物质都有瞬息的图像，这就是“全息图”。

古人也有类似的观点，因为他们相信一切存在都记录着它的每个瞬间……他们称之为“阿卡西记录”（akashic records）。有过神秘经历的人们会发现，科学正在与灵性融合——量子全息图的概念的确给我们解释了“阿卡西记录是如何存在的”。

■加来道雄博士谈论了我们现在如何通过改变量子的振动而改变一个量子，这是非常激动人心的，因为我们知道思想便是振动……因此我们开始看到所谓的“精神战胜物质”的潜力，并从现实中寻找其形态。

这已经多次在实验中证明过，而我本人也参与了这个实验。在我的书中，我详细介绍了这些实验，尽管我不是专门从事这类工作的。直到最近37年的纯理论性研究，才使我真正了解这类实验。比如，我自己也有过被称作心理过程的意念治愈的经历。这都属于“精神战胜物质”或“物质和精神相互作用”的范畴。

■这大概就是你提到你已经发现意识和宇宙的关系时所谈论的，你在回程中觉醒了。

那即是所有的纠缠，这些就是关于纠缠的所有的观点。它有不同特点，但它全部来源于自然，并且相当容易用自然和来自于量子纠缠的科学来解释。

■你能跟我们说说，你踏上月球表面的经历吗？它对你看待现实和生活有何影响？

踏上月球对我看待现实和生活并没有太大影响。我们太忙了。当我们在月球上工作时，我们在规定的时间明细表内精心地规划自己的时间，发挥120%的能力。这非常重要，以防设备一旦坏掉，我们只好放弃原计划或者处理一些无法预料的事情。事实上，在月球表面，我们的任何设备都没有破损，但我们必须要用120%的努力工作，这就意味着我们将自己推向了极限。我们没有足够的时间去思考如何看待自然，或者是如何享受待在月球表面的这一刻经历。

■是的，但是当你们踏上月球的时候，你们肯定有一些特别的情感体验吧。

是的，最令人惊叹的是迈出船舱，感叹道："哇！我们到这里了，这真好，这真的不一样。好了，回去工作吧，伙伴们。我们没有太多时间可以浪费。"

■那真是难以理解。至少，那是一个高压工作环境吧。

是的，但是当孩子们问道，在月球表面走路是什么样的时候，我会告诉他们说就像走在蹦蹦床上，而妈妈给了你一身防雪装。穿上那一套行头有一点小麻烦，但是走在月球上就像走在蹦蹦床上一样，你的每一步都弹力十足，但你很难移动。

■好，我想问你一个问题，这个问题你肯定曾被问到过。对于那些声称人类从未到达过月球的人，你会怎么回应他们呢？

这个问题很好回答。如果是假的，你真会认为苏联人能轻易放过你吗？这关系到苏联迈向太空的第一步，而我们抢先了一步。他们在那儿看到我们所做的一切。如果我们作假了，他们会大肆宣扬。所以那些人的话是无稽之谈。

■你如何看待制造的谣言？

这是因为人们想要15分钟的传闻，而去忽视现实。这个问题的答案就是，对那些洞察世事的人来说，证据压倒一切。

■你在月球上工作，返回宇宙飞船，驶回地球。你在回来的途中，你说有“出神体验”。对你来说，这意味着什么？

这就是我说的“全局方法”。现在，如果有人感兴趣，可以去看看哈勃太空望远镜（Hubble Space Telescope）的新图片，它们是如此有力，如此压倒一切，能够让我们探究宇宙深处——比我们之前看到的还要深刻得多。我们凭肉眼看到的壮丽图景，有的来自太空中的宇宙飞船，但我们也可以用我们的小型望远镜来观察。我们曾经靠它们来安置我们的航空站台。我们可以更进一步细看哈勃图片，它完全令人难以置信。生命是如此多变，我们无法解释。只有人们经历了，才能相信。从我们普通人的观点来看，我们下一步能做的，就是仔细查看哈勃望远镜获取的一些照片。在你观看这些令人惊叹的照片时候，如果能冥想片刻，它就能激起类似的觉醒。

■在回来的路上，你做了超感知觉的实验，对吗？

是的，我对这项工作很感兴趣。自20世纪60年代中期以来，我就非常关注莱恩博士（Dr. J. B. Rhine）的研究工作，他的工作对此有所涉及。我在参与这个项目的时候，认识了很多物理学家朋友，他们对莱恩的工作也很感兴趣。我们一起策划了在太空中进行超感知觉实验的方案，就是为了看一看遥远的距离对心灵感应的性能有何影响。我们中的一个成员向传媒泄露了一些事情，计划遭到曝光。但是收集的数据由莱恩博士和纽约的另一位心理玄学家奥西斯博士（Dr. Osis）亲自检查。太空实验结果和在实验室中获得的结果一样好。它向我们证明，遥远的距离并没有对心灵感应造成影响。

■但是这个实验处理意识联系时，涉及了地球上的人，是吗？

做这个实验需要使用所谓的“齐纳”（Zener）符号，这些符号在实验室中使用了40年。实验多次重复，并需要把注意力集中到5个齐纳符号中的一个上，它们分别是星星、十字、波浪线、圆圈和方形。每做一次实验，耗时10秒，共计25个符号。在地球上的4个人试着写下他们所认为的符号的顺序。我脑中出现一些符号，他们非常精确地获得我排列这些符号的顺序。根据调查，产生这个结果的几率只有一万三千分之一。

■在你的经历里，有没有曾在外太空遇到其他的飞船？

没有，除了执行阿波罗计划和太空实验，以及和宇航员交谈，没有任何不可解释的现象出现。

■但是曾经有过，对吗？

是的，我认为最近有过。我从未和有类似经历的宇航员聊过，但是在阿波罗计划中，至少在我的经历中，没有什么不可解释的现象。我们观察到的一些事物是我们知道需要追踪的飞船和物体的一部分。我确定我们可以识别它们。

■你如何看待地外生物？显然，在你谈论宇宙的伟大时，你好像对存在地外生命这一问题没有异议。

是的，当然。我们都到过那儿，我对此毫无疑问。我有证据、知识和研究，事实上，我和一些军事和学术圈子里的“老前辈”是好朋友，他们曾经卷入罗斯威尔事件（Roswell incident）。我在罗斯威尔长大，我很熟悉那个地区。我从60年前卷入罗斯威尔事件的老前辈口里得知，外星人真的来过，而且已经来过很多次。我对此毫不怀疑。

■你知道那是真的？你觉得这样宣称有危险吗？

没有。

■这是个好消息，因为显然，它是我们玄学和 UFO 研究领域“现存”的信息。

在那个问题上，我没有发过任何保密誓言。

■那很好。你认为，另外还有哪些研究领域需要科学深入探索的？

最明显的就是当今“量子全息”中的工作。我们之前认为理所当然的东西，现在换上了新的面孔，而我们过去的科学理论也暴露出很多问题，例如宇宙大爆炸。目前，很多人质疑，大爆炸到底是不是我们宇宙产生的模式。很多研究这个问题的科学家认为答案是否定的。我同事从事的量子全息工作显示，有另一种途径可以促成宇宙大爆炸的发生，即物质产生于“零点场”（zero point field）。这类似于英国宇航员弗雷德·霍伊尔（Fred Hoyle）的“稳恒态宇宙模型”。这个观点看似是正确的。但是我们真正要证明这个问题，还有很长的路要走。

■我与道雄博士谈论过宇宙中新生命、新思想和新能量的不断产生，也许，这些一直都存在，也将一直存在……而大爆炸只不过是出现在自我生成的物理宇宙中的肥皂泡而已。你对此有何看法？

这正是我们正在研究的理论体系所要说明的问题：在外太空中的所谓“量子泡沫”。太空并不是空荡荡的，那里有量子泡沫，没法描述的能量、质子、反质子，它们不断即刻成形即刻消失。

■我们确实正在进入 2012 年，似乎有很多事要发生——一些是可怕的，一些是喜悦的。众所周知，玛雅人说这是第五个太阳纪的开始。对于这个时间推断，你有何看法？

我并不认为玛雅人的日历是一个类似预言的东西。我相信，如果真有一些事情发生，那都是我们自己行为的结果。我认为，我们目前发生的一些问题与玛雅人的日历没什么关系，却和我们的盲目密切相关，因为我们的诸多活动都是对自身有害的。我们正在破坏自己的环境，人口正过度增长。我们正在做这样的事情，而且这类事情越来越多。地球是一个有限的空间，以指数增长的任何事物和一切与人类相关的事物都不能无限地增长。巴克明斯特·富勒（Buckminster Fuller）指出，太空时代之初，我们是地球这个宇宙飞船上的全体船员，但我们是处于暴动之中的船员……你如何能载着这一暴动的船员驾驶飞船呢？

■你如何看待人口过度激增？

很明显，我们要么学习限制人口增长，要么必须学会生活得更简单，节约我们的资源，利用我们的技术获得更多的福祉，而不是像我们现在所做的那样。我们的自我增长和掠取资源，不是寻找幸福的道路，而是通往灭亡的道路。现在，我们的大量工具大多用于破坏，而不是为了活得更好，我们必须学习活得更好。

■我想说，这必须加快。

加快。

■在电脑时代，对于我们使用的电脑技术，你有何看法？

我说的是所有的技术。科学本身并没有道德与不道德之分。是好是坏，取决于我们如何利用它。我们可以凭借自己的天分和创造力促使自己灭亡，也可以为我们谋取利益，那就是我们需要做出改变和转化我们意识的原因。

■我会设想，如果这个星球上有很多权贵或者普通人登月后返回，看到你所看到的，他们一定会对这个蓝色星球更加热爱。

我也认为如此。事实上，我们已经开始行动了。这个想法来自弗兰克·怀特（Buckminster Fuller）的《总体效应》（*The Overview Effect*）一书，它有助于提倡私人太空飞行的概念。而维珍航空（Virgin Air）以及我们的一些经济部门已经开始采取行动了，组织私人企业家游览太空……鲍勃·本杰罗（Bob Bigelow）曾通过苏联系统遨游太空。从太空观看地球的整个想法是转化而来的。很多年来，我们强调，如果我们的政治领导者在太空中召开会议，我们将会在地球上看到一个完全不同的政治和社会系统。我们已经一致通过这一点……但是我们没有让他们听到。

■你想对世界领导人说什么？

最紧迫的事情是，我们必须控制环境问题。我们必须提到这个事实：文明已经行进在一条地球无法继续承受的道路上了。我们花了很多时间互相打闹，争论谁的神是最好的神，谁的宗教是最好的宗教，还有互相杀戮——当这一切的真正回答被置于更广阔的合作之上时。相反，在另一个100年后，文明将不复存在。

我们将把自己赶出这个星球。

有一个正在像这样做的群体，但此时，美国的全体领导人一直走在错误的道路上。

■正如你刚才说的，在更高的合作程度上，有一些利益存在。这些人并不想地球上有真正的和平，只因无利可图。

我明白这一点。

■刚刚你提到和孩子们的谈话。你和孩子们一起工作吗？我真的认为孩子是我们的希望，我知道，你在帮助他们理解你所经历的事情，理解他们该如何开始谋划他们的未来和这个星球的将来。

只要我有一个平台，我就会跟孩子们交流。我常常在学校里演讲，我的很多当老师的朋友确实同意我说的。他们正试图教一些某种程度上的科学和历史以及怎样去理解知识，这些将帮助年轻一代理解我们正面临的一切问题。

■他们确实需要，因为他们遭到太多的轰炸。很多孩子对未来失去了希望，他们需要知道未来是在他们的手中，他们能决定未来。

这是真的，这是可以做到的，我们正打算这样做。

■不是很快，我建议是现在。

是的，不是很快，而要是在现在。

■你还有什么鼓舞人心的信息传达给我们呢？

在我们谈到这个话题、分享我们的想法时，我认为我们已经试图变得斗志昂扬一些了。但我们还没有真正行动。我们遇到问题了，我们的整个文明遇到问题了，我们应开始学着团结在一起，否则我们将不复存在。我们正在破坏自己的环境；我们的水资源正在枯竭；我们将会耗尽自然资源。但是，所有的问题都是可以解决的，如果我们团结一致，关注解决这些问题的正确方法，而不是制造更大的麻烦。

■谢谢你，米切尔博士。让我们真心期待，我们通过此时经历的危机，人类将学会从物质主义和自我满足的意识中解脱出来，意识到我们应团结一致，在宇宙的海洋中一起分享这个蓝色的小点。

★★★★★★★★★

欲知米切尔博士《探索者的道路》（*The Way of the Explorer*）一书，

以及更多作品和看法，可登录下列网站：

www.edmitchellapollo14.com；

www.noetics.org；

www.quantrek.org；

第四章

外星人的真相——与斯坦顿·T. 弗里德曼对话

◆◆◆斯坦顿·T. 弗里德曼◆◆◆
◆◆◆ Stanton T. Friedman ◆◆◆

斯坦顿·T. 弗里德曼是我们如今谈论UF0及ET的终极声音之一：外星人诱拐事件、外星人现身、政府隐藏秘密的决定。他是一颗真正的炸弹——一个融合了爆炸式智慧与风格的思想家。他是一个博学多才且经历丰富的人，一次对话甚至都能让我们触及真相。我访问过他3次，每一次都深入探索了那些被隐藏的秘密。如今那些事实都揭晓了，这都要归功于像他这样的人，勇敢地把事情的真相说出来。他一直努力地将所有的真相公之于众。这是一个谈话集，从外星人诱拐事件、与外星人接触到政府的隐瞒。

****

■斯坦，你最吸引我的是你的新书——《俘获！贝蒂和巴尼·希尔遭遇不明飞行物》（*Captured! The Betty and Barney Hill UFO Experience*，合

著者凯思琳·马顿[Kathleen Marden]），讲述了贝蒂（Betty）和巴尼·希尔（Barney Hill）夫妇被外星人劫持的经历。

很多年前，我在波士顿（Boston）工作的时候，遇见了本杰明·西蒙博士（Dr.Benjamin Simon）。西蒙博士是一位精神病学家，正是他给贝蒂和巴尼做催眠治疗，帮助他们治愈经历诱拐事件之后的创伤。我们谈了几个小时，话题涉及诱拐事件，以及他作为一名临床医学家帮助那些遭受心理创伤者的经历。

我还非常荣幸地参观了他的工作室，那里有一个类似人类的外星人模型，这是根据贝蒂所见制作出来的。

我记得，这是第一个在媒体上公开讨论的诱拐事件。你在书中所谈论的事情非常激动人心，特别是描述了诸多痛苦经历的细节，它们是通过催眠贝蒂和巴尼而揭示出来的。

人们对于地球上出现的外星人活动意见不一。你能给我们简单谈谈这本书是如何出版的吗？

我采取全新的方案研究贝蒂和巴尼的故事。所有人都听说了这个故事，很多人都读过约翰·福勒（John G. Fuller）写的《中断的旅途》（*The Interrupted Journey*）。那是1966年的全球级畅销书，但福勒只提到了部分获得的数据。而我的书的不同之处在于，有很多第一手资料。

首先是凯思琳（Kathleen），她是贝蒂的侄女，她有这一事件的所有磁带，并把它们全部转录了下来。因此那一系列场景中发生的一切，我们都有完整的资料……并不只针对一个问题。

精神病学家西蒙博士非常聪明地处理了这些东西。他常常在不同的语境中重复同一个问题，来看看这些问题的答案有多大改变。西蒙博士的特别之处并不在于他对飞碟的了解，因为他并不了解，而在于他从遭受这个事件的备受影响的人身上，提取了这一痛苦经历的所有回忆。他研究过几千个二战老兵，这些人都有严重的创伤后压力综合症，后来人们称之为“炮弹休克症”。他研究出一个方法，利用深度催眠，仔细提取这些人知道的和那时感觉到的东西，然后引导他们一一遗忘。

对于发生在希尔夫妇身上的经历，人们看待此事的态度有时很奇妙。

事实上，贝蒂和巴尼几个月来连续被催眠，在每次催眠中都处于昏迷状态，因此他们谁也不知道另一方说了些什么，因为他们被关在两个隔音的房间里。

“叽叽喳喳的持怀疑态度的人”试图说明，这一不明飞行物“诱拐事件”不过是被催眠的人被输入他被绑架的思想，而且他还认定绑架一定发生过。首先，这是无稽之谈：并不是没有这样的事情，当然有。但在西蒙博士的病例中，事实非常清楚——恰恰相反。他试图强迫巴尼说自己掌握了贝蒂的梦境，这在绑架事件不久之后发生。

■在一个更广泛的意义上来说，他扮演了魔鬼支持者的角色。

是的，他是的，巴尼却不买账。我们有一位催眠师，一位世界级的精神病学家，一个将人们从诱拐观点中拉回到现实的人。那就是凯思琳所做的一项重要工作，她分析了贝蒂所说的、巴尼所说的以及西蒙博士试图让巴尼所说的。

这本书的另一重要方面是研究了星图，因为之前的书提到过贝蒂被西蒙博士催眠后画出的图，她说她画了她看到的，那时她问那个领头的外星人他是从哪里来的。在那个月的陈述中，她说：“我知道你不是这周围的人。”

他给她展示了“三维地图”或是一个模型，也许是一个全息图，但是我们那时并不知道。

她看着这个全息图说道：“你们住在地图上的哪个位置？”

聪明的外星人说：“那么你知道你处在地图上的哪个位置吗？”

“不知道！”贝蒂回答说。

“如果你自己都不知道自己在哪里，那么我要怎么告诉你我从哪里来的呢？”狡猾的外星人指挥官说道。

贝蒂一点都不了解天文学……这并不惊奇：她是一个社会工作者，巴尼活跃于政治活动。他们并没有生活在一个科学气氛浓厚的环境里，而且与那些传闻正好相反，他们并没有看过科幻小说。两天前，有人试图说服我：“哦。巴尼刚刚看了一档科幻节目。”

无稽之谈。

西蒙博士开始接触这两个非常敏感的人时，他给贝蒂催眠后建议，如果她还记得那个地图就画出来，结果贝蒂真的画下来了。

这些都囊括在书中，至今是谜。

领头的外星人给贝蒂解释说："你看到的那16个点，代表星星；你也看到了重要的贸易路线，也看到了一般的贸易路线和一些来往的车辆。"

那张地图就附在书里，但你打算怎样去揭露它的意义？我的意思是，我们有一个囊括了2000亿星星的银河系——很明显，它现在并没有那么多星星，但即使我们的邻居可以回到55光年之前，我们可能也只能看到1000颗星星。现在，我们认为，那儿有2000颗。因为科技的发展，我们可以观察到比我们之前观察到的小得多的星星。但是，即使那里只有1000颗星星，那么也只有46颗恒星像太阳。

我应该说清楚，"恒星"应该不太热、不太冷、不太老、不太年轻，与其他的行星挨得不太近，它们能量的产出也相对稳定（显然，过于严寒和炎热都不是生命繁衍的良好条件）。那么这意味着什么呢？

几年后，我接到天空现象研究组织（The Aerial Phenomena of Research Organization，美国两大UFO组织之一）总部打来的一个电话，问我能否帮助一个名叫马乔里·费绪（Marjorie Fish）的女子，她正在研究希尔的星图。她拜访过贝蒂，已经想出了一个特别的方法。

她是一位三年级教师，却是门撒国际（MENSA，高智商组织）的一员，她是我见过的最客观的人之一。她正在建立我们局部邻域的三维模型，看看自己能否发现一个三维模型与贝蒂画下的二维模型相匹配。我见过她，检查了她的一些模型，还与芝加哥（Chicago）天文馆的艾伦·海尼克博士（Dr. J. Allen Hynek）一起探讨过她的工作，并帮助组织在俄亥俄州克朗市（Akron, Ohio）召开双向UFO网络研讨会，之后她发表了第一篇文章。我也受到特伦斯·迪金森（Terence Dickinson）的鼓励，他是知名《天文》（*Astronomy*）杂志的编辑。他的关于马乔里·费绪工作的文章——他和大量的人交谈过——证明，她的工作是精确的，非常严肃的。文章获得了前所未有的热烈反响。

不久之前，我与特里（Terry）谈话，我们一致认为马乔里的工作做得恰到好处。她的工作就像在一个巨大的木质框架上用尼龙绳把珠子串联起来。在贝蒂的画的指引下，她将绳子放在正确的二维地图中，然后从一个不同的角度观察它，来检验她发现的三维模型是否与贝蒂所画的二维模型相匹配。

这是一项令人惊叹的工作。她建立了26个不同的三维模型，但问题是她需要获得适当的“距离”数据。你知道，对一个天文学家来说，附近的与地图上的行星相匹配的行星，在哪里，有多远，根本不成问题。你只需两个因素，并不需要距离。即便有20光年之遥或有30光年之遥，这些都没有关系。你仍然观察着目标行星。

然而，如果你打算建立一个三维模型，你需要知道距离。只有当威廉·葛利斯（Wilhelm Gliese）将邻近行星距离的新纪录发布出来，马乔里才能发现唯一一个相匹配的模型。你可以想象，那是多么重要的一天啊。

■噢！当这些地图被匹配出来的时候，我能想象该是多么激动人心！

她并不是一个很情绪化的人，但是那天她确实非常高兴。让我们这么说吧。马乔里做的一切让我们能够辨认出模型中的所有行星，最重要的一点发现是（到工作完成我们才意识到这一点），所有的模型中的星星，正是利于行星和生命的那种类型。它们是和太阳相似的星星。在我们邻近的太空里，只有16.5%的星星是“合适的类型”，而三维宇宙中的这些星星正是模型的一部分，所有模型中的星星都是“合适的类型”。发生这一事件（巧合）的几率是万分之一！有人说是百万分之一，但是保守的人比如我会说，万分之一。

■我并不认为你是一个保守的人啊！

我是很保守的。我是一个核物理学家，研究了很多证据。你会发现，只有我确定自己会说什么，我才会说。但是在这件事情上，确实激动人心：这种模式中的主要星星——两颗星星离得很近，在它们中间有一条重要的贸易道路——被证明是“齐塔”（Zeta）和“齐塔网状星系”（Zeta Reticuli，即网罟座）。在拉丁文中，Zeta的意思是“网”。

你从地面上看不到它们，要观察它们，需要到赤道的地下去。

现在，考虑这种情况：离太阳最近的另一颗星星有4.3光年远。两颗星星相距太阳有39.3光年——这就像隔着一条街。我的意思是，星系有成千上百光年的距离，所以这两颗星星就是隔壁邻居。更令人惊奇的是，这两颗星星之间只有1/8光年远，这意味着比起太阳与它们任何一个的距离，它们彼此靠近的几率要高出35倍。

我们在荒郊野外，而它们就在附近。另外还有一点：这两颗星星的年龄比太阳大10亿年。有人利用“弗里德曼定律”（Friedman’s Law）推测，技术进步来自于以一种出乎预料的方式处理事情，外星人也许知道一些我们不知道的事情。回过头看看过去的100年，期间发生了多少变化呀。

你不需要10亿年，也许他们只比我们领先了1000年——那已经够了。

关于贝蒂和巴尼的第一本书，没有这样的内容。而《俘获！》一书给人们看到这些信息的一个机会。

它评论了马乔里的工作。很奇怪，每一个被她的工作所吸引的人竟然都误解了她的工作。我发现这点是非常重要的。弗里德曼定律：公众不知道的，我不会告诉他们。如果你无法攻击数据，那么攻击相关的人，这要简单得多。不要拿事实来干扰我，我的思想是编造的。还有，做研究时，公布你做的研究和调查会惹上很多麻烦。这点你应该知道。它需要花更多的时间和精力！

《俘获！》做得非常好，获得了很高的评价。凯思琳受过社会学和教育学的培训，颇有几分核物理学家的味道，但是她非常积极地投身于美国幽浮协会（MUFON）。10年来，她完成了该领域的研究检验工作。

■她是由于她姑姑的故事和经历，才活跃起来的吧？

从某种意义上可以这么说。她知道事情发生当天的一些细节，因为第二天贝蒂叫来凯思琳的母亲（贝蒂的妹妹），而凯思琳也在那儿。那时她还是一个少女，她听到了这一切。事情发生不久，她和母亲就去探望了贝蒂和巴尼。凯思琳看到那辆车上有一些奇怪的小点。从那时起，她一直很注意这些东西。之后有很长一段时间，她质疑事情的进展，因为贝蒂对于“什么是UFO”的一些探索并不符合实际。她很努力地工作，很快得出了一些结论。在贝蒂生命的最后5年到10年里，凯思琳一直可以见到她，并最终成为贝蒂财产的遗嘱执行人。

至今她仍保留有那些文件。

自凯思琳真正有权谈论贝蒂的经历开始，她便一直在新罕布什尔大学（The University of New Hampshire）档案室整理相关资料。贝蒂并不是一个害羞的人，她发表了自己的看法。像马乔里·费绪和另一名调查人员沃尔特·米切尔博士（Dr.Walter Mitchell）一样，她出现在我的电影《飞碟是真的》（*UFOs Are Real*）之中。米切尔是俄亥俄州立大学（Ohio State University）的一个天文学家，他帮助马乔里工作，并在电影上说他和他的学生发现那些三维模型是相当精确的。

我不是完全没意识到这些。因为在我读到贝蒂和巴尼的案例之前，我就对此很感兴趣。我第一次阅读关于这件事的书，是在1958年，而这一案例公之于众是在20世纪60年代中期。然而，直到8月初，凯思琳和我在丹佛（Denver）的双向UFO网络研讨会上签名售书，很多人说："这是让我对不明飞行物产生兴趣的第一本书。"那时我才真正意识到，人们早就对此事有所耳闻，但是他们不知道更多信息，直至第一本书出版。

■不是所有人都真正了解贝蒂和巴尼的故事。因此，对发生了什么，这两个人留下了什么样的记录，我们可以做一个小小的回顾吗？

那是1961年9月19日。他们匆忙地赶往南方（也许是一个推迟的蜜月），途经加拿大回到他们的家新罕布什尔的朴茨茅斯（Portsmouth）。新罕布什尔位于马萨诸塞州（Massachusetts）和缅因州（Maine）之间，正处于大西洋沿岸。从怀特山（White Mountains）上下来，贝蒂意识到有不明飞行物，他们看了一会。那是深夜，周围没有一个人，巴尼在开车。贝蒂告诉他，自己看到一个不明飞行物，而巴尼不相信："没有什么不明飞行物，那只不过是架飞机。"

"那么，你看它是怎样移动的！"贝蒂回答道。

巴尼坚持说："也许是架直升飞机呢。没有什么不明飞行物。"

他们谈论了一会，事实上，他们还停下车来仔细看了3分钟，因为那个东西正在靠近，它飞得很奇怪——就像一颗星星在飞。这没有道理呀，因为飞机不可能这么做。他们也听到一些奇怪的声音。巴尼从车里走出来，拿出望远镜看了看，试图判别他们看到的到底是什么东西。他能看到飞行物上的窗子，还有人站在窗子后面！这一个圆形物就在几百英尺之外，盘旋在天空中。他突然感到害怕，因为他想到了他可能会被带上飞行物。

他连忙回到车里，立即驱车离开，以免夜长梦多。最终他们还是停车了。我去过事发现场，真的不属于任何一个地方的中间地带（在新罕布什尔的林肯市[Lincoln]）。很明显，巴尼只能从主道离开（到第二条道路去，然后开到第三条道路上）。如果没有人控制他的行动，他是不可能这么做的。

整个事件的关键点是，外星人似乎控制了贝蒂和巴尼——你知道，他们没有像一般的劫持者那样，拿着一把枪或刀指着他们的脑袋。显然，让我们称之为“心灵感应”吧，他们可以控制贝蒂和巴尼——我不知道怎么来描述这样的事情。

■我们可以称之为“意识控制”。

是的，意识控制，让我思考一分钟——每个政府都想控制敌人的士兵，只想命令他们：“放下你们的武器！”

■我们甚至可以猜测他们已经知道如何控制意识……尽管这些还不曾曝光。

有很多原因使政府隐瞒这类事情，但肯定的一点是，外星技术，不是更快、更加自动化的飞船，无声的飞行以及他们的其他秘密，而是这种意识对意识的控制，这种控制非常隐蔽。

贝蒂和巴尼很快被带上船，然后被分开审问：扎了一针，刮伤了一点皮肤，剪掉了一点头发。有一些很奇怪的瞬间，比如当外星人来到贝蒂所在的房间时（他们把她和巴尼关在不同的房间），有些调查者企图拔她的牙齿。贝蒂问他们为什么要这么做——这是为什么。

外星人很困惑，为什么巴尼的牙齿拔出来了（巴尼有一副假牙），但是贝蒂的牙齿却拔不出来。

■贝蒂似乎对那个“指挥官”很有好感。她好像问了他，她可不可以拿走一本书作为证据。那是什么书？我不记得了。

是的，她确实拿了一本书。她告诉他自己需要证据。

■他给了贝蒂一些东西，其他外星人阻止他这么做。是这样吗？

是的，她说他曾问自己：“你想要什么？”

她抓了一本“书”，她这么说的。那不是用英文写成的，也不是其他文字，但是书上似乎有一些符号。她拿着这本书想要带回来。不一会儿，当他们被允许回来时，那个指挥官告诉她，他们已经决定让她忘了刚刚发生的一切……这对贝蒂来说很不幸。

“我会记起的。”她告诉指挥官。我想她最终遭到了嘲笑。但是我们没有一件纪念品。

现在，通过对罗斯威尔事件的最初民间调查的审视，我们已经获得了一些片段信息。但是诱拐事件中当事人并没有被允许带回一些纪念品：没有他的或她的毛巾、纸板、火柴、T恤或杯子。那是意识控制情形的一部分。我们大致认为，人们对药物的敏感度是不一样的，我们的基因是不一样的，但是外星人仍然要知道为什么一个人有这种反应，而另一个人有那种反应。绑架地球人，调查他们，把他们放回原处，尤其是你想对一个不能说话的动物友好一些（我想他们是这么对待我们的），这些都并非易事。

我们麻醉北极熊，然后安上小设备，这个小设备会将信号返回给卫星，卫星再将信号发送给研究人员，以便他能随时判断北极熊的位置。现在，你可以设想北极熊回家吃午饭时会告诉它的朋友什么：“我见过那些疯狂的偷窥狂，他们对我做了一些奇怪的事情。”

■你做出这样的评论实在是非常有趣，因为我在阿姆斯特丹（Amsterdam）开了一个工作室，我们正在讨论当我们全方位接触起来时，

会变成什么样……好的和坏的外星人的概念最终与好的和坏的人类的概念没有太大区别。当然，对于我们在动物身上安装研究设备而给它们带来痛苦这一问题，我们有些欠考虑。假如外星人也以同样的方式来研究我们，这就太可怕了。我认为，这将给人类意识一次巨大的震撼。

还记得哥白尼（Copernicus）的书吧，在书中，他傻乎乎地解释：地球不是宇宙的中心，那么太阳是吗？只是稍微前进了一步，这本书几百年来就一直遭到教堂的封杀。我们后来意识到，太阳也不是宇宙的中心。也许太阳是银河系的中心，现在我们知道，我们的银河系也并不是宇宙的中心。

这是非常重要的一点。回溯哥白尼的那个时代，乌撒主教（Bishop Ussher）仔细研究了《圣经》（*The Bible*），得出结论：地球是被上帝创造出来的，地球诞生于公元前 4004 年 10 月 23 日，至今已经有 6000 多年了。现在，利用无线电波和其他物理信息，我们知道我们星球的年龄可能是 45 亿年，而银河系的年龄至少也是 130 亿年。

突然，我们意识到：可能在其他地方还存在更先进的文明，我们对此却一无所知。

这让很多人感到不安：我们要爬到顶端。这是不明飞行物学和搜寻地外文明项目（SETI，旨在寻找外太空的智慧生物）之间的一个区别——我仍然称之为“为调查做出的愚蠢举动”。

我们假设有外星人存在，他们正在给我们发射信号，我们应该能够辨别他们使用的是何种通信系统，并翻译那些信号，似乎他们正在试图引起我们的注意，告诉我们关于宇宙的一切秘密。

我认为，我们对外太空了解得太少了，我们更像一只非洲大猩猩，对自己栖息地以外的地方一无所知。

在这一点上，我们的自我意识是失败的。

现在，与此相关的一部分问题就是能量问题。在我的网站上，我放了一篇名为《UFO 揭秘》（*The UFO WHY? Questions*）的文章。在文章中，我研究了政府要隐瞒事实的原因，事实上他们也是这样做的。你无法想象，在言论自由的口号下，我们从政府那里得到的是遭到挑选和清理的信息。

你能够读到的只不过是每一页上的一两句话而已，其他的都被隐藏起来了。

人们会问我："外星人为什么要来这里？他们为何不远千里来到这里？"当我知道仙女座离这里有200万光年之远时，我不认为39光年是多远的距离。"他们为什么来到这里，在新墨西哥（New Mexico）坠落？"

这是一个愚蠢的问题。因为每一个迹象都彰显着，小飞船不能在行星之间穿行，重担是由母舰担负的，人们看到的就是后者。有很多报道称，曾经看见过有半英里到一英里长的飞船。这里比较好理解的一个对比是，美国空军拥有全副武装的航空母舰。这些母舰是巨大的——大概有120英尺长，它们可以连续航行18年不需要加油。

■18年？你说的不是真的吧？

是真的。我是研究核武器的，他们有这样的技术，我感到很骄傲。他们使用易燃的可燃毒物——吸收中子的物质。当燃料用完的时候，这些可燃毒物也消耗尽了，因此它一直在不断磨损。拿它与75架小飞机相比较：这些小飞机肯定比航空母舰小很多，但是它们可以航行3小时而不用添加燃料。也就是说，外星人的小飞船并非来自齐塔网状星系。它们是一艘巨大的航空母舰上的乘客。

第二个问题——"他们为什么来到这里？"在我的"为什么"系列问题中，我给出了20个他们来到这里的理由。在我们的周播广播节目《荒野中的白痴》（*Idiocy in the Boondocks*）中，这个地方是一座蜜月城堡、星系中的一个角落，或者是"气体 / 食物旅社：下一个出口"。

我们有时候忘了，人们特别是美国人，走那么远，到底有多少理由。你会认为，他们记得1849年。1849年，成千上万的人跑到西部，为什么？因为那里发现了黄金。19世纪末，他们为什么去阿拉斯加（Alaska）？因为在那里也发现了黄金。

在太阳系中，地球似乎是密度最大的一个球体。我指的并不是人，尽管那也可能是真的，地球一立方米的质量比太阳系中其他星球一立方米的质量大得多。（你也许会说："谁关心呢？"）

那就意味着这里有更多的重金属。并不只有铅这样的比水的密度大11

倍的金属，还有像钨、铀、金、铼和锇这样的重金属，这些金属的密度是水的19到20倍。很多这样的金属具有一些特别的属性，我们至今还不是很清楚。100年前，你知道钨的用途吗？它只是陶器上的一丝亮光。外星人也许是为我们并不看重的东西而来。

有很多报道称，外星人从海洋中冒出来。也许他们在水底下采集纯金属。谁知道呢？也许他们真是在采矿。

■有报道称，飞船有时在湖面上空盘旋，有时从湖中冒出来，有时吸入大量的水。你能跟我们说一说有关的报道吗？

是有这些报道，不只是报道飞船在水中拉出些什么东西——我们是太阳系中唯一水资源相当丰富的星球。我并不是说其他星球上没有水。我只是说，如果你看地球的全景图，你会发现布满了水。地球的3/4由海洋覆盖着，有一些地方相当深——不知有多少英里。

也有报道说他们从湖中吸水：那是淡水。

也有报道称他们潜入海底，然后再浮出水面。我们认为这些都是无法辨认的沉浸入海的物体。这些飞船也许和电磁潜水艇一样，利用海水（而不是淡水）运行，因为海水是很好的导电体。如果你能将空气电离，创造一个导电体，你似乎可以解决所有高速飞行的问题。

这就像流星落下来时的情况一样。你看到的不是流星……它的周围都是亮光，因为它将空气电离了，分离了原子。你能解决一切高速飞行的问题，控制阻力、供热、噪音、雷达探测等。海水是另一种导电体，因此成为整个计划的一部分。

如果问到，他们为何选在这么一个特别的时候到来——我们可以确信，早在之前就已经有诸多迹象，回到《圣经》和巴里·唐宁（Dr. Barry Downing）的书《圣经和飞碟》（*The Bible and Flying Saucers*）中看看。巴里·唐宁仔细审查了《旧约》（*Old Testaments*）和《新约》（*New Testaments*），发现了很多飞碟事件。也许它们不叫“飞碟”，但是作者却浓墨重彩地描绘了它们。

请回过头稍微想想。我认为，他们来到这里的一个原因，是因为我们正在威胁说能飞出地球。对于外星人来说，这是一个非常可怕的想法，正如对我们来说，外星人来到这里也令人害怕一样。二战末期的 3 个事件告诉任何一个聪明的外星人：这个原始地球社会的成员，很快就会来骚扰我们了。他们的主要行为就是进行部落战争（“很快”意味着 100 年，在宇宙时间计量单位上，这并不算什么）。

第一件事就是核武器的爆炸，在大气中和地球上的某些国家留下了印记——就在战后的现在。我在想，那里的东西都变得带有辐射性，它们能非常容易地测量出来。第二件事是火箭的使用。很多人肯定知道，从德国发射到英国的 V-1 和 V-2 火箭并非用于携带信息。它们的目的在于摧毁。第三件就是电子技术的发展，虽然至今仍在初级阶段，但强大的雷达是二战里最为重要的秘密之一。德国人并不知道英国人已经发明了雷达。

我必须告诉你一个有趣的故事。1938 年，战争打响前，一个德国将军听说英国人正在建造 200 英尺高的堡垒，上面还有一些横向构件。他说：“我们正在秘密地建造雷达……因此布里茨（Brits）也肯定正在做这件事。我们必须知晓他们使用的波段和雷达的特点，等等信息。”

他们派齐柏林伯爵号（Graf Zeppelin）在距堡垒 700 英尺的水里缓慢航行。这些堡垒正是沿着英吉利海峡（English Channel）而建的，面朝着欧洲大陆。他们全副武装，随着齐柏林伯爵号以每小时 70 英里的速度航行，窃听信号，但是什么也没有发现。布里茨知道了这次窃听行动。德国人又试了一次，但是他们还是什么也没听到，因此，他们猜想布里茨没有研制雷达。但是事实上，布里茨已经发明了雷达。他们使用了一个比德国人强大十倍的频率。

英吉利海峡两岸的科学家显然认识双方：他们发表了相同的论文，他们去一些相同的学校。因此，如果德国人无法判断英国人使用的是什么（考虑到两个文明不仅在地理上，而且在心理上也非常相近），一个从事地外文明探索研究的人又如何能判断别人也将会使用什么呢？

从某种意义上说，你将这 3 件事放在一起——核武器、火箭以及强大的电子技术，而在 1947 年，世界上只有在一个地方你可以学到这 3 样技术。那就是新墨西哥州。那是试验第一颗原子弹的地方：核试验场，白沙导弹试验场。也是在那里，我们追踪火箭，但是不幸的是，火箭总是不能按照预定的轨道飞行。有些导弹甚至去了墨西哥南面而不是北面。

■罗斯威尔也在那儿，是吗？

是的，你说对了。

我指的是，这是非常自然的：每个国家都会竭尽全力做好自己的保卫工作。每个国家不都是这样想的吗？我认为，你已经在邻居身上贴了侵犯者的标签，但只是还和他们保持着密切的联系。

一个简单的问题：谁代表了地球的声音？美国总统吗？美国人会说："他们为什么不停在白宫的草坪上，然后再和总统对话呢？"好似总统真的代表了地球的声音——将近70亿人口。这里有300万美国人，大多数时候，总统还无法代表他们的声音呢。他当然无法代表整个地球。

除此之外，1952年，白宫上方出现了怪异现象。1952年是蓝皮书计划（Project Blue Book's）史上最重要的一年。1952年夏天，军事直升机都正等待命令，准备击落不明飞行物，如果它们在被要求降落却没有着陆时。正如一位空军上将公开发表的声明："我们几百次出动美国直升机追踪不明飞行物。"

我们有证据证明这一点。美国火箭学会（American Rocket Society）负责人法恩斯沃斯（Farnsworth）曾写信给杜鲁门总统（President Truman），他认为那不是一个好的政策……我也赞同他的观点。但是我在这里要说明的是，当外星人想要在白宫草坪上降落时，我们却没有友好地对待他们。

有一本书详细记录了这一事件，即弗兰克·凡绪农（Frank Feschino Jr.）的《把他们射下来！》（*Shoot Them Down!*），我为这本书写了前言和后记。

你知道这是一个奇怪的世界。我们都很关心生存和安全，但是没有一个人能真正站出来为地球说话。你知道，我们美国人说，我们相信自由、民主和选举。但是，当我们想要在全球范围内解决这一问题的时候，当你试着斟酌我们将如何选举一个人，他最终能代表地球与银河联邦交涉时，我们似乎无法举行一个全球性的选举。

■关于以下问题，我想知道你的看法：你认为一个全球性的接触会带来什么——不只是全球性的会见，而是一个世界性的确认？我认为这一接触很快会来到。在你看来，什么时候会发生（我只是在猜想，尽管我知道你不想那么做，因为你是一位科学家）？地球上的人们何时能看到成群结队的飞船盘旋在主要城市的上空？你认为呢？

如果我们能停止射击它们。

我认为，我们现在需要的是一位地球代言人，我们也需要确保外星人安全降落。1952 年，他们试图降落在华盛顿上空，而我们却派飞机要将飞船击落。我们用雷达搜索到它们，在那个 7 月份的 3 个星期内，华盛顿上空有很多飞船。

■你认为他们是在试图与我们接触吗？

不是，我认为在那种情况下，他们是在试探我们。当然，我们不知道外星人是不是和地球人有秘密的接触。

■在我看来，我很好奇，想看看这一接触消息是来自政府还是直接来自接触双方。只要想想，如果你拥有高智商飞行员控制的飞船舰队……首要的事就是控制媒体。

是的。我认为，如果他们想和我们交流，他们会说："你们好，不要像白痴一样行动了！"（这是比较合理的事情。）我认为他们会的。在我们的雷达和广播电视系统之间，我肯定聪明的外星人会判断出所有的频率，然后再以同样的频率来给我们发送信息。

我们正把很多信息发送出去。我们也有监视天空的雷达系统，有间谍卫星，还有无线电系统，因此我们知道他们何时来过这里，我们也知道他们有什么能力。当然，他们也知道，因为当你被熟悉的雷达跟踪的时候，你可以辨别出信号何时发出何时停止。

■很多人担心他们也许会发动一个武力回应，但是我们希望人类可以逃过此劫。

现在，记住，他们已经诱拐了很多地球人，做了测验。那些人大多数无法回忆起相关经历，应该是记忆已经被清除了。根据我的经验，只有10%的人能回忆起来，并做一个汇报。我已经核查过我的听众：10%的人看到过飞碟，但是这10%中，只有10%的人敢于说出他们看到了什么，因为他们害怕被嘲笑。

如果把看到不明飞行物看成是"平常的事"，那么诱拐事件算什么呢？最大的可能是，人们想迈出一步。据说，最出色的诱拐事件研究人员已经调查了1000例诱拐事件，但我确信那只是冰山一角。我想说的是，他们已经找到了样本。这是一个非常可怕的预测（如果他们可能看出一些商业机密）：他们能够收看我们的电视，并且试图判断出人类正如何发展。

■他们会假设整个人类都是疯子。

我认为，他们不会在我们的城市上空派遣舰队，因为他们知道，我们知道他们会来到这儿。地球上的政府也知道。也许双方已经签下了协议，他们不会在公开场合露面：他们可以选择他们认定的标本并进行研究，在任何情况下，只要他们不扰乱地球系统（比如抓总统），就不会遭到射击，否则地球将会陷入混乱。

■在你看来，麦田怪圈是如何与这一切吻合的？你曾亲眼看过一些麦田怪圈吗？

我曾见过一个麦田怪圈。我看过很多麦田怪圈照片，说实话，我认为我不知道这些怪圈代表什么，也不知道这些事是谁做的。它们很有趣，有一些很有异域感，也非常复杂——一大群直径不同的怪圈安置在一个特别的模式中。我不知道到底发生了什么。

■比如，我想，这些交流信息来自其他的维度空间。比起天外来客，它们更形象。由于某些因素，在这些飞船到来时，我看到了天空中的几何模型（并不是空军的作战排列法）。看到他们给我们一束光，还带着万花筒效果，这不是很美妙吗？这是与智慧生命交流的一条主要途径，不是吗？

那将会非常壮观。

至于那些麦田怪圈，我们可以想到很多原因。也许是来自两种不同文明的外星人正在竞争，看看谁做得最漂亮、最复杂、最不可思议。也许还有一位裁判，他说："好，你们赢了这场比赛，明天我们将在另一个地方会面。"

■它们似乎更像一幅交流的图景，与我们从被诱拐者那里获得的信息不同。

我认为，这些人在做他们自己的事情——研究人类。有知觉的人都会关注自身的生存和安全。正如我前面说的，任何研究过我们人类的生命都知道，我们处于原始社会，其主要社会行动是部落战争。他们似乎不是肮脏的生物——我们却是！

昨天，3 万个孩子死于可以避免的疾病和饥饿，今天，又有 3 万个孩子面临同样的命运，而明天又将会有这样的事情发生。但是我们却把 1 万亿美元花在军事上。某个环节出错了。

■更不要提那些秘密实验室了。在那里，他们不断制造出病毒，拿公众做实验，杀害更多的人。说一说这个自我毁灭的文明吧！

死亡是所有人的共同道路。这是个悲惨的事情。换句话来说，从他们的角度来看，他们看到我们自己都不关心生命本身，那么他们为什么要关心呢？

■我赞同，就像地球上的我们拥有二元性，那么其他生命也可能是在三维模型中形成的，那里可能也有黑暗和光明的对立。我认为，尽管有一些坏的外星人存在，但我相信肯定也有一些光明的外星人，他们也将会来到这里。地球上不只有为政府、灰人（the Greys）工作，或者展开其他我们所熟知的邪恶事件的外星人，还有很多外星人参与到有益的地球事务中去。一扇门已经打开了。

事实上，回顾《俘获！》，你能对外星人今后的行为有大致的了解。他们会避免给我们带来痛苦。他们很好奇……他们以某种程度的尊重对待贝蒂和巴尼——我认为，他们进行研究，但并没有把枪对准贝蒂和巴尼的头，或用一把刀抵着他们的背。而这些恰恰是我们这些地球人经常干的事情。

■我发现很有意思，那个指挥官开始想把一本书送给贝蒂……看起来他们像是想要进行文化交流。但是太可惜了，他最终没有给她！

我认为，这是深思熟虑的结果。他们觉得，她不能记得刚刚发生的一切，那么为什么给她一些会给她造成痛苦的东西呢？他们也许还接触过其他一些地球人，他们发现这些人更难接触，因为政府没有告诉过他们地球上也有外星人。

你知道，假如你的孩子想要进森林，你会告诉他们那里有狼，但是我们的政府从来没有告诉过我们地球之外有狼或者有好的外星人。在我的网站上，有另一篇文章，那就是《政府的UFO谎言》（*Government UFO Lies*）。

我知道这也许会引起震动，但是有时，政府确实在不明飞行物的问题上撒了谎。

■你不会是在跟我开玩笑吧，斯坦？

我肯定我没有开玩笑……我没有偏见。我知道CIA、FBI、NSA以及空军的一些谎言，他们经常在这些问题上撒谎。因此，你必须问："如果在这个问题上没有猫腻，那你何必撒谎呢？"

有一些谎言甚至是关于我的。坦白说，我很厌恶。

我已经得到了不明飞行物的文件（在《信息自由法案》[*Freedom of Information Act*]的保障下，我花了5年时间才得到它们）。提醒你，根据CIA的定义，在这里，你只能读到8个毫无意义的词，其他所有的一切都遭到了屏蔽。

所以，这里有一个问题要问CIA："好的，已经25年之久了。第12958号总统执行命令（Executive Order 12958）说，'关于你为何封锁这一信息，你要给出一个理由'，除非你给出一个新的理由，25年以前的机密文件除了特例外自动解密。"

换句话来说，如果你想的话，应该将此公布于众。我熟悉的很多媒体界的朋友，还没意识到有这么多需要宣布的消息。他们相信了空军部门的无稽之谈，例如蓝皮书。

在我的书《绝对机密 / MAJIC》（*Top Secret / MAJIC*）中，我用了5页纸对一封信做了回应。这封信是空军议会联络部（Air Force congressional liaison）写给华盛顿的帕蒂·默里议员（Patty Murray）的，告诉她最新进展，而这些内容与15年前的信息一模一样。在这5页纸上，我写下这封信的诸多破绽。我想，任何看到信的记者都会说："他是对的：他们无法对来自美国议员的问题做出合理的回答。他们在说谎。"

你知道，有很多激烈的评论，但是我把它从我的网站上剔除了，在这个网站上，我还罗列了政府机构的很多谎言。

■斯坦，那对你的生命会不会造成威胁呢？

我知道我很激进。我不是一个不明飞行物拥护者，我也不是一个不明飞行物研究者。我说的是事实。

■我们喜欢你这一点！CIA和其他政府机构会碰面吗？人们会叫这些骗子保障自己的生命安全吗？

我认为是这样的——如果你公开宣布。你追随着他们，你向大家展示证据。如果读了那份文件，任何一个记者都可以做到这一点。

■我并非故意说你很幼稚，因为你当然知道我毫无疑问地尊重你，但是你说只要看过那份文件，任何一个记者都会做到这一点，你的这个看法让我很不解。

我认为，我们要将他们放在一个防御的位置上，事实上，他们已经采取了防御行动。

■媒体似乎有意惊吓我们。他们肯定想要我们认为外星人是狼，而不是好人。大多数相信外星接触的人们，对此更加害怕，而不是乐意参与。

是的，人们需要开始思考这对他们意味着什么，如果政府把一个重要的信息隐藏了60年，如果外星人来了（这两点都是真的）……无论发生了什么。

如果媒体迫使政府赦免任何一个前军事人员，这些人都会想谈谈50多年前的不明飞行物经历吧？

■我插些话在这。我最近看到了一篇名为《著名NASA宇航员证实外星人存在》（*Famed NASA Astronaut Confirms Extraterrestrials Are Here*）的文章。你读过斯多里·马斯格雷夫博士（Dr. Story Musgrave）的这篇文章吗？

我读过，他这个人优秀得让人难以置信。我记得，他获得了3个博士学位，他曾是宇航员，在太空中待了几个小时……他确信那里有生命迹象。

■他谈到曾看到一架飞船，其直径大概有50英尺到150英尺长。我引用一下他说的话：

它是不是被飞船碎片或冰粒冲撞过，我不知道，但是我看到了那里有很多东西。令人困惑的是，你不知道它从何而来，你会觉得它面向黑暗，或者朝着你的方向，而这一面并不能反射太阳光。你不会预料到你将会看到什么东西，那真的令人印象深刻。

这篇文章似乎在说他正试图与外星人同建心灵感应交流。我认为这很让人震惊，因为他是一个退休的 NASA 宇航员。他说出这一真相，真的非常勇敢。

是的，他曾去过太空几次——是一位了不起的人物，是最犀利的人之一。我很敬佩他这样的人，因为他把书上的知识、飞行员的技能和所有的其他技巧结合起来了。我们需要更多的人向前一步，我们也需要《纽约时报》、《华盛顿邮报》（*The Washington Post*）、《60 分钟时事杂志》（*60 Minutes*）等媒体将他们的故事报道出来。

有一些和媒体有密切联系的人告诉我，几年前，他们一点也不能谈及不明飞行物。我新书中的一个章节就是关于公众意见和不明飞行物的。逐渐转好的一点是：相信不明飞行物者比不信者多。我恨这个世界，但我将继续忍耐这个世界。

■我查看了多个民意测验，这些测验显示，相信外星人和不明飞行物的人接近人口的 80%。

是的，这个数字很大，尽管那些吵吵闹闹的持否定态度者认为怪人、庸医、疯子和穿着小鞋的小老太太才相信不明飞行物存在。我自己也属于后者。我在美国 50 个州、加拿大 9 个省和其他 6 个国家作过 700 多场演讲，正如我说的，我的态度非常激进。

我演讲的题目是：“飞碟是真的！”一开始的时候，我说一些不明飞行物是外星人的宇宙飞船。我在各个专业小组、工程协会包括在一些大学中，都这样说。我只遇到 11 个质问者，其中两个是喝醉酒了的。如果你讨论运动、宗教或政治，会有更多人质问你。

我自己承担责任——有些人也许会说这是我的义务……我在一个加拿大记者招待会上讲话，距我布伦瑞克的圣约翰（Saint John, New Brunswick）的家60英里。他们邀请我作一个演讲，而我作了我一贯的积极的激进的演讲。我收到会议举办人的一封信，说道："当记者们看到你有这么多数据，而这些数据他们还没见过时，我从未看到这么多记者对一个问题这么快地改变看法。"

我认为，那就是现实。

■让我们记住，如果我们真的承认有一些外星人来到这里，也许会给我们带来许多改变，比如犹太人（Jews）看待阿拉伯人（Arabs）的方式，黑人看待白人的方式，那么多互相敌对的团体（我没有仔细数）……但是当地球人和外星人接触时，地球上将会出现一个全新的模式。

肯定是的。想一想，那会如何影响你的宗教观、政治观以及经济观。有很多事情需要认真思虑。那就是我的看法。

■我认为，2012的来临将是意义重大的，我们都认为2012是我们文明新途径的一个宣告。我们不知道那是什么，但是我们肯定非常关注这一日期。

我老了，但是我仍然希望自己可以看到发生了什么。

■现在，一切尽在眼前了。斯坦，你要站出来，因为你必须让人们觉醒，那是你的工作。

那是我的工作……好，我接受。我会继续唤醒人们。

■那也是我的工作。帮助人们认识传统匣之外的真相——超越矩阵。

★★★★★★★★★

核物理学家斯坦顿·T. 弗里德曼拥有芝加哥大学（University of Chicago）物理学学士和博士学位。他从事不明飞行物研究已有40多年。他的工作内容广泛，包括与全球观众分享先进的核武器和太空系统知识。他著有《绝对机密 / MAJIC》一书，该书与Majestic12项目（Majestic-12）的运行相关。他还是《飞碟坠毁在科罗娜：罗斯威尔事件禁令性研究》（*Crash at Corona: The Definitive Study of the Roswell Incident*）的作者之一。他是这一重要事件的最早的调查人员之一。他也是《俘获！贝蒂和巴尼·希尔遭遇不明飞行物》的作者之一。他的新书《飞碟和科学》（*Flying Saucers and Science*）已于2008年出版。

第五章

罗斯威尔："谣言"背后的真相——与托马斯·凯里对话

◆◆◆托马斯·J. 凯里◆◆◆

◆◆◆Thomas J. Carey◆◆◆

托马斯·J. 凯里身负重大使命。他曾在空军基地参与机密工作，任期结束后开始对人类学和人类进化产生兴趣，获得了位于萨克拉门托（Sacramento）的加利福尼亚州立大学（California State University）的人类学硕士学位。他从高中起就对不明飞行物很感兴趣。成为美国幽浮协会宾夕法尼亚州（Pennsylvania）东南部地区的主管之后，他重新燃起了高中时代的兴趣。自 1992 年起，托马斯的研究就集中在"罗斯威尔事件"、美国政府清理过坠落在罗斯威尔附近的外星飞碟及其船员上。这是一个真正发生过的故事……他的书《罗斯威尔见证人：揭秘政府的弥天大谎》（*Witness to Roswell: Unmasking the Government's Biggest Cover-up*）详细讲述了这一事件。在书中，他与合作者唐纳德·施密特（Donald Schmitt）调查员将罗斯威尔事件的事实拼凑在一起。这些事实是从上千个受访者那里得来的。有些受访者还活着，有些已经去世了，他们一直把罗斯威尔的真相坚守到现在……

****

■我以前认为自己已经读过足够多有关罗斯威尔的书，但是我想这还不够。这本书有着太多的信息，而我自翻开第一页起，就已经无法停止阅读了，它是一本引人入胜的书。我唯一的问题就是，尝试记录下所有的主要目击者以及你所带来的数据——这里面有很多细节和信息。让我们先聊一聊，你是如何开始调查罗斯威尔事件的？据我们所知，之后你就与唐纳德·施密特写了这本书。

和很多人一样，从小时候开始，我就对不明飞行物产生了兴趣。我读过很多唐纳德·E. 肯何（Donald E.Keyhoe）和弗兰克·爱德华兹（Frank Edwards）的书。当威廉·摩尔（William Moore）和查尔斯·伯利兹（Charles Berlitz）写的《罗斯威尔事件》（*The Roswell Incident*，描述这一事件的第一本书）出版时，我一下子被“坠毁的飞碟”迷住了。“坠毁的飞碟”是被禁止讨论的：在UFO学界，人们以前不会讨论这些。那是因为在20世纪50年代，出现过一个群体，所谓的“飞碟－外星人接触者”，他们声称自己去过火星、木星、金星以及其他地方。这些疯狂的故事与来自外太空的“坠毁的飞碟”联系在一起……但是却没有多少证据。

几年后，一个名叫伦恩·斯特林菲尔德（Len Stringfield）的辛辛那提（Cincinnati）的UFO调查员，收集了很多事件相关人讲述的故事。这些人有的声称找到过“坠毁的飞碟”，有的看到过，有的听人提起过。罗斯威尔事件发生于1947年。到1978年，很多牵涉在内的一些人看到了最后的希望——人们开始谈论这件事了。有一个人告诉斯坦顿·T. 弗里德曼一些信息，后者是最早的事件调查人员之一。那是1978年的事了。两年后，首本针对这一事件的书《罗斯威尔事件》出版了，而我被这个故事迷住了。几年后，我从学校毕业，成为飞碟杂志《IUR》（*International UFO Reporter*）的订阅者。它是由艾伦·海尼克UFO研究中心（J.Allen Hynek Center）创办的，至今仍在芝加哥发行。

我读了凯文·兰德尔（Kevin Randall）和唐·施密特（Don

Schmitt）的书，他们两人重新掀起了罗斯威尔事件的研究高潮。那是1990年，距离出版的第一本书将近10年。他们与来自宾夕法尼亚大学（University of Pennsylvania）的一些考古学家交谈，这些人曾经真正发现过被击落下来的飞碟。

我对自己说："我就在宾夕法尼亚附近，宾夕法尼亚大学就坐落在这里，我也有考古学的背景……"因此，我打电话给兰德尔，问他对那些自称"发现飞碟"的考古学家做了什么。他告诉我，他们接受了一些初步调查，但是他们"无法再进一步了"。

我说："让我也参与进来吧。"他告诉我："你来吧。"

我来到宾夕法尼亚大学，看看我能够在这些考古学家身上发现什么。那就是我怎样参与到这一事件中来的——作为一名积极的调查人员，我于1991年参与调查。距离现在已有18年了。我真无法相信已经有18年了，而我仍然困于这一事件里，当然，我现在不只调查那些考古学家了。

■我也无法相信！

在我们进入你调查的最为关键的细节之前，让我们来简单地说一说该事件最突出的地方——到底发生了什么，这也许会引起我们的兴趣。

那是1947年7月8日，空军发布了一条新闻，说他们在新墨西哥的罗斯威尔小镇发现了一架坠落的飞碟。他们说是在接到农场主"麦克"•布雷泽尔（"Mac" Brazel）的报警后发现的。布雷泽尔是在他自己的农场中发现这一飞碟的，他的农场在罗斯威尔西北部5公里处。空军后来又发布了一条消息，声称那不是坠落的飞碟，而是一个掉下来的气象气球：气球是橡皮和锡箔做成的——标准的气象气球。

这个故事一天之内传遍世界，而且因为第二条新闻的发布，变得愈加扑朔迷离。直到有一个人卷入事件的终极谈话之前，已经过去30年了。这个人就是杰西•马西尔（Jesse Marcel），基地的人事部官员。他告诉斯坦顿•T. 弗里德曼，他曾经拿到过飞碟的碎片。

■几周前，我的节目访问了小杰西•马西尔（Jesse Marcel Jr.）。他

告诉我，半夜，他被父亲从熟睡中叫醒，他们把这些金属片倒在客厅门外。他说自己看到金属片上有奇怪的象形文字。

是的。他的儿子说，马西尔少校在返回基地的路上停了下来，因为他觉得他发现的东西太奇怪了——“来自其他星球的飞碟”。那就是他停下来的原因：他想给家人看看这些东西。在 1978 年透露信息给斯坦顿·弗里德曼之前，他已经开始了罗斯威尔事件的民间调查。距罗斯威尔事件已经过去很多年了，人们仍然还在调查它。

这些都是一些基本的关键点，但是并没有足够多的证词。

■是的，给出足够多的证据非常难，但我们只是希望尽快简略地描述一下事情发生的经过。显然，农场主看到了一些奇怪的亮光，听到了爆炸声——当他第二天去调查的时候，他发现羊群不敢穿过一个长而窄的地带去喝水。就在那个狭长的地方，他发现了那些碎片。

是的，我们见证了整个发展过程：听到低沉的爆炸声（麦克·布雷泽尔告诉他的家人那晚他听到了爆炸声）；见到了农场里的碎片；那个坠落地点；罗斯威尔基地；罗斯威尔医院；在飞往莱特机场（Wright Field）和沃斯堡空军基地（Fort Worth Army Air Field）的途中。我们见证了整个过程，所以我们对这一事件已经了解甚多。正如你说的，是那个农场主听到了爆炸声，第二天他去检查自己的羊群。他穿过那片地带，埋葬了那些奇怪的金属，它们分散得足有足球场那么大。

几天后，他去罗斯威尔警局报告此事。很可能他对清理场地很感兴趣，因为，正如你说的，那些羊不去喝水了。那就是这个故事是如何进入空军管辖之下，并暴露给公众的。因为平民百姓看到了坠落地点，也看到了机身。很多人因此遭到拘留，并被以性命相威胁。这是我们的调查还没弄清楚的事情之一：为了平息这一事件，空军到底做了些什么。

■事实上，我想问你一个逻辑问题：为何你觉得透露这么多事是可以的，而且还揭露了人们的名字以及他们孩子的名字？因为有些人

害怕被迫害，所以把这些秘密带进了坟墓。你为何可以如此自由地谈论这些呢？

为什么不呢？几年前，很多人不敢谈论，那是因为他们害怕家人的幸福会遭到威胁和恐吓——特别是一些军事人员，他们觉得他们应该遵守誓言，保守秘密。很多年过去了，很多主要参与者去世了，而他们的孩子觉得这些不会再威胁他们的生命和家庭了。

■然而，揭露还不是完全公开的。

在美国当然不是，但是其他国家要开放得多。美国不打算将此公布于众，因为美国觉得人们允许谎言的存在。我们知道政府在说谎，但那是白纸黑字的谎言，我们只好允许他们这么做……一个持续了 62 年的谎言。

■至少 62 年！

是的，至少 62 年。政府还没准备公布这一事件，因为要支付给很多人酬金，包括那些没有直接牵涉到这一事件的人，但可以肯定的是，政治家特别希望当事人保持沉默。他们不想支付这一笔账。我并不指望他们会公布这一事件。

■这是我听到的最令人伤心的陈述了。

我发现书中提到很重要的一点，这点我从来不知道，曾在日本的长崎（Nagasaki）和广岛（Hiroshima）投下原子弹的空军部队驻扎在罗斯威尔。我很吃惊，也可以说是"好奇"。

为了结束二战，509 小组（The 509th Bomb Group）在日本投下两颗原子弹。509 小组的组建就是为了在 1945 年投下原子弹，士兵接受严格训练，就是为了这一目的。战后，罗斯威尔成为我们国家首个 SAC（空军战略指挥）基地。基地设立的目的就是为战士运送原子弹，所以他们把基地从太平洋中的天宁岛（Tinian Island）移到罗斯威尔。在1947年，这个小组是精锐部队之一，他们接受了最严格的训练，身上背负了最重要的使命。而要我们相信，他们会将一个橡皮气球和一个锡箔制成的雷达目标（用轻木和绳子捆绑在一起）错认为外太空飞碟，非常可笑。

■是的，这真是把人们的想象力推到极限了。这也是一个非常有趣的“意外事件”。我们听到报道说，有很多盘旋在核设施和军事基地上空的飞碟。一艘外星飞碟在罗斯威尔上空盘旋，被小组炮轰，然后坠落到地面，这样的设想非常有意思。

1947年，新墨西哥州是我们国家的原子弹实验的中心地带。他们有洛斯阿拉莫斯（Los Alamos），在阿尔伯克基（Albuquerque）的上方，那里是原子弹被研发出来的地方……所有的科学家都聚在那里。阿拉莫戈多（Alamogordo）有核试验场，在那里，1945年，首颗原子弹爆炸成功。他们还有一个原子弹武器基地，在那里制造原子弹武器，就在阿尔伯克基外部。还有一个白沙导弹试验场，在那里，一些二战中被抓的德国人正在接受测试。

因此，有很多事情就在新墨西哥州发生。我们不喜欢推测，并试图将猜测的成分控制在最小限度。但如果我来自仙女座，而且想看看地球，那么我首选的地方就是新墨西哥州，因为那里发生了很多事情。

罗斯威尔，作为509小组基地，有很多炮弹常规测试。我还必须提到一点，1946年，有一项空军和海军的联合行动，名为“十字路口行动”。这项行动的目的是测试原子弹在水面舰艇上的爆炸情况。因此，他们在马绍尔群岛（Marshall Islands）的比基尼环礁（Atoll of Bikini）聚集了很多水面舰艇——包括在二战中幸存下来的一些舰艇（包括日本和德国的军舰，还有美国人不想要的一些军舰）。之后，他们扔下了一颗原子弹，第二颗原子弹在水面下自动爆炸了。事实上，第一颗原子弹并没有击中目标。它的一个尾翼跌落，错过了目标，因此第二颗没有扔——它是在水面下爆炸的，它真正摧毁了整个环礁。

这些图片至今可以在历史频道（The History Channel）中看到。你可以看到正在爆炸的炸弹和水下激起的巨大浪花。

■因此，很多人忘记了，美国是唯一一个曾经将原子弹作为武器使用的国家。

这是真的！很多国家肯定也试验过原子弹……

■但是，美国却将原子弹扔到了另一个国家的国土上。

是的。我们轰炸了日本，结束了二战。该不该在日本扔下原子弹，争论依然存在。

■呃……我觉得，很难为扔下原子弹杀害成千上百的无辜平民找到一个合理的理由。

我认为，有很多人肯定像我一样，对从这架飞碟中找到一些尸体，感到非常惊异。你很明确地指出存在3个地点。在我读你的书之前，我以为，这架飞碟滑过农场，因此人们最终在布满废墟的狭长的轨道上发现了它。而事实上，在你的书中，你描述了农场主暗指另有地点，而你认为那就是他发现尸体的地方。

我的女儿是一位绘画艺术家，我让她画了一幅新墨西哥州的地图，详细标出了这三个地方。正如你说的，这很让人费解。唐纳德和我明白事情始末，因为我们分别花了22年和18年时间研究这一事件。因此对我们来说，这很好理解。

现在你有三个地点，它们在一条直线上。第一个地点是飞碟真正爆炸的地方。我们认为，飞碟于1947年7月3日晚上遭到雷击（那就是为什么麦克和他的邻居那天晚上听到有东西掉下来以及爆炸的声音）。那就是他发现奇特金属的地方，我们称之为"碎片场地遗址"。它是由一些碎片组成：真实的碎片。

场地东南角东边2.5英里的地方，麦克发现了其他东西。从那天他去罗斯威尔与主持人弗兰克·乔伊斯（Frank Joyce）于电台节目中的谈话中，我们得知了这些。我们也从迪伊·普罗科特（Dee Proctor）那里得知这些。迪伊是那天和他在一起的小男孩，是他邻居弗洛伊德（Floyd）和洛丽塔·普罗科特（Loretta Proctor）的儿子。几年后，即1994年，迪伊带着他患病的母亲来到第二个遗址。他认为母亲会死在那儿，因为她的脖子里有一个血块，所以他把她安放在旅行汽车里，然后他们走进了沙漠。他原想母亲会死在那儿，但他还是带着母亲走出了颠簸的沙漠，带着她来到另一个落脚点。

他告诉母亲："这就是麦克发现其他东西的地方。"

让我们把这两件事联系在一起：麦克·布雷泽尔告诉弗兰克·乔伊斯，他在其他地方发现了一些小体型尸体，而迪伊·普罗科特告诉他的母亲，这就是麦克有其他发现的地方。还有其他目击者告诉我们，他们在这个小断崖上看到了一些小体型尸体，断崖就在碎片场地东南偏东2.5英里的地方。我们今天称之为"迪伊·普罗科特尸体遗址"。我们认为，飞碟爆炸时，这几具尸体飞了出来。他们曾待在飞碟里，身处危险中，飞碟爆炸分解时，飞了出来，落到这个遗址上。这就是三个遗址中的二号遗址。

我们分别从普通民众和军队那里获得了一些证据，他们看到一架完好无损的飞碟（他们看到的是一个鸡蛋形状的内置船舱或一个逃生舱，能够抵御原始爆炸），它停在空中，或在碎片场地遗址上滑行。飞碟像是要起飞，但是在碎片场地东南偏东25英里到30英里的地方，飞碟坠落了。遗址上有几具尸体，我们后来称为"坠毁遗址"。

■所以那里发现了6具尸体？

我们认为，至少有4具……最多有7具。

■我明白了——这是另一个令人不解的地方。很多故事说是发现了3具死尸，还有一个是活体。

在坠毁遗址，飞碟的残骸散落在地面上。我们认为，那里有4具尸体，就像你说的，3 具死的，一个活体。在迪伊·普罗科特遗址，我们认为那里有 2 到 3 具尸体，都是死的。

■在书中，我发现很奇怪的一点，军队叫太平间工作人员寻找“几口装小孩子的棺材”。当军队在试图掩盖一切的时候，他们为什么要叫工作人员找几口小孩用的棺材呢？我很好奇，他们为什么需要这么多——但我现在明白了，那里的尸体比我想象的要多。

谁发现了坠毁遗址？人们是如何报道这一 25 英里之外的发现？

通过与目击者交谈。你知道，帕特丽夏，没有一个目击者看到了整个过程。每一个目击者都只知道一些片段，对于我们来讲，这就是在玩一个拼图游戏——把一个个片段放在一个框架中，这样也许会发现一些什么。我们已经亲眼见过那个坠毁遗址。正如我们说的，我们认为，飞碟有一个内置式客舱，能抵挡爆炸。根据目击者的证据，我们知道那是一个鸡蛋形状的船舱。

■飞碟如何到了军队手中？

当地人发现飞碟后，把这一情况报告给了罗斯威尔警察局。每一个打到警察局的电话都自动转接到火警部门。警察局叫来了军队，因为他们认为这是一场飞机坠毁事件，有关飞机坠毁以及相关事情都要向基地报告。所以那个警察向空军基地做了报告，很快，他告诉家人这是他这辈子做的最为错误的一个决定。他说如果可以重来，他不会那样做。但是事实正好相反。

农场主也来到警官的办公室——警官会见了他，当警官打电话给空军基地时，他说：“我这儿有一个人，自称看到了飞碟的零件。”

那就是把杰西·马西尔叫到警察局的原因。他看到两个奇怪的金属盒子，那是麦克·布雷泽尔带到警察局的盒子，他打开盒子，立刻知道，这不是地球上的东西。他把盒子带到空军基地，给布兰卡德上校（Colonel Blanchard）看。上校立刻派马西尔和反情报官员谢里丹·卡维特（Sheridan

Cavitt）跟随布雷泽尔来到农场，去看看那里到底有什么。这就是军队如何卷入这一事件的。

下面就是在碎片场地遗址上发生的一切。布雷泽尔、马西尔和卡维特一起来了：他们仍然不知道坠毁遗址。那里，有一群考古学家正在工作，偶然发现了坠毁的飞机——所以他们把这一切报告给了警察局和火警部门。而警官威尔科斯特（Wilcox）再次将此事报告给了空军基地。同时，威尔科斯特、火警都到了那里，当他们看见它时，军队到了。

■当他们看见船舱时，他们也看到了尸体。

当然。

■呃！见到这一不同寻常的场景，该是多么紧张啊——只不过碰上军队了。

是的，他们受到了生命威胁，被要求对此保持沉默。

■因此军队一直在追踪那个农场主。他们把他带到基地——后来发生了什么呢？

他们把他关了一个星期，困在一个所谓的“客房”里。但是布雷泽尔并没有感觉到自己是一个客人。他们把他困在那里，只是为了迫使他更改他的故事。后来在他的家庭成员受到恐吓和报复的威胁之下，他还是屈服了——也许还有一些贿赂。后来，有报道称，他开回来一辆新的小卡车。他们迫使布雷泽尔不再提他的故事。而布雷泽尔在电台中告诉弗兰克·乔伊斯说，自己看到宇宙飞船的残骸和一些人。他们把他押到两个电台和两家报纸，讲述了一个完全不同的故事，即他犯了一个错误：那不是一艘宇宙飞船——而是一个气象气球。他们把他带回基地，最后说，一个星期后，他们将把他送回农场。

■后来，他开着一辆新的小卡车在晚霞中返回农场，是吗？

确实如此。不久之后，他放弃了农场，回到了他的家乡，新墨西哥的图拉罗萨（Tularosa），开始经营他的新生意。他从不曾把鸡蛋放在同一个篮子里；他曾经是一个农场主，曾经受到威胁，后来他在新墨西哥州的图拉罗萨经营其他的生意。有些事情发生，最终他从中获益了。他花了几年时间将发生的一切零星地告诉了他的家人。他们都说他很痛苦，因为他认为说出他的发现是一个市民的责任。事件发生后，他在第二天出来的新闻报道中说，那是一个气象气球，但最后他说道："顺便说一句，我很熟悉气象气球，那不是一个气球……如果有人认为我会将此事报告给军事部门，那他们都是混蛋。在我可以报告任何事情之前，我只能说那是一个原子弹。"他基本上驳回了他几分钟前说的一个故事——他说那是一个气球，但是又说："不要相信。"

他于 1963 年去世，在我们听闻罗斯威尔事件之后不久。

■这个故事令人沮丧的一点，我知道你肯定也这么认为，就是你只能去相信一块金属碎片被藏在某个地方了——所有的目击证人，两英里的碎片……肯定有人藏有部分碎片。当然，现在我们的政府已经开发出这种记忆金属（memory metal），做了鉴定，即便是它曾经被发现过……

有趣的是，最不合作的人是曾经的科罗娜的农场主们。我们认为，军事部门把他们置于害怕上帝的情绪之中，因为他们曾经出去寻找这些碎片，这点你刚才也提到过。在一般的坠机事件中，通常是普通百姓最先到达那儿，寻找飞机……在这种情况中，民众最先赶到现场。我们和很多看到飞碟残骸的目击者谈话，他们事实上接触了这些残骸。我们知道，他们有一些残骸，但是他们都不承认。军事部门赶到，他们搜寻了整个农场，寻找金属碎片。他们掀起木制的地板，剪开用来喂养牲畜的米袋，甚至把他们的水箱倒个精光，认为他们可能把碎片藏在这些水箱的底部。他们对这些可怜的人们干尽了坏事。

几年后，当人们回忆起来的时候，他们很不愿意谈论这些。我们也能理解他们的心情。

■你难道不觉得会有一些小碎片埋在泥土下？

肯定有碎片藏在泥土下。我们肯定，军事部门没有拿到所有的碎片，而且仍有一些碎片在民众手上。我们知道。但是我们无法确保找到每一片碎片。

■你是如何确定的？

因为有可信的人告诉我们，“他们知道某人有一小块金属”。拥有它们的人，毫不气馁，等着搜寻的人离开……

■另一方面，我们说军队得到了这些金属碎片，并已经开始研究它们了。我之前说过，在今天的技术领域中，我们听说过记忆金属。因此，就我们发现金属片这一事件而言，似乎不足以鉴定它为“外星物质”。

记忆金属是我们的“圣杯”。唐纳德和我一直在寻找一块这种原始金属。这种金属有羽毛似的光泽，像香烟包装袋中的锡纸那样薄。那些拥有碎片的人告诉你，你切割不动它，也不能刮擦坏它，或者烧毁它，以及其他任何方式都不能使它变形。但是，你可以把它揉成一团，那时，你就感到自己手中什么都没有了，捏住它较为光滑的一面，在平展开它之前，它自己会平展开来，没有一丝折痕……因此，那是我们的圣杯：记忆金属。

你指的是我们最近 6 个月在佛罗里达（Florida）的研究所中了解到的东西，安东尼·布拉格列（Anthony Bragalia）曾亲自调查过罗斯威尔事件。

他开始调查这次飞碟坠毁事件中可能发生过什么。坠毁的飞碟被送到俄亥俄州代顿（Dayton）的赖特－帕特森空军基地（Wright-Patterson Air Force Base），这个基地是外国技术公司的大本营，他们试图设计出一切。如果他们能获得米格 -29 战机，就可以重新制造出它。安东尼能找出 1948 年之后的科研论文。论文与合约相关，而这个合约是空军赠予俄亥俄州哥伦布市（Columbus）的巴特尔战争纪念研究所（Battelle Memorial Institute）的，用于重新设计记忆金属。空军自己的实验室鉴定出，这块金属是由钛和镍构成——那是其构成的两大重要元素。

它们是高纯度的钛和镍，那时我们并没有这些东西，因此他们研发这些东西，肯定是用于战争。这需要开设许多实验室，他们最终研发出镍钛合金，称之为“镍钛诺”，其实，这是一块记忆金属。在工艺上，它并不如飞碟的记忆金属好，但其理念是相同的。安东尼追踪到这些科学论文与罗斯威尔飞碟坠毁事件相关。在坠毁事件之前，没有关于镍和钛或者他们称为“变形金属”“形状恢复金属”的实验。没有！它发生在罗斯威尔飞碟坠毁事件之后，是在空军授权下进行的。

你把两个放在一起，非常引人瞩目。

■它的确是引人瞩目的！我们至少需要接受有外星人存在的看法。由此我们可以开始获得一些外星技术，他们可以帮助我们人类和地球——那只是一个例子。当然，我们很多现代技术都出自他们之手。

在医学器具上，我们一直使用镍钛诺。它正在接受测试，以发展太空项目，因为它具有混合品质。假设你有一艘宇宙飞船——或者一个太空望远镜，一个你可以放入太空中的东西——它会遭到外来物体的撞击。你不想让设备外部损坏吧——但是它能恢复——你明白我在说什么吧？为了太空项目，它正在接受测试。有些事情就像你的眼镜一样平凡——镜框，即便你今天看到它扭曲变形了，但是它能恢复正常——因为它主要是由钛构成的。

这起源于罗斯威尔飞碟坠毁事件。

■在整个 UFO / ET 出现的故事中，这是一个重大的发展。我们暂时将科学研究放在一边，寻找解决之道。我们可以问自己：我们是从未来的自己那里，也许是另一个维度中获得了全部的先进技术吗？我们是从外星人那里获得的吗？存在这么多假设，一切都值得深思。但是我们有事实！

记忆金属对整个故事而言很重要，像你说的，在罗斯威尔事件之前，什么都没有，然而现在，成功了！一些人宣称看到过或者接触过这块金属……之后，我们突然间有这么多制造这种金属的实验室，宣称其实验品有这些性质……而现在，我们有带有这种金属性质的眼镜！

帕特丽夏，我有一些有趣的事情要告诉你的听众。书里没有，但是我们可以从书中了解到。这本书刚刚出版时，我收到一个同事的电子邮件，他在巴特尔实验室研究这种材料。他说，他们将材料拿来，说是来自赖特－帕特森空军基地，他们把它丢在桌子上，叫他研究下那是什么。他说，那看起来像一捆垃圾。

他开始向我描述记忆金属：他如何把它揉成一团，金属又是如何恢复的。这项工作就是要找出它是用什么制造而成的，它是什么，它是如何制造的。

我们有一个人正在研究这类问题，从这本书刚出版时他就开始研究了！

■那真令人兴奋！你什么时候获得了这些信息？

我的书出版两周后，我们收到了邮件。因此我们满怀希望地从这个方向开启研究。他其实也给我寄了一张他一直保存的照片：坠毁事件的原始照片。

我相信，这是罗斯威尔坠毁事件的原始照片。

■这真是一个令人吃惊的透露！谢谢你带给我的听众这些新闻。你会看到这块金属吗？

噢，我有照片！我们必须确定这张照片的拍摄地点。我知道我应该在下周的演讲里，在罗斯威尔的演讲里，展示这张照片。

■我希望我能在那儿——那肯定是一个激动人心的时刻！

这是我看到过的坠毁事件的第一张真实照片。

■再回到这个问题上：你认为，你能接触到它吗？

我们还没有接触过。能有这张照片，我已经很高兴了。

■我想也是！没有必要草率行事！

这些年，他一直保存着这张照片，我问他为什么，他说那是一些特别的东西。因此那是一个开始。我们想，这是因为我们在这个方向上有了眉目，我们目前拥有很多片断了。人们常常会谈到与之相关的事情：一张照片或者一个实际证据。总会是其中一样：他们或是临阵退缩，或是伪造供给，在这两种情况下，它们就正好消失了。

■你是如何知道这不是伪造的？照片上的哪些地方让你觉得有些异常？

首先，他对自己所做工作的描述正好和安东尼·布拉格列所做的工作吻合。他谈了我不懂的科学术语和试验，但是他描述的现象与安东尼说的很接近。他工作的实验室是一个真正的实验室。因此，我没有任何理由怀疑他。

■对我来说，这相当震惊——当然，我之前并未料到你会在我们的"大胆谈话"中宣布这一消息。多么好的礼物啊！

我有更多的礼物送给你。自从这本书出版以来，更多的事情发生了。我告诉你一个事实，它让我有些害怕。我们已经找到了空军救护车的司机，他将那些死尸从小镇以北的坠毁现场——三号现场运输了出去。在新书出版以后，我们与那位司机的家人有了联系，这位司机把尸体从坠毁现场送到基地医院。

这是一个令人吃惊的故事。他出现在年鉴中（我们有1947年的年鉴，只有那一年他们出版了罗斯威尔的空军年鉴）——因此我们正好找对了人。根据他的家人所说，他去世了，但是他把整个故事告诉了家人。我们和他们进行了交流，这个故事真是令人难以置信。

■给我们讲讲这个故事吧！

他被叫到那个地方，看到3具死了的外星人尸体，另有一具还活着。而后他们叫他把死了的尸体放到袋子中。他描述了他们的特征。他把他们送到基地。他的描述相当接近于其他见证人的：他们3.5英尺高；头很大，身子很小；没有鼻子，在鼻子部位，只有两个洞；脑袋旁边也有两个洞，那可能是耳朵；头很大，就像一个倒放的鸡蛋，放在一个非常细弱的脖子上。他们只有4个手指，但是指尖就像平滑的小碟。他描述了很多特征。他认识的某一个人——那时和他在一起的其中一个人——后来自杀了。这是一个仍在发展的故事，但对我们而言，却是妙不可言的发现。

■我告诉你，托马斯，如果我有需要隐藏的秘密，我肯定会告诉你和唐纳德。

我们采访过600个目击者（大概有1000个），我们的600个目击者都说，那不是一个气象气球，是一艘外星宇宙飞碟。它从何而来，我们并不知道——但是它于1947年坠落。而空军方面并没有目击证人。我重复一遍……空军没有一个目击证人，可以证实农场上的“气球事件”——他们只不过编造了这个气球故事。但是我们仍然发现了一些新的重要目击证人。一些人可能已经去世了，但是他们的家人还活着。

帕特丽夏，我们仍然在调查这一事件。我们提出并解决这一问题，一次一个目击证人，直到我们彻底研究透这块记忆金属。

■托马斯，看来你离这个目标已经很近了。

我们也这样认为！

■但是当然，事实是，政府很轻易地驳回了这一点，声称我们已经在实验室中研发出了这种金属。

不是，镍钛诺是那种金属，但它当然不是最原始的那种。它们的理念是相同的，这种理念来自罗斯威尔。

■好的，我想问你一个哲学问题，托马斯，因为我想让讨论能够上升至某个水平。显然，在这件事情上，你就像一个叼着骨头的小狗，直到你吃完骨头，你才会放手。这是你的生命探索，我欢迎任何可以献身此事业的人，希望他们清楚自己的使命。我的问题是：你是否能够突破并且证明，那是外星生物和地球人类相互接触的一个案例吗？

帕特丽夏，自我们在很久很久以前进化成人类，我们就仰望着天空，沉思：我们是唯一的吗？解决罗斯威尔事件就可以回答这个问题。我们相信，我们并不是唯一的，有人确实来过这儿。有很多科学家同意这一观点，即宇宙中还有其他生命的存在。很多调查数据显示，宇宙中有其他生命形式。其他生命形式有没有来过地球，至今仍在争论中。

基于罗斯威尔事件，我认为外星人来过——有其他的证据存在，但我指的是罗斯威尔事件。知道这一点，我并不认为，金融机构可能会崩溃，就像它们曾经崩溃那样……

■它们也许应该崩溃，因此才会改变自身。

你认为会发生什么呢？我们要勇敢面对，有些事情很快会在地球上发生。你（任何一个孩子，我想为你祈祷——成为那个宣言人）认为我们何时能得到确切的接触真相？当证据来临的那一刻，你认为地球上会发生什么呢？

我相信，其他世界的所有飞船都会到来。尽管我们已经向人类宣布，

你认为我们何时才能有足够的证据证明地球上有外星人存在呢？

问得好。当然，将会有几天的兴奋，如果不是几周的话——那是一种赠予。我认为，那将会给医学和科技带来益处，如果证明地球上还有其他生物存在。但假设证据就是，空军承认在罗斯威尔发生了一次坠毁事件，我们知道自己的星球上有来访者。如果正好承认这个事实，我认为，比起我们看到的一切，不会有太多的变化：会有兴奋，会有一些收获。

■当克林顿总统（Clinton）宣布我们已经在火星岩样品中看到有微型生命形式的存在时，我认为，政府可能会有所揭露。

是的，我知道你谈论的那块岩石，我觉得它们像是微生物！

■我也这样认为！

对我来说，它就是在说："那里有生命！"

■是的，那也许是一个开始，他们从现在起将宣布这些消息，因为没有一个人对那块岩石感到恐慌。它是揭露的第一步，但在最后时刻，他们似乎决定放弃宣布。你认为他们为何不着手宣布这些消息呢？

因为宣布消息就等于承认撒了谎，这个谎言从1947年开始。他们将要承认曾经欺骗过我们，那是一个大问题。没有一个政客想蹚过这条河承认。

■另一方面，我们众议院犯下的错误隐藏在"祖国安全"的保护伞之下。一切事情：滥用、侵吞资金，绑架无辜的人们……一切都是为了"安全"。他们难道就不能宣布，那是为了我们的安全考虑？现在，这些危险都过去了，他们可以宣布消息了吧？他们有一天必须得这么做——或许，外星人会自己宣布。

他们也在打赌：不会再有坠毁事件。说实话，我从未看到过政府承认这一事实，除非迫于压力。

■事实是，有些事情即将发生。看到目前地球上发生的一切，我们似乎确定这一重要事件将会来临。我们将彻底意识到，我们不是宇宙的孤儿。

我能保证的是，街道上不会再有骚乱，例如广播剧《世界大战》（*War of the World*）引起的那种混乱。由于那些动态的描述外星生物的画面，我们今天经验十足，那种骚乱再也不会发生了。我认为，每个人都会为此新闻欢欣鼓舞。

■是的，民意调查说，全球有80%的人相信外星人存在！政府自认为是我们的保姆，他们该停止扮演这样的角色了，这样我们才能和家人以及其他有智慧的人们联合起来，继续我们的任务。

你看到他们做的一切……他们决定（1947年决定，1953年再次确定）封锁这一消息，因为他们感到，这涉及国家安全风险，因为他们不想让我们的军事基地的通信网络与不明飞行物报告联系起来。因此，他们中途决定，封锁消息，并且嘲弄它，因此他们封杀了不明飞行物的报告……

■因此他们会一直关注战争。

那就是军队做的事情。

我个人认为，我们今天已经见多识广了，人们不会再因恐慌而走到大街上去。我还认为，宗教机构或者财政部门不会受到影响。我认为，生活不久就会恢复正常。

■太"正常"不过了！当那一伟大时刻来临，会发生什么？我们将很快知道！我们难道不想看到托马斯·凯里和唐找到那块关键的金属片吗？

托马斯，最先听到你的最新突破，并且能冲出禁锢与你交谈，我是多么荣幸。

帕特丽夏，我很荣幸能做客你的脱口秀节目。我确定一点：

我们正在解决这一问题！

★★★★★★★★★

想要进一步了解托马斯·J. 凯里及其工作，请登录www.roswellinvestigator.com。

托马斯·J. 凯里著的书是：《罗斯威尔见证人：揭秘政府的弥天大谎》。

第六章

星际接触：现在就揭露真相——与斯蒂芬·巴塞特对话

◆◆◆斯蒂芬·巴塞特◆◆◆
◆◆◆ Stephen Bassett ◆◆◆

斯蒂芬·巴塞特积极要求解除政府关于地球上存在外太空生命的真相长达62年之久的封锁令（Truth Embargo）。同时他也是范式研究小组（Paradigm Research Group）的执行理事，该组织的目的在于追寻那些悬而未决的问题的答案——与外星人接触的真相。

****

■斯蒂芬，感谢你忙里偷闲与我谈论，你正如何说服美国政府披露地球上存在外星生命的事实。因为你们的辛苦努力，我们正带着人们一起揭开真相的盖子……我们该怎么说呢？——“伟大的揭露”。

我们称之为“真相封锁令”。真相封锁令是指20世纪40年代后期由政府设立的政策。我认为它完全定案是在1953年。我们如今称之为“不明飞行物现象”(一个非常直接的术语)的事实已经被隐瞒了很长一段时间。这一事实不得不封锁起来，因为它将引起极大的争议。他们这么做是出于国家安全的考虑。很难说那样做不合法（它当然不是非法的），因此我称之为“封锁”。

那是一个特殊时期。冷战刚刚开始。对美国和我们的盟国来说，政府内部忧虑重重，担心苏联通过他们的间谍已经获得了原子弹的秘密。

我们抑制他们发展核项目。也许那是我们犯下的一个错误。很明显，我们这么做并没有取得苏联一丝一毫的信任。双方存在意识形态的分歧。他们和我们一样，拥有德国科学家，德国人将导弹发展技术传授出来，而我们也准备制造导弹和原子弹。所有的一切看起来都不是很妙。

在这期间，还有外星人从外太空进入地球。在二战期间，他们就已经知道有一些事情正在发展之中，因为他们看到了喷火战机。我认为，他们在那个时候就知道有外太空人的存在，但是他们对此无能为力。在战争中，如果你的飞机正遭到追击，你还有时间去管不明飞行物吗？

■是的，我们肯定会把结束战争看得和外星人接触一样重要。

是的……如果他们那样做了，可能是个好主意，但是他们并没有。他们做了决定：“在我们知道那到底是怎么回事之前，我们要保持沉默。”

他们至少在1947年就获得了一项技术。他们也许从坠落或被击中的飞碟（或许不只一架）中早早获得了这项技术。他们必须弄明白该技术，因此他们必须处理这个问题。我认为，在这个问题上，他们的打算是：如果人们想知道更多，最后就让人们知道。但是最终，他们封锁了这条消息。

■让我们弄明白，你所说的“他们”到底是谁？

我指的是美国政府……军事部门：我们政府内部负责国家安全的那些人。那不是一个秘密，因为那些太空船停泊在我们地球的上空。我的意思是，你会为这做些什么，对吗？他们所要做的就是控制这一消息，因此这是一项非常复杂、非常艰难的任务，但是他们最终成功了。

那就是封锁令的内容——即使真的要向人们透露事情是真的，那也要是在稍后公布。那时，冷战正愈演愈烈。柏林（Berlin）危机爆发，导致柏林空运事件。当然还有1962年的古巴导弹危机。几年之后，越南战争也打响了。我们也在中国的边境打仗。

■我们从未停止过战争！这个地球上有没有停止战争的时候？

没有，回溯远古至今，没有。自从诺亚（Noah）时期的大洪水之后，人们从未停止过彼此之间的战争……最终将会与地球开战。

那就是我们做的好事；那就是我们过的生活。

我认为，冷战愈演愈烈时，他们觉得，当成千上万个核武器对准对方时，将外星人事件捅出来，让人们知道在地球上还有外星人的存在，也许是非常危险的。我想（这只是我的猜测，但我应该没猜错），他们决定，不到冷战结束，绝不透露这个秘密。他们执行这一真相封锁令，有很强的目的性，因而他们中断了这一研究工作，对外封锁消息，编造虚假的故事，威胁牵涉到这一事件的所有人员，公布一些虚假消息……你能说得出来的，他们都做过。

当然，他们有无数的资金和一个绝妙的借口去干这个，作为他们抵抗苏联的一部分。这一封锁令意味着，直到冷战结束，才会公布真相。冷战于1981年的圣诞节结束，那时，苏联共产党正式解散。

直到那时，公布这一真相的希望越来越大了。但那不是一件简单的事："哦，天哪，冷战结束了，是时候把外星人的事实告诉大家了。"他们需要安排好水陆两军备战，我们也已经有了战后问题。一个重要的问题是：军队情报部门很关心谁当总统。

总之，外星人事件是全人类的大事。对于全人类来说，这个事情非同小可，因此总统的能力、他与军队情报机关以及国家安全部门的关系显然是非常重要的因素。

■幸好乔治·W. 布什（George W.Bush）没有公布这一事件！干得好！

你说到点上了！他的父亲老布什做得很好。他是最智慧的人之一，是国家安全部门负责人。他有所有的国书和各种关系。他应该是一个完美的总统。我认为他们计划在老布什的第二个任期做这个事情。冷战在老布什的第一个任期中期结束，科威特（Kuwait）战争马上又打响了。在他的第一个任期内实施这个计划不太可能。我坚持认为，他们决定在老布什的第二个任期内，也就是自1993年开始那样做。我想，那就是那个时期变得宽松起来的原因——我认为科尔索（Corso）就在之后出现。他写了一本书，名为《罗斯威尔事件后的岁月》（*The Day After Roswell*）。

不幸的是，因为揭秘计划，老布什没有成功连任。其中的原因我们不甚清楚（他们认为他的健康状况变差，但那也没有公布出来），他只是没有连任了。

■是的，他在访问日本之后就一蹶不振。据我回忆，那对他的总统事业是一个致命打击，即使媒体对这一事情都轻描淡写地一笑而过。那真的反映了一些问题。

那是一个非常尴尬的时期，主要是因为食品中毒事件。1992年，在他竞选后期，他状态不够好，他输给了比尔·克林顿。历史上最讽刺的事情是，在与国家安全机构的关系上，比尔·克林顿的确与布什争锋相对。

他们并不喜欢老布什，也不想让他当总统，甚至还有点鄙视他。

■你是如何得知这一情况的？

新闻上都这么说！军事部门的很多人都公开批评老布什。最高军事部门当时已经发出通知：当你身着正装出现在军队面前，公开批评总统，属“叛国罪”。他被视为一个叼着香烟的玩弄女性者和竞选欺骗者。他在军事情报部门昙花一现，大家都不愿与他共处。

他当上总统后，做的第一件事就是，试图取消军队不允许同性恋存在的禁令，大家对此反应非常强烈。他被认为是一个“左翼分子”和欺骗者。记住……任何一个与白宫有关系的人，情报部门都有备案。很多人都不知道这一点。

你想当上总统的首要条件是年满35周岁，而且还得是一个土生土长的美国人——就是这点。你不需要通过国家安全试验，也不需要获得国家安全授权，因为他们早已开始收集任何一个想成为总统的人的资料。当然，我们正在谈论美国情报部门的强大威力。

这些档案从来不会用到，除非有一天国家安全遭到了威胁。这意味着，如果他们要回头调查一位竞选总统的候选人，发现一些情况，比如猥亵儿童但之前未被发现，这些信息就会公之于众。只有在这种情况下，他们才会把这些档案拿出来。然而，将会有很多信息泄露出来。这些档案是作为国家安全情报被收集起来的，但一般不会用到它们。然而，收集这些档案的人获得了关于这个候选人的很多资料，因此，当比尔·克林顿竞选上总统时，人们对他了解甚多。

我有一个预感，他们会打破协议，在执政之后立即会与右翼分享这一信息。无论如何，克林顿都不会成为泄露秘密的总统。人们想尽办法把他从总统的职位上拉下来。这没有成功，他成功连任。因此事实上，在他任期的8年之中，从未提起过公布这一秘密。当然，我们又进行了新一轮的选举，有了一位新总统。

有些人也许会感到吃惊，军事情报部门也无法接受小布什。在他们眼中，小布什没有背景，没有技能，也没有处理这一问题的智慧。基本上，他入主白宫的原因是因为他与福音派基督教右派（Evangelical Christian Right）的关系。当参与父亲的竞选活动时，他就与这一派别产生了联系。他的父亲对基督教右派没有任何兴趣，但是他却兴趣盎然。他非常迷恋这一教派……这是有记录的。就是这个教派帮助他当上了总统。在国家安全局看来，他唯一的优势就是拥有他的父亲。

事实上，他与父亲立即分道扬镳，在他发动了伊拉克战争后，他们关系越来越差。所以，在乔治的任期中也没有提起公开这一秘密。民主党确信，他们将在2004年的竞选中获胜，而我认为，他们在2001年的时候做了一个决定，当他们获得总统大权时，他们会公布这一秘密。

我在这里说的是什么呢？这就是人们需要知道的：如今很多政界人士，那些身居高位的人，知道有外星人的存在。他们不告诉我们事实（他们没有为此做新闻发布会，没有正式宣布），这一点从来没有变过。他们是一些聪明有智慧的人，他们是和外星人接触过的地球人。你越往上走，你就与军事情报部门产生了越来越多的联系。

■我听到你说的是，控制这些事情的是军事情报部门，而非总统！

不——我并没有这么说。在管理美国方面，军事情报部门起了非常重要的作用，而他们也确实会对其他国家产生影响。虽然最近10年来，这一影响正在不断减弱。很多人在管理政府，我们可以说这是一个“团队活动”。

■是的——但并不是只有美国可以公布这一消息。我们知道世界上有很多国家拥有自己的调查机构和网络，它们也可以公布这一消息。它们是不是属于更高一级的权利机构？

所有第一世界的政府部门都知道外星人的存在。那是不是意味着，所有的政府人员都被带到飞机库，看到了坠落飞船中的尸体？不是。他们已经得到了进一步的指示？不是。他们已经意识到了？也不是。他们自己辨别出来了？更不是。他们事先得知了风声？是的。

你不必非要亲眼看到了外星飞船中的尸体，才确认那是真的。现实与我们的认识之间脱节了。人们认为，这是个秘密，而人们都被蒙在鼓中。并不是……他们知道。全世界都知道外星人的存在，但是他们还没有意识到这点。我们处于这样一种炼狱之中（一个转化时期），这个脱节显示它是多么强大。几十年来，我们已经习惯在电视和电影中看到外星人。从某种程度上来说，大多数人意识到那是真的……但是，当然，这是一个大事情。公开这一消息是一件大事，它需要一些时间。

它已经拖了很长时间了。

将这一消息带给公众的运动加快了：揭秘项目正愈加壮大。目击者正在向前推进；很多书已经出版了；人们制作了很多纪录片；网络也参与进来……

■越来越多可以信赖的人，比如宇航员埃德加·米切尔博士，和很多军事部门的人（获得信任的人），正在公开地详细谈论看到飞船的事情。

是的，人们跨前一步的原因之一是，公布真相的主要障碍已经解除了——支撑封锁令的逻辑上的或许也是正确的主要原则，基于一个事实：苏联和美国之间的战争一触即发。如今，人们想要谈论这个话题。他们想要敞开胸怀，他们感到现在自己能够这样做了。尽管不是每一个人都能，很多人还处于某种国家安全誓言或协议之下，因而他们不能谈论这一话题。但是有一些人却可以，有一小部分人已经迈出了重要的一步，而且人数正在增加。因此，自从2001年以来，封锁令受到的压力正在大幅度增长。但是，人们并不认为克林顿总统会公布这一消息。

所以，这就是我们现在的处境。正如我刚才说的，我认为，共和党已经决定，等他们重新获得权力时，公布消息。自冷战结束以来，时间已经过去很久了。来自各方的、施加在封锁令上的压力正变得越来越大。封锁令正处于被撕毁的风险之下。政府真的停止了我说的官方干涉，那些阻止研究、传播虚假信息、威胁涉事人员的行动已经于1999年左右停止。我认为，他们知道，有些事情将会随时发生，另一个国家将会打破这种局面。很显然，他们不想失态，对这一问题纠缠不清——所以是时候让步了。

从有些方面来说，自1999年以来，这一封锁令一直以自己的力量前进。

现在已经是2009年了，共和党重新夺得了权利，我们也有了一位新总统——贝拉克·奥巴马（Barack Obama）。那意味着，公布消息的窗子已经打开了，而且还和1947年时一样宽敞。我们正站在门槛之上，随时都可能会公布这一消息。这就是我们的听众需要明白的一点。

■这是我一直以来在告诉人们的事情，我也一直写书说这一接触马上会来临。关于这一点，我们可以感受到空气中的紧张感：这是一个伟大的事实，它似乎即将要公布，尤其是现在。我们在英国以及其他地方上空看到有飞船舰队飞过。我们经常在地球上看到这样的场景。

因此，你是不是在暗示，奥巴马是被选为公布这一消息的总统？

无论如何，我认为这会发生的，即使是希拉里·克林顿（Hillary Clinton）或是约翰·麦凯恩（John McCain）当选。

■等等。让我们回顾一下。约翰·肯尼迪（John F.Kennedy）当选时，情况如何呢？根据很多传言，就在他被刺杀前一周，他宣布，他“将向美国人民公布外星人存在的事实”。

是的，有一些事实证明，肯尼迪对这个问题考虑了很久。

■他不只考虑过——他不是还为此写了一份备忘录吗？

是的，是有一份备忘录——就在那里。你必须仔细阅读这份备忘录，但是我要说，如果肯尼迪打算前进一步，我并不吃惊。无论如何，没有什么能够阻止那一切的发生。1962年，军事情报部门并不打算终止封锁令。

■你认为那与他被刺杀有关吗？

有可能——但纯属推测。我们只是没有证据。而且我们知道，有太多人想要终止他的任期。谁知道呢？

回到现在。我和我的同事非常严谨、仔细地关注这一问题。我们是站在船面上的那群人。我们的工作就是站在那里，等待冰山。船上的人在开派对，或是在餐厅吃午饭，也许在俱乐部里，还可能是在甲板上晒太阳——因此他们并没注意冰山。我们会先看到冰山。

我们确实使人们困惑：“你是怎么知道的？”那是因为，我们的工作就是密切关注这一切。

■你能更加详细地说一说你们的组织吗？这样的话，抱有疑问的人们也会更多地了解你是谁，这个组织里有哪些成员。我们知道，你是一位说客，一个活动家，一个专栏作家——还有其他什么吗？

这一公布消息的运动牵涉了很多组织和个人。其中一个组织是范式研究小组，这是我于1996年创立的。该组织的主要目的是（宗旨声明阐释了这一目标）呼吁从政治上解决不明飞行物问题：公布不明飞行物情况的政治方案。不公布这一消息，我们就不会解决这一问题。我们已经等待了30年。我们与多个组织建立了全方位的联系。如果你打开www.paradigmresearchgroup.org这一网站，你可以发现我们与很多其他的组织、团体以及项目都有联系。确实有很多。

在我的帮助下，很多网站创立起来了，并与其他团体建立了联系——但都是在网络空间上。我们在华盛顿市区还没有一个宽敞的办公室。我们把成千上百的人带进首都进行游行——现在那样做很难。它会花很多钱，也没有一个激励人们那样做的事件。目前，我们的活动还是一些基于网络的运动，将来还会在网络上举办一些政治运动。

公布这一消息的运动正在密切关注发生的一切。而我要再次告诉你，我们站在向世界揭露这一事实的门槛上。当然，这不是保证或是“既定事实”。

我的一个贡献是，创建了一个名为“华盛顿百万传真”（Million Fax on Washington）的项目。这一项目策划于2008年，那时很多正式运动刚刚启动。这个项目的前提是，任何赢得选举的人都将会被接受。一年年过去，这一点越来越清晰：奥巴马、克林顿或者麦凯恩，无论是谁赢得竞选，都会被民众接受。

第二，这将是历史上最为漫长、最为昂贵的总统竞选，涉及一大群候选人、一大堆辩论，还有无数的政治基金。

此时，显然是谈论ET的成熟时机。我的项目是要将此问题提上议程：将其与总统选举挂钩，合理地将一些总统候选人牵扯进来。实际上，我们是要在此时提出问题，包括质问总统候选人UFO / ET问题。事实上，我们已经这么做了，这在9月份确实发生了。

我们完成了这一任务。

另一件事是继续创建公布消息的网站，使它变得越来越强大。我们已经取得诸多进步。一切都是“华盛顿百万传真”项目的前奏，该项目于

2008年10月正式成立，11月5日启动。

项目概念十分简单。那时将有一位新总统。我们需要每个人给这位新总统发电报、电子邮件、写信，要求总统解决这一问题：支持审讯、明确作战指示、利用科技（将在政府的实验室中研究的外星科技公之于众，他们已经研究了60年了）。我们认为，外星科技有着切实的实际意义：将对解决人类目前面临的问题有重大的影响。总之，我们需要人们一齐要求公布这一消息。从竞选到总统宣誓的77天时间里，我们想要在这一转折时期，收到信件，事实上也收到了。几千封信件、电子邮件、电报传到转寄中心。

接下来，第二阶段，就是在白宫执政的头100天内，将这些反馈转给白宫。也许要延长至131天，因为他们入驻白宫的那天会手忙脚乱。因此，信件会传到白宫，直至5月31日。

白宫还未对此作出任何评论，但是我们期待着。

然后就是启动第三阶段，批判阶段。这一阶段早在前几天已经开始了（2009年6月1日）。回溯到2008年，PRG被牵扯到6月1日事件中，直至现在（此时此刻的对话）。

我们在竞选结束后做了一些事情。我们使用媒体这一武器，向白宫发送信息，信息是直截了当的：

在你的执政期间，你们必须尽快解除封锁令。主要有以下3点原因。

1. 如果你不解除，你的名字也将很快被加进名单。这将成为你的封锁令，就如你之前的总统，那位总统之前的总统，直至杜鲁门（Truman）。当那一切发生时，你们将面临一个问题——不只是这些，因为不解除封锁令，无疑是在宣告，你的改革议程和“公开透明的政务”并不是那么真诚。它将会摧毁你的政府，将它毁灭殆尽。因此，这个问题非常严重，你需要马上着手这件事。

2. 直到现在，我们每天都被告知我们面临着很多全球问题：经济危机、人道主义危机。比如，水资源和食物短缺的威胁，在死亡线上挣扎的孩子，贫困及其触发的恐怖主义，气候和环境问题。我们解决得并不好，所有的后果都威胁着我们的生命。有些人称之为“恐惧传播”，有些人称之为“基于现实的思考”。无论是什么……重要的是，如果我们要解决这些问题，就必须有过硬的科技。外星技术不该继续隐藏在真相封锁令之下。

3.（这也许是最吸引他们注意力的一点）很明显，在外星人问题上，有些国家已经与美国分道扬镳。它们不会一直和我们站在一边，接受我们的领导。如果我们的政府再不公布外星技术，我想也许有55%的可能：另一个国家会在今年年底公布这一消息，而美国政府就此脱节。

■这就是我以前说的——事实上，美国并非是唯一一个知道真相的国家。

是的，近10年来，我们的可信度和全球威信已经大幅度下滑，其实是从越南战争之后就开始下降了——它已经遭到了腐蚀。在越南战争前，我们在全球的声誉一直非常好。随着马歇尔计划的实施，我们成功地击败了法西斯主义，我们被视为全球自由的维护者。从越南战争开始，我们就一蹶不振了。

如今，美国人应该说："跳起来吧。"而其他国家会问："跳多高？"

航船已经起航了。

■毫无疑问，我同意，你的信息制作得非常有智慧。第三个原因真正给执政部门带来了公布消息的紧迫感。

如果美国政府最先公布这一消息，我们美国人无疑是最大的获益者。它将成为全球最珍贵的政治遗产（对于任何一个公布消息的政府来说）。除非很多国家团结在一起，决定将此事报告给联合国（UN）。

■斯坦顿·T. 弗里德曼和我详细讨论过公布消息的事情，他很明智地认识到："我们没有一位真正的领导人，能代表全人类，无论是美国总统还是其他国家的领导人。"

在我看来，这些人都不能代表全人类。

我不知道是否有人和以前一样保持安静……我们不需要考虑某一个人。

■好的，但是也不用考虑联合国，因为我们知道那是一个没有效率的机构。所以我们能指望谁呢？

是的，我也这么认为。大家一向轻视联合国，一直在逐步地摧毁它，它并不适合完成这项任务。因此，重任落到某个国家身上。某个国家将开始做这件大事，那么问题是："会是哪个国家呢？"

无论是哪个国家最先开始做这件事，都将意义非凡。

■可以这么说。

美国有可能担此重任，是有很多现实原因的。最显而易见的是，我们已经失去了全球性的威望，也失去了民众的信任。你获得信任的唯一途径就是公布真相。如果美国终止真相封锁令，那将在美国社会关系及其国际关系上迈出巨大的一步。

换句话来说："我们以前不让你知道，但是现在我们告诉了你……"

如果另一个国家这样做，会使我们处于不利境地。如果美国是将此封锁了60年的国家，而不是最后将这个秘密揭露出来的国家，那么会削弱美国的权势，最后美国当然很难主导这一问题的发展。我认为，如果美国将此消息公布，那么它会担任领导，而且会领导得很好。

坦白地说，从长远来讲，这没什么大不了的。通过某些途径，地球人会知道外星人的存在。因此，哪个国家公布这一消息，实在是没什么大不了的。

■是的，让我们撇开这一问题的政治影响，谈一谈对人类的影响。我想应该是这样的（这肯定会被认为是猜测的）：有可能在全球范围内出现越来越多的不可思议的景象——这点是毫无疑问的。甚至现在，我们每天都在听到或者看到一些新闻——这边有50架飞船，那里有60架……就在头顶出现。无论我们有没有一位政治家公布这一秘密，人类似乎已经准备好了面对这一现实。

斯蒂芬，以你看来，会发生什么呢？

我的观点很明确。我们不想有一个痛苦的消息发布过程：这一过程越是引人注意，它就越具有破坏性。因此，认为我们应该利用这些景象来催促政府，是非常不好的。我们需要政府主动地公布这一消息，避免外星人越来越猖狂。

让我们举一个典型的例子。他们将一艘母舰停在离首都 2 英里的地方。我猜那是一场博弈，是吗？

那是最坏的一个场景。因为政府实质上是因遭到威胁而公布消息的。违背社会公约的行为已经彰显，公约马上就会被打破。人们会认为：国家是羸弱的，国家违反了社会公约，现在因遭到一艘盘旋在头顶的飞船的威胁，而被迫说出真相。这对全球政府和民众之间的关系将造成无法估量的影响。它相当具有破坏性。而且在公布消息之后，我们会迎来问题丛生的时期。因此，我们不想那些发生。

■确实如此，但是从另一方面来说，还有其他情况出现：并不是一艘具有威胁性的母舰出现在上空，而是越来越多的飞船继续出现。这会使人们认可这种观点，而且没有人会反驳。政府将更多消息泄露给媒体，政府会说这是“可能的”。这似乎是一项联合行动。更多飞船的出现，越来越多的媒体关注此事——我们似乎正在准备面临此事。

那就是事情的本质。那是不是一项“联合行动”，或是不是单独行动，我们现在并不知道。但是，是的，那就是将要发生的——他们正受到关注，这会促进外星人存在这一事实的公布进度。

■很多军事人员站出来讲述他们的经历，以及他们看到的和知道的。如果政府准备延迟真相封锁令，他们怎么会被允许这样做呢？我们似乎已经为公布消息这一大事做着准备。

是的，公布消息的日程近在眼前了。我认为我们需要避免一些戏剧化的事情：外星人驱使下的破坏性事件。我们需要将这一进程视为地球事务。外星人来去十分谨慎，他们似乎已经帮了我们很久。他们在英国的麦田里放上一个个怪圈，似乎是在给我们施加一点小小的压力……因此那就是问题的关键点，我希望事情停在那个阶段。但是外星人会失去耐心，他们也可能会为所欲为。如果他们想在首都上空停更多的飞船，他们就会那么做。

■我猜想，如果他们想要那种震撼性的效果，现在他们已经做了。

我再次强调，每个人的耐心都是有限度的。如果我们继续自掘坟墓，寻找各种理由延迟发布信息，他们也许会被迫做一些具有破坏性的事情。这也许是一个时间问题。我再次重申，那是一个很坏的结果。

■说到时间因素，你是指地球上的危险情况吗？

谁知道呢？

■你刚才说到，你已经知道现在会公布的原因……

是的，我知道，但是我无法确切地说出那是什么。我们在很多领域里都处于临界点上。我不能明确地指出是哪一个，也不能判定必须在什么时候说出真相。我只是认为，我觉察到有一个时间限制在那里，某个时刻，外星人也许会有所行动。

现在，这是一个复杂的论证。不是大多数人都会理解这一点——那没关系。重点是：第一世界的各个国家都能察觉出这种紧迫感。我认为没有人能否认这一点。综合上述，一种强烈的紧迫感已经蔓延开来，这是史无前例的，很多国家和几十亿民众希望在合适的时候进入到紧急状态，以维护人类和地球的安全。

这有着深远的意义。当很多人在同一个问题上有类似的意见时，寓意非常。因为一般来说，对同一事情，人类往往各抒已见，争执不休。但是，现在有很多人却……我们引起了他们的注意。他们注意到一个事实，我们的水资源、鱼、氧气正在消耗殆尽……我们的冰川正在消融……臭氧保护层出现了空洞……我们的时间不多了。当然，我们仍然有两万个核武器可以使用。

确实有一种紧迫感，无论这种紧迫感是不是与整个外星飞船事件有关，我不知道——但我猜测确是如此。

■我猜想，我们大家要考虑的很关键的一点是，我们不要将外星人吹捧为自己的“拯救者”。很多人认为，他们会把我们从自己手中救回来。这种想法是错误的。很多人真的相信，一艘母舰随时会降临地球，救出处于危险境地的人们，然后带他们离开地球，去另一个星球，或者另一个空间维度……甚至去“天堂”。

很清楚的一点，我们确实需要帮助，因为我们在管理地球方面做得并不好。但是我们要为自己在地球上所做的一切负责。

将地球看成一个青少年是一个很好的比喻——它大概有 13 岁。父母的首要任务是将这个 13 岁的孩子带到 20 岁，不是去杀害他或她，或是让孩子在监狱里结束一生，或是让孩子吸毒以及做其他你的孩子有可能会做的不好的事情，因为他们还不懂事。

■只要我们还是一个具有自我辨别力的社会，问题就还在那里，即外星人是不是想要干涉我们，帮助我们，或使我们离开自己的进化过程？一旦我们对更多的星系产生危害，一旦我们的行为极大地威胁了外太空的生命，那么我们领域之外的智慧生物就会干涉我们。

我认为我们并不能对外太空造成巨大的影响，所以其实我不太同意这一观点。但是我们的确有能力毁灭这个星球！有感情的生命（也许他们比我们更高级），无论他们在哪里，都非常珍爱这个生物圈。我对这一点并不吃惊。

当我们从太空中看地球时，我们非常感动——那是一种合理的情感反应。几十亿年前，它是一个气体和岩浆组成的球，目前却是一个水资源覆盖、空气包围的蓝色小点：就在这样一个令人吃惊的星球上，生命繁衍生息。我们知道，即便星系中存在几十亿个这样的球体（正如最近美国和英国的科学家们的观点），地球仍然是一个特别的地方，就如其他生物群一样。我相信，有感情的生命会珍爱这样的生物圈，所以破坏生物圈的行为正是他们反对的……

■你不认为生物圈的破坏将对他们产生极大的影响吗？因为星系和宇宙中的万事万物都是相互联系的。我们不是唯一的吗？任何破坏星球的事情将必须受到目前星球上的人们的阻止。

那是一种很好的感情。有可能是真的。我不知道。这不在我的研究范围之内。

■你认为，在摧毁星球方面，外星人也非常关注地球上的大事？

是的，他们非常关注这里发生的大事。证据确凿。他们关心的原因，他们关注的重点，我们不甚了解。然而，他们确实在那里关注着我们。在一些关键的时候，他们就在这里，而我们却不当一回事。

这是一切发生的背景。

■早些年，你提到一些麦田怪圈。我想问你：你是如何看待它们的？这些怪圈代表了什么？对于麦田怪圈，目前还尚无定论。

这些怪圈代表什么，我不知道。我对麦田怪圈的看法极其简单：从一开始我就觉得它们显然是外星人所为。近年来，认为麦田怪圈是人为的比率逐步上升。因此，现在的情况是：人为和外星人所为的两种观点的比率持平。它变得非常复杂，但有一点，它是有象征意义的（无论这是有意的还是无意的），象征人类和外星人之间的对话。

英国的麦田图案出现的地点都不是随机的。我从麦田怪圈中获得了一个信息（这是一个极其重要的信息）：怪圈是一个最为关键和强大的证据，我们可以以此看到最终结果，帮助我们意识到事情并不是在变坏……我们会相对愉快地度过真相揭露后的时期，甚至也会为正式与外星人接触而感到高兴。无论这些外星人的计划是什么，但是总体而言，他们不是破坏者。

我认为，麦田怪圈能帮助我们很好地理解这一点……事实上，在我有一点担心时，麦田怪圈使我平复了情绪。有证据表明，可能会有一些不好的事情来临。有多坏我们不知道。麦田怪圈很好地指出，事情并没有变坏。

这是一个很美妙的现象，我有些羡慕与此相关的人。因为我认为，对人们而言，这是一种令人满足的情感经历。让我们这么说吧：因为明显的因素，比起物种多样性的研究人员来说，我更愿意成为一个麦田怪圈调查人员。

■我每年都会去英国看麦田怪圈。事实上，今年我马上要出发去看怪圈了。今年，2009 年，出现的麦田圈的形状更不可思议。我给你看一张照片，是最近的麦田圈图案——一个水母，足有 600 英尺长。

是的，真的令人难忘。

■是的。而在它附近，没有任何足迹以及被破坏的麦秆（至少在卫星照片上是这样的）——这真令人吃惊。

他们能够确信不是人们在晚上做的吗？

■我可以找些答案。我认为它是一天之内形成的，但是我还没有研究过这一问题。我会寄给你更多的资料。

如果它在 24 小时之内出现，那大概就是外星人做的。

■但是我同意你这个看法，如果是人类做了这些令人惊叹的作品，那

么他们太伟大了。我们肯定要与他们好好谈一谈。

这是现在要做的事情——我们需要解除那个真相封锁令。我们需要终止它。我认为，政府正计划这么做。但是政府瞻前顾后，得不偿失，这是人人都知道的。

我们必须确定这些已经完成，由此我们才能实施“华盛顿百万传真”的收尾项目。这就是我们所在的位置：我们正以某种方式放下那个铁锤。在第三阶段，我们把注意力从白宫转移到了白宫新闻部。因此当你去 www.faxonwashington.org 网站时，你看到的是与白宫新闻部（White House press corps）以及白宫记者协会（White House Correspondents' Association）相关的链接。

在他们的道路上，我们想要得到什么？两样东西：

1. 在过去 200 天中，所有发给总统的有关公布消息的信件需要转给白宫新闻部。他们需要获得这些复印件，以便手上有足够的证据。这些复印件应和白宫的资料一样。

2. 无论人们曾经写没写过信，我们需要每个人给白宫新闻部写一封信或电子邮件，或者发一个电报，告诉他们：“我们现在希望你们开始讨论这一个问题。我们需要实际的问题——我们需要实际的回答。我们需要立即开始。”

在 www.faxonwashington.org 网站上，你会看到一张列表，15 个精心提出的问题赫然在目。这些问题与我们这个时代的政治事实相关，也与执政人员以及他们与泄密问题的关系相关。那里有各种文件、调查以及视频的链接——各种工作！那里有无数可以支持这些问题的信息。我们知道这些答案，但是我们想要执政部门及其相关人员对这个问题做出回应。他们从来没有被问起这些问题——这就是真相一直隐瞒到现在的原因。

如果有很多媒体提出这些问题，并要求获得答案，那很快将会演变成一场舆论大风暴，将把真相封锁令解除。

■当然，很多媒体害怕提到这些问题，直到他们被允许提出这些问题为止。

所以我们正给他们权利。我们需要成千上百万封寄往白宫新闻部办公室的信件。在最近 4 天中，我已经与六七百万人谈过。因此现在的问题是，他们想不想揭露这一事实。如果你不想，真的不想知道是不是存在外星人……如果你不想把这一事实公布于众……如果你不想要那种技术……如果你想为 1 加仑的汽油支付 6 美元，并为坐在这里看到周围的世界分崩离析而心满意足，却不为此做些什么，那你就继续盯着你的电视机吧。

如果，相反，你想要公布真相——如果你想要政府回到事实上来，如果你想知道外星人的事情，如果你想获得外星科技，由此也许几年后你只需为你的空调账单支付几美元一个月，那么你需要马上给白宫新闻部写一封信。已经到最后的阶段了。

■让我们不要忘记：如果你想延续自己作为这一文明一部分的神话，在最后认识到我们并不孤独之后，那么做些什么吧，让这一切发生，无论是早还是迟。

请通过以下网站联系斯蒂芬，帮助他和支持他。从你的椅子上站起来，和斯蒂芬这样的人站在一起，他是我们这个世界的真正的斗士，让我们一道解开真相吧。由此，我们才能知道这一点对我们而言意味着什么：最后意识到，作为一种文明，我们并不是孤儿。还有更多的构想，而我们即将成为这些构想的一部分。

在有一些会阻碍整个进程的不好的因素出现之前，让我们行动起来吧。

■为了人类的明天，为了星球上的大部分人，让我们行动起来吧。

我们正站在门槛上。谢谢你，帕特丽夏，感谢你将这些信息带给听众。

★★★★★★★★★

斯蒂芬·巴塞特是范式研究小组和政治行动委员会 X-PPAC（X-PPAC）

的执行理事。以下方式可以联系到他：

PRG@paradigmresearchgroup.org。

欲知更多信息，点击网址：

www.paradigmresearchgroup.org;

www.x-ppac.org;

www.faxonwashington.org;

www.x-conference.com。

第七章

麦田怪圈之谜——与安迪·托马斯对话

◆◆◆安迪·托马斯◆◆◆
◆◆◆Andy Thomas◆◆◆

作为一个研究不可解释的神秘事物的领军人物，安迪·托马斯大概是世界上最多产的麦田怪圈作家。在他的众多作品中，《重要迹象：麦田怪圈之谜完整指导手册》（*Vital Signs: A Complete Guide to the Crop Circle Mystery*）被公众视为怪圈现象的决定性研究指南。他最近的《真相议程：理解不解之谜、全球谎言以及2012预言》（*The Truth Agenda: Making Sense of Unexplained Mysteries, Global Cover-Ups and 2012 Prophecies*）一文，探究了超常神秘事物与全球性掩盖真相之间的联系。安迪是《改变时报》（*Changing Times*）的创办者，这一报刊关注政治真相和自由问题，矛头指向至关重要的符号公布问题。他撰写了很多以“我们这个时代的符号”为主题的书。他是享誉国内外的重要发言人，多次出现在电台、电视节目上。无疑，他是经验领域和客观思想的藏宝箱，他把一些我们今天无法解释的现象的故事带给了更多民众。

★★★★★★★★★

■这肯定是我最为大胆的谈话之一——关于麦田怪圈现象的热烈争论。从巫师到无神论者以及其他人，麦田怪圈从未离开人们的话题。

在这个有争议的问题上，你是带给我们启蒙的不二人选。因为是你搭好了沟通的桥梁，抵消了信仰者和怀疑者之间的极点，带来了你将科学和灵性融合在一起的观点，帮助我们理解这一现象的关键因素。

你能否简单地说一说，我们正在讨论什么？许多人仍然没有真正了解在人类进化过程中出现的麦田怪圈及其构造。有一些人有他们自己的看法。我们希望你能给我们一些专业的见解。

最近几十年来，全球麦田里每年都会出现巨大、复杂又漂亮的图案。而关于怪圈图案的报道，可以追溯到17世纪，麦田怪圈的照片也早在20世纪30年代就出现了。因此麦田怪圈并非是最近的新发现——尽管自1990年以来，图案才在复杂性上出现重大的飞跃。

怪圈的起源以及目的一直是个谜。尽管解密的工作应该由人类艺术家来完成，然而有人相信，这些证据已经给出了一个更为奇怪的解释。无论它们出自何人之手，这些惊人的图案常常显示出非常清晰的象征——科学、秘传以及天文学象征，它们也昭示着一些非同寻常的、无法解释的影响。

你也知道，关于麦田怪圈的起源，存在着颇多争论。有些人相信，它们是来自外太空的信息，证据为诸多与麦田图案相关的天空异象的目击事件和视频。其他人觉得，这些光也许是一种未知的自然能量的特征，这种能量可以创造出复杂的地面图案。还有一些人出于负责的想法，引用了很多事例，范围从地球母亲到自然精神领域。

运用思想能量做的实验显示，思想很可能会影响某些形状的创造。这使有些人相信，精神能量也是麦田怪圈出现的诱因之一。持这种看法的人认为，它们要么是卫星技术的杰作，要么就是某些爱开玩笑的风景艺术家的游戏之作。然而，在具体的论证行为中，人类制作团队要么难以复制出像很多人在麦田里看到的复杂的几何图案，要么花了相当长的时间才复制出类似的怪圈。

一些怪圈是在非常短的时间内出现的，而几何计算和建造需要时间，不可能一夜之间就人为制作出这些图案。有一些怪圈显示了令人震惊的符号特性，但是大多数怪圈的意义是含糊不清的，人们做出了各种各样的解释，怪圈似乎象征了多元文化。

实验已经证明，受到怪圈影响的庄稼出现了细胞层面上的变化，这一点暗示着麦田怪圈涉及了各种微波能量。一些其他的物理测试显示，比起人工复制的作品，天然怪圈形成时伴随着异常现象。据目击者说，这些怪圈和那些光一样，会影响电子设备的正常运作和人类的身体健康，这就说明人们应该更为细致地看待这一问题。

这些构造是不是警示、问候的信息，或是抽象的涂鸦，还有待进一步观察。但毫无疑问，它们是令人吃惊的。甚至在麦田怪圈研究人员内部，也存在着很多激烈的争论、不一致甚至分歧的观点——但是积极向上的情绪、灵感也从这些深刻的问题中诞生，并贯穿于人类的美好生活。

■许多人受到媒体的误导，仍然相信这是一种人造现象，认为它完全是一个宇宙恶作剧。对于这种看法，你会不会说些什么？

我不得不问一问，他们是怎么知道所有的麦田怪圈都是人造的？因为我认为那个原因只能是其中之一。当然，如果你开始寻找答案，显然不会找到一个能足以支持宇宙恶作剧论的证据。的确，当你查找最近几年出现的证据时，你所看到的不过是拒绝怪圈是人造的事实。很难相信，如果所有的图案都是人造的，怎么可能这么多年过去了，同等品质的图案仍在不断出现，且至今仍然在一些地方呈现着。

我认为，我们必须要把注意力集中在实际的证据上——而不是一些道听途说和看法上。

■好吧，给我们谈谈你近几年发现的证据吧。

现在这个时刻是一个有趣的时间点，因为研究者中流行着一个观点，认为最近几年是麦田怪圈现象的幸运年份。事实上，近 10 年来，这些图案的数量和独特性一直出奇的一致。统计数字每年都在变，2006 年大概下跌了一点，但是从本质上来说，数据一直相当稳定，每个季节全球大概会出现250 种图案。然而，研究人员觉得，最近民众的热情在猛烈回升。当然，出现过的图案质量都是非常高的。我认为，民众恢复起来的热情是个好兆头：经过几年的普遍幻灭感之后，人们对麦田怪圈抱持了更为开放的态度。这是肯定的，因为麦田怪圈每年都会出现，尽管受到了强烈的质疑。

■大多数麦田怪圈似乎集中出现在英国的威尔特郡（Wiltshire），这其中也许有很多因素——包括在那儿发现了大量的圣址。你能说一说其他哪些因素致使麦田怪圈的制造者（无论他们是谁）喜欢在那里创造他们的作品呢？

我们曾经激烈讨论过，为什么英国受到麦田怪圈的特别青睐？我们知道其中一个因素：它们之所以喜欢在那个地方聚集，似乎是因为那里的地岩积着很多水。例如，在英国南部，大多数图案都出现在白垩悬崖（Chalk）的顶部。正如你说，怪圈以威尔特郡为中心分布。白垩是一种非常好的蓄水物质，它是一种含水土层，而水据说有着自然能量的功效，所以很多人相信，这种物质通过某种我们不知道的方式创造出了麦田怪圈。

也许因为偶然，英国有这种地质，最适合麦田怪圈的创造；也许，这种自然能量至少是这些图案出现的因素之一。地球能量似乎将古代圣址的建设人员吸引到一些同样的地方。两者之间也许存在着某些联系。但是，英国人的性情也许决定了他们特别适合传播麦田怪圈的“消息”。

英国人非常善于解决国际分歧，他们有一种批判主义和怀疑主义的完美平衡，他们不会把东西据为己有。全球会讨论在英国发生的事情——也许还加上适当的自然能量，再加上这个民族爱好打听消息的性格，才使得这个国家成为麦田怪圈制造者的目的地。有些事情很难刨根问底，而忘记这其实也是一个世界之谜却是很容易的。

■国外的构造相对简单些吗，还是和威尔特郡的构造一样复杂？

近 10 年以来，在一些国家，例如德国，怪圈的数量正在增长。在有些年份，德国已经成为仅次于英国的怪圈活动最活跃的国家。就在最近，意大利也出现了很多怪圈，瑞士、波兰这些国家的怪圈数量也抵达高峰。当然，德国的怪圈比其他一些国家的更为复杂，其中一些是我们在英国见过的。意大利的怪圈迥然不同，但是它们也有很多非常漂亮的怪圈，其中有一两个，你会非常高兴地在英国埃夫伯里（Avebury）附近的麦田里遇到。

■你知道在哪个网站或者其他地方能够看到全球的怪圈？在一些主流网站上，我们并不能经常看到它们。你能给我们一些建议，告诉我们可以在哪里看到那些吗？

有几个可以看到全球怪圈的网址。你可以点击 www.cropcircleconnector.com，这是麦田怪圈报道的核心网站。上面有很多关于外国怪圈的报道，人们可以很容易找到信息。另一个报道全球怪圈以及英国怪圈的网站是意大利的 www.cosmos.it / cropcircles 网站。它将出现过的全球怪圈列举在一个单子上，因此你可以按照时间顺序看看出现了什么样的怪圈。

■你能跟我们讲讲最新出现的麦田怪圈的特征吗？

就英国来说，2008 年延续了 2007 年的趋势，一些好看的怪圈最先出现在油菜籽变黄之时。初夏过后，我们看到一些非常整齐的图案出现在小麦田里和大麦田里，其中有一种图案每隔一天出现一次，在 7 月和 8 月达到高峰。2008 年 9 月末，我们甚至在玉米（一种不容易整平的植物）地中看到了很多怪圈。一些怪圈的几何神韵和令人吃惊的象征令人印象深刻。

2009 年非常繁忙地开始了，油菜田上的复杂的怪圈数量有所增加。

■安迪，告诉我，你每年都会去看这些怪圈吗？

我认为，很多人不能说他们每年都能看到所有的怪圈。太多了，有时候它们分得很散，人们需要花时间研究，以便有个好的收获。我住在离威尔特郡中心地区有几小时车程的地方，我不得不亲自开车去那里，但是我很高兴我能够每年去那儿观赏一些怪圈。尽管只有那些非常特别的怪圈才能引起我外出的兴趣。

几年来，我去过几百个麦田怪圈，并非常庆幸这样做了。在这些个人探索活动中，我收获良多。任何严肃的研究者都需要尽量去亲身体验，而不是仅仅看看航空照片。当然，有人在威尔特郡待了一个夏天。这些人中，有的人本来就住在那儿，有些人是特意在那里驻扎了几个月。他们花了几个星期的时间，尽可能多地在这些怪圈附近开着车转悠，或者是如果条件允许，就驾驶飞机在上空盘旋。

■10年来，我一直在探访麦田怪圈，有一次，我发现那儿有一些激发我们想象力的漂亮怪圈。这几年来，你是否发现了一些有特殊意义的怪圈？

对我而言，接下来要谈论的富有天文意义的怪圈，令人印象最为深刻，也最为重要。显然，一些更大、更为复杂的怪圈会更吸引人的眼球，但是有时，吸引人的也可能是一些小的、有特色的怪圈。比如说苏塞克斯团队（Sussex team）通过精神作用实验制作出来的怪圈。这是非常个人化的：一些人对某些图案会有特别的积极的反应，而另外的一些人可能觉得没有启发意义可言。但是，这也是该现象有意思的一点：每个人喜欢的都不尽相同。这一象征系统迟早会与个体对话，反映所有的精神状态和信条。我认为，没有一条意义或解释适用于所有事物。

■因此，让我向你讨教（尽管我知道你的回答趋于中立），是什么样的个人经历引领你进入怪圈领域？你能透露一些你的秘密意见吗？

这是一个非常艰难的领域，因为有些人非常坚信自己的麦田怪圈形成理论。在过去的15年里，为了推动这一研究的发展，我为各个团体做了多场报告，不只是在英国，还有其他国家。另外，我也写了多本书，这些努力都是为了给新来者一个合理的解释，告诉他们一些不可思议、极其重要的事情即将发生。通过与尽可能多的人分享这一现象，我希望人们能认识到所发生的一切，以便进一步解释我们对这一现象的理解。这些年来，我发现，人们不是非要听到所有人的意见。他想要的和需要的，是听到用相关证据呈现出来的一切可能的理论概述，以便能够得出自己的结论。

随着时间的流逝，我确实已经抵达一个中心地带，在这里我可以试着倾听每一个人的意见，尽我所能以一种开放的心态面对各不相同的可能性。甚至现在，用将近20年时间研究了麦田怪圈之后，我还是不得不说，我还没有发现任何一种理论的绝对证据能够完全支持它的观点。正是因为缺少一个清楚的回答，所以我认为，对于发生的一切，我们必须试图评定一些基本的假设。我们能够观察到的现象之一是，至少一些图案的复杂性似乎体现了高等智慧。

我们正在谈论的智慧处于哪种水平，它是否是来自外层空间或是地球之外，或者的确是人类的意识在起作用，是一个大问题。也许，它是所有这些事物的联合体。当然，在很多实验中，人们曾试着从精神上与麦田发生作用，试图让某些图案像麦田怪圈一样出现，他们使用的方法有冥想等。

■很多人要求去完成这种实验。

那是真的，我自己也于20世纪90年代开展了这项工作。就在苏塞克斯郡（Sussex）我居住的英格兰小镇上，我们在保罗·布拉（Paul Bura）主持的电台频道和其他频道的见证下，做了一些实验。我们起初想通过精神手段预测，这一新的图案会在何时何地出现，以便我们实际上可以追踪、监视它。

尽管我们从未达成最后的目标，即影响某种麦田怪圈模型的出现，但我们确实成功地做了一些很多其他团体想要做的事情。

我们选中一些图案。几个星期以来，我们通过意念引导和沉思等各种途径，试图让这些图案像麦田怪圈一样出现。沃斯顿伯里山（Wolstonbury Hill）是一个远古圣址，它位于苏塞克斯东部，是布莱顿（Brighton）附近的一座铁器时代的小山，我们最后在那儿完成了一个冥想实验。我们将自己的想法集中在我们想要的那个图案上，令人吃惊的是，在那个夜晚，它最终以麦田圈的形式出现在苏塞克斯。

有些人对此感到愤愤不平。我们曾被诬告说，是我们自己去了那里，制造了这个图案。这种事情常常发生，但我们确实没有那样做。除了我们这个组织纪律非常严密的小组之外，没人知道到底选择了什么样的图案。然而，它就在那块麦田里。如果正好是我们完成了这类实验，那么确实可以认为它是巧合，但其他小组也取得了相同的成果。我们将这些经历写进了一本名为《探索接触：麦田怪圈、灵媒和不明飞行物的真实故事》（*Quest for Contact: A True Story of Crop Circles, Psychics and UFOs*）的书。我听说，这本书已经非常完美地帮助我们激发了全球的努力。

■我们假设，有很多读者相信那一点。我想知道，你们是如何一起将注意力集中在某个几何图案上的？

我们通过主要频道，即保罗主持的频道接收信息。它有很多愿景和指示，即我们应该演奏一些乐曲。我们使用的音符是A调、降B调、升C调、D调、F调和升G调，用正弦波将这些音调记录在合成器上：一种非常纯净的声音。我们之所以这么做，是因为很多人相信，在创造这些图案的过程中，声音也发挥了作用。这并不是说，声音是麦田怪圈产生的全部答案，但它可能是一个重要的组成部分。

通过我们神圣的音符和获得的各种其他事实，我们得出一个结论：我们将收到6个圆形图案的组合。我们小组的一个成员巴里·雷诺兹（Barry Reynolds）将他认为会出现的一个图形画在纸上。实验结果显示，这一图形真的出现了。我们很高兴，也很震惊。

■因此，你能否问问你自己：这与发送图案的意识相关联吗？或者你们是作为一个小组与之产生了相互作用，且指导了那些交流者，对吗？

那是一个大问题——它是以哪种方式发生的？

■我指的是，因为如此精确，所以肯定有相互作用的存在。

我的意见是：我怀疑，我们特殊实验中发生的事情，与其他顺利实施过这类实验的团体所获得的实验成果，是事物的综合作用的结果，即人类意识与其他事物相互影响。“其他事物”其实是指，我从未能确切定义它们，尽管我知道一些人对此有一些特别的意见。我知道，对于麦田怪圈从何而来的问题，你也有自己的特殊看法。但是，由于我试着保持完全开放的态度，我发现自己无法完全相信某一观点是怪圈现象的唯一原因。

■我也着实欣赏这一点。由于我的观点和经历，当我将人们领入怪圈话题的时候，那里到底正在发生什么，我试着绝不给出任何有失偏颇的意见，因为这些经历是个别的、个人化的，而这会影响他们对事物的看法。我实在不想其他任何人的意见，包括我自己的意见，强加到其他有权自由思考的人身上。

是的，我认为，避免那样做非常重要。

■1996 年，当我第一次进入巨石阵朱莉娅集合（Stonehenge Julia Set）的时候，我没有先入之见；我亲自去了那里，获得了很多第一手信息。

你知道的，这触发了系列作品《天狼星启示录》（*The Sirian Revelations*）的创作。许多准备去那的人将有一些特别的经历……对很多想拥有此经历的人来说，这是非常吸引人的。

我不得不说，在 2007 年，比起以往的年份，麦田怪圈真是难以置信的漂亮、复杂。但是对我来说，没有什么和巨石阵的那个麦田圈一样引人思考——我喜欢称它为“我的麦田怪圈”。

当然，正如你说的，人们从这些麦田圈中获得的感受是相当个人化的，也是相当主观的。同样的一个麦田圈，对一些人来说，也许不会以任何形式与之产生共鸣，然而，对另一些人来说，它可能有某种特殊的含义，并可能会改变他们的人生。这样的事情陆续发生：某些图案与某些人产生了共鸣，却不会与另外一些人产生共鸣。每个人都会发现一个特别的图案，这一图案将真正为他们工作。因而我认为这是不太恰当的：跟人们说某个图案只是意味着“这一点”，或者它只因“这一点”而形成。每个人都有亲身体验某事的自由，也拥有保持自己意见的自由，探秘神秘的麦田圈也是如此。

■我同意。有些人是你立刻想拥抱的，另一些人恰巧是你不想联系的。没有其他任何意识水平的预先体验，这是说得通的。然而，有一些人正在获取某些体验。

是的。人们好像已经熟悉了麦田怪圈构造的各种可能的风格和水平，怪圈现象似乎是被设计来尽可能多地吸引不同类型的人。如果你不能与某种图案对话，那肯定会有另一种图案来和你沟通。麦田怪圈之谜的一个极好的方面是，怪圈展现的图案非常普遍。它没有把任何人拒之门外，任何层面的意见都可以提出来，不只包括对于正在发挥作用的意识本质的推测，也包括图案背后的机制猜想，无论这一机制是否涉及了地球的自然能量或是与天气相关的现象。一切都是讨论中的合法部分。它的确密切联系了各个部分。没有人在这聚会中被拒绝，因此这一谜题将人们联系到一起。

■令人吃惊的是，当进入怪圈，人们会对其他空间满是好奇。在这些时候，人们常常生出尊敬和谦卑之感……本质上，那是非常明显的感受。

在尊重之上，人们互相交流。这是一件令人惊异的事情。你进入麦田怪圈，你会遇到你生命中从未遇到过的人。如果你在大街上或公共汽车上看到他们，你可能甚至不会多看他们一眼，但是，在麦田怪圈中，人们更容易交流。你总会看到一些来自世界另一端的来看这些图案的人们，或者意外地，他们会与你分享这一经历，也许恰好能够证实你听到过的有价值的事物。

这些图案有些特别：它们提供了聚会地点，打开了供人们交流的通道。这是我们非常高兴看到的。对那些从未见过麦田怪圈的人们来说，他们有时很难理解，它为何这么受欢迎？但事实确实如此。当你进入麦田，突然站在那似乎很神圣的空间里时，你的确会有置身于大教堂中的感觉，或者正如很多人说的那样，似乎是站在一座庙宇之中。正因为如此，你突然发现，你的行为改变了。当你遇到经历过同样事情的其他人时，你们突然就会有共同语言。你欢迎他们，并与他们交流。如果那就是所导致的结果，那么，它无疑是件非常有价值的礼物。

■令人惊讶的是，很少有人真正去看这些图案。这些麦田怪圈是如此重要，却鲜少有人关注。我经常很惊讶地看到，在我去看怪圈的那些年，只有同一批人进进出出。尽管媒体进行了大肆宣传，仍然没有太多人去看麦田怪圈。我真的不敢相信。我个人认为，麦田怪圈代表这个星球上发生了一些至关重要的事情。

这是非常有趣的事情，如果你点击有访问计数器，例如“麦田怪圈连接器”的麦田怪圈网站，就能看到每个怪圈有多少访问者。当你想到整个星球有那么多人时，你会发现，关注怪圈的人其实少得可怜。甚至一个特别的图案，也只可能有一万次点击率。那是“点击率”，不是人数，人们通常会再次回到主页上，查看这些图案。世界上最多只有两到三千人关注麦田怪圈。

这令人吃惊，但却是事实。我认为，麦田怪圈团体常常高估了因特网的能力。很难让人相信，世界上大多数人对这一现象一无所知，只有少数人一直在监测麦田怪圈，定时互动。因此，是的，它可能成为最重要的事件之一，但是向全球其他人展示构造的那些作为代表的怪圈却少之又少。

正因如此，我认为我们责任重大：高度公开并且没有偏见地报告这些事件。例如，每个人都会接受这个事实，即有一定数量的麦田怪圈是人造的。但是听到一些所谓的学者说“它们都是人造的”或是“这个怪圈是人造的，我一看照片就可以分辨出来”，是非常气人的。外面很多有偏见的人简单地认为，也许那里没有什么让人感兴趣的现象。不仅如此，我也看不到人们是如何确切地辨别哪些是人造的，除非一个构造创造出来的时候，他们也正在那里，并且他们有确信无疑的证据。

只要描述足够清晰，每个人都有权坚持自己的看法。这就是我们不得不负责任的地方，因为很少有人在一对一的基础上研究这些麦田怪圈，积极的研究者说的话影响了大家的兴趣。

正如你说的："为什么没有更多的人研究这些麦田怪圈？"

我认为，这只是因为大多数人并没有恰当地意识到这些显而易见的证据。它们能证明麦田怪圈确实引人入胜。这是我花这么多的时间在这项工作上的原因，超越怪圈团体的狭窄区域及其狭小的意义，试图使新人兴奋。一些愤愤不平的研究者，早已任由自己的幻灭感去破坏与外界的交流，外界对此已有太多怀疑，我们需要改变这一现状。

当然，不会有更多的人出现在那里，农民非常高兴。但考虑到这一现象是那么重要，只有少数人感兴趣，却是非常奇怪的。但正如我早先说的那样，怪圈保留下来，确实激起了公众的一丁点兴趣。我与公众接触的经历表明，当确凿的证据以合理的方式呈现出来的时候，他们的想法将轻易改变，热情也就燃烧起来。

■当看着麦田怪圈的图形或是照片时，运用左半脑的分析能力，可以抑制右半脑的一切直觉或心理影响。众所周知，右半脑控制着微妙领域。因此，我发现这很难理解：人们是如何单单依靠分析一个麦田圈的图像或是视频，就坦然地声称知道全部麦田圈的一切？

他们专注于怪圈，分析它的信息、形状、艺术及几何特点，但是他们却没有感受它。我认为，怪圈现象最令人兴奋的其中一点是：我们似乎处于某些事物的中心，而这些事物不为我们人类所知。或许，它正静静地存储于我们祖先的记忆中。我确实相信，我们需要超越自己的精神实体，无论使用的分析手段是多么有效，让我们亲身经历存在的能量的潮起潮落吧。

我认为，这是重要的另一点。如果你只从技术上研究麦田怪圈主题，那你也只能走那么远了。这并不是说压根不能那样研究麦田怪圈，因为人们已经通过几何研究取得了很多非常有价值的发现。

在这些被压平的植物上，也发生了一些生物学方面的异常现象。一些并未得到应有重视的其他迷人的科学技术，也应该被运用到这一现象上。

但是这些科技也需要退后，让位给直觉。如果你不这样做，你迟早将对这一现象感到无可奈何。

有些人坚持“X”理论或“Y”理论，非常肯定他们将证明这一神秘现象，而事实上却没有。我很担心麦田怪圈问题在这些人手中变得乱七八糟——因为怪圈似乎并未回应这种单方面的研究。他们很容易变得疑惑，因为他们从未从这一现象中得到他们想要的东西。他们变得沮丧，愤世嫉俗，摊开双手说：“那么它们肯定都是人造的。”这经常发生。他们坚持的理论变成了个人受到的挫折，因为以他们现在的水准，无法再进一步研究。

各种智能手段涌现又消失，但怪圈继续出现着。看来只有对它敞开心扉的人们，才能够研究到底。我认为，这非常有趣。

■平息那些一味希望“控制、控制、控制”的逻辑思想实在是一项功绩。但是对关心此事的每一个人来说，我很想告诉他，亲自接近这些怪圈是多么重要。我确实没有天天关注怪圈现象，但只要条件允许，我几乎每个夏天都会去一趟英国……就这么做！这令人非常兴奋，也极具价值。我相信，怪圈是在我们的星球上发生的一件十分重要的事情。

真令人惊奇，由于媒体从来不想分享这一真正重要的事件，公众一直把注意力放在帕丽斯·希尔顿（Paris Hilton）和布兰妮·斯皮尔斯（Britney Spears）以及所有肤浅的、无关重要的事情上……还有战争。战争总是关注点。

这一显而易见的现象，持续发生，年复一年。它很可能是外星球或超维度通信的首要、清晰的信号。它需要实地、全球范围的调查。

我同意。它是你无法用别的方式取代的一种经历。埃夫伯里地区是怪圈出现的中心地带，你可以抽个时间去那里看看，驱车在附近5英里范围内转悠，从任何方向都可以看到麦田怪圈，虽然有一点点模糊。

每年，这些神秘事物都会投射到那个地区附近，而置身它周围的感觉十分特别。因此，对那些从未有过类似经历的人来说，在英格兰度假并在埃夫伯里花点时间是非常值得的。

■我同意，我想说，每年我都会通过我的《灵魂追寻》（*SoulQuest™ Journeys*）栏目带来一些人。这个节目帮助人们更好地理解这一非同寻常的现象。如果你有兴趣与安迪（Andy）会见，我们可以经常安排那样的见面。今年你会再次组织格拉斯顿伯里讨论会（Glastonbury Symposium）吗？

是的。我是组织者之一。自1990年以来，讨论会是每年一度的盛会。在讨论会上，我们探究麦田怪圈以及很多其他相关的神秘事物。与志同道合的朋友一起寻找这个世界的更深一层的真理，是一种吸引人的有意思的经历，而格拉斯顿伯里本身是个美丽的地方。

■我想请教你，在你所有的麦田怪圈经历中，当你避开军事直升机，深入其中时，你有看到过一些光现象或景象吗？

我确实看到了一些无法解释的光。但那时我还未进入图案内部。回顾1993年，我和我的一些同事待在威尔特郡的奥尔顿·巴恩斯（Alton Barnes）。曾经有两个晚上，我们目睹了奇怪的光现象。我们往下看到了那个所谓的东方田地（East Field）。正如其名，这是一个非常宽广的区域，那里曾出现了很多著名的麦田圈，而现在，它的附近正有一个麦田圈。

我们都看到田地上方飘荡着浮动的、苍白的、发出冷光的光圈，我们能够互相证实我们看到的东西。然后，后面两个晚上，我们一直行走到东方田地的底部，回头看着那个叫作“丘陵山”（Knap Hill）的地方。一大清早，我们看到空中有一些非常巨大的、模模糊糊、闪闪烁烁的东西。

就在那个白天，我真的无法说出那是什么，但它们非常奇怪。它们不是太空船，好像是来自其他维度，是在我们眼前闪烁的、奇怪的、“不真实”的东西。它们非常怪诞，然而我却想再目睹一次，因为运用我这些年积累的知识来分析它们是非常有价值的。

那是我的一次重要经历。我曾听闻很多人目睹过这些光或其他类似的奇异形状物。这是怪圈之谜的另一谜团——怪圈之外的，出现在它周围的所谓“异常现象”。这几年来，这些异常现象，尤其是光球，曾被很多人看到过，也被拍了下来。

■在 2007 年的东方田地怪圈上空，出现了光球吗？你们拍下视频了吗？

2007 年东方田地的巨型怪圈成为一些争论热点的中心。它是一个巨大的怪圈，总长度为 1033 英尺，四周带有很多小怪圈。它出现的那天，3 个研究者登上了那座小山——事实上，那就是几年前我目睹光现象的那座山。他们正在拍摄那块地，并发现在凌晨 3 点，天空出现了一道非常明亮的闪光。

当他们分析那个连续画面时，这个故事便流传下来了。在他们的录像中，闪光像一个干涉光点一样出现了。放大那个录像之后，人们看到，大怪圈并不是凌晨 1：45 出现的那个，而是凌晨 3：20 出现的那个，你可以清楚地看到那个图案。这是一条潜在的重要信息，因为人造图案需要几个小时才能完成，那么大尺寸的怪圈不可能在这么短的时间内完成。

这一道闪光可能与那个怪圈的出现有关。当然，对于细节的争论以及来自怀疑者的极具争议的观点，使麦田怪圈的现状一如从前，即无法获得曾经发生的事件的绝对真相。在这样的环境中获得最终的结论是非常困难的——一直如此。我从未听说过类似的不含矛盾的一个例子。它似乎确实又展现了矛盾的本质，表面的现象无法让你获得任何真相。

那几乎是它目的的一部分。也许，没有这些神秘事物，我们也就不想探寻些什么了，那也就不需要由质问的旅程激发出任何知觉的解释。因此，可以肯定的是，从来就不存在什么无法驳倒的证据。然而，你却提到，麦田圈上空有军队的直升飞机盘旋，这耐人寻味。

■我从未去过一个头顶没有直升机盘旋的麦田怪圈……一次也没有。

直升机是佩瑟山谷（Vale of Pewsey）生活的正常部分，奥尔顿·巴恩斯(Alton Barnes)就在那个位置。这个地区离索尔兹伯里平原(Salisbury Plain）军事基地并不远，他们在这里培养直升飞机飞行员。飞行员将麦田怪圈作为有用标记，用于飞行盘旋与训练，所以它们并非往往是灾难的证据。那就是说……有证据证明，军事部门通常对此更有兴趣。

■有一年，我去看一个麦田怪圈。那里有2到3个摄影的三脚架，试图拍下这一构造，但是所有的摄像机都起了反作用。一架直升机在头顶飞行，有一些军事人员在上面拍我们。我认为这是一种讽刺性的接触……我们对怪圈感到很好奇，他们对好奇的人感到很好奇。

一些人相信，类似这些迹象可以证明，军队知道发生了什么事，或者它事实上为麦田怪圈的制造负责。然而，这仅仅是一种推测。我肯定，军队对此是感兴趣的，但那并不意味着，它的调查比其他人更深入，他们知道得更多。

■我假设有一种可能，他们和我们一样困惑，不知道如何处理它。毕竟他们关心“控制边缘地区”，对吧？

我认为，我们不得不小心，不要太偏执。也许，直升机飞行员正好在玩黑暗游戏，在人们身上获得诸多乐趣。当然，他们中的一些人并不负责飞到人们面前。也可能是这样一种情况，他们将进行自身的一些测试，但是我们并不确定。

人们还常常提到这样一种理论：军队事实上常常通过这些秘密技术制造麦田怪圈。这种可能性当然无法完全排除，但是同样地，也没有任何证据证明这种理论。军队为何会花几天时间公开制造这些麦田怪圈，然后再花几天时间清除怪圈？就像以往怪圈出现了又消失了，这个问题让我很困惑。为何不放弃在公共场所制造怪圈，转而在限定地点测试隐秘技术呢？似乎说不通，除非这里有双重诡计。这些争论尚无定论。

■一切皆有可能——在这一点上，我同意你的观点。就总体经历而言，这是最令人兴奋的部分之一，如果你能抛开偏执，接受一切可能。当然，观察这些还未揭秘的活动，你会发现，你能够用多种方式，多种时空交错的方式，探索那些未知之谜。

在近几年来的讲座和书里，我强调一点，即麦田怪圈中的神秘事物元素可能是最为重要的事物之一。因为这一现象无法提供现成的答案，它总是把我们丢在中间，丢在那些“未知之谜”之中，正如你所说的。

我们不得不依靠自己发现这个答案。

几年来，我一直对接触过的人进行观察。对我而言，在此过程中，这就是怪圈激发意识进化的方式——在质问中，在不断的探索中，找出这些事物的意义以及它们从何而来。最后，你恰巧不得不感受它，就像用你的大脑理解它一样。人们不会知道，内心的觉醒就在麦田怪圈产生的地方产生。

很可能，整个事情并不是为了展现给我们某条信息或者某种信息形式，后者正是有些人寻找的东西。也许，现象是用以纯粹地激起、谨慎地挑起矛盾和争端，因为那是进化产生的方式。

当然，如果我们在旁边发现了注释信息，告诉我们它们是从何而来、它们由谁造就以及如何制作的，将解开很多未解之谜。我们不知道，正是这类事情使我们如此兴奋。它创造了那种“包容性”，我们早前就是在它的基础上得出结论的。这意味着，没人能对一个解释要求额外的权力，说“它绝对是这样”或“它绝对是那样”。毫无办法。在这一连接处，绝没有什么必然。

就所有吸引人的推测和诸多有价值的实验来说，我们对麦田怪圈的理解仍然是一张白纸——而它的另一面却是美丽的：那些麦田圈的完美的几何学意义和梦幻般的构造。它们静静地出现，似乎要改变人们的生活。我认为这是关键点。

很多无法解释的现象并未持续很长时间。比如，不明飞行物来来去去，人们必须在一个合适的时间、合适的地点才能看到它们。鬼魂也是因为这样才备受尊敬。但是在麦田怪圈的问题上，它们确实就在那儿，有时它们能保留一段较长的时间。你可以拉着人们来看，跟他们说：“来看看这个。”

他们可以接触这些构造，可以闻到它们，并在它们周围走走，也可以进入这些构造的内部。在神秘事物领域，这是非同寻常的。

■我见到过的最有影响力的怪圈之一是 2007 年的糖山（Sugar Hill）

怪圈，它是世界上唯一一个只持续了一两天的怪圈，我听说，庄稼已经被收割了。你到过那里吗？

我去看过糖山怪圈，但是错过了它的繁盛时期。整个早上，它都在那儿，但是当我们赶到的时候，它正被收割。在这些构成怪圈的麦子被收割之后，只要收割机的刀片没有放到很低，并且没有将所有散落在地上的麦穗捡起来，你的确还能看到很多残留下来的图形。

一些怪圈图案是非常大的，糖山怪圈就是这样的例子。它的直径有几百英尺，外面有 36 个三角形，在其内部还有 36 个小三角形。在这些小三角形内部，有很多立方体的光学幻影，还带有三维特质。

虽然出现的图案越来越复杂，但很多公众仍然认为，麦田怪圈就是普通的圆圈。他们不知道这些东西正不断涌现。怪圈应该有一个更好的名字，真的，但是“麦田怪圈”已经成为了主流名字。

无论你从哪种角度看待这类现象，都需要带一些敬畏，而事实上怪圈很少受到尊重——特别是媒体鲜少尊重这一现象，至今仍然嘲弄它们。然而，有时，你只有看到一些怪圈，才能意识到一些特别的事情正在继续发生。如果有人试图在一张纸上画出这些图案，很快就会清楚，在一块地上精确而持续地展示它们需要何种特别的能力。然而，怪圈都是大量地、有规律地出现，有时是在很短的时间内出现。

如果呈现这些图案需要很长的时间，我们不得不考虑它们出现的条件。显然，这些图案无法和实践情况联系起来；然而，我们原本也会发现一些“试用实验”……但是我们没有。无论我们在麦田中研究什么，这些工作都会使这些天才作品获得正确解释——先尝试下吧！在麦田里，错误是不容易去除的；一旦麦田变平，它就平了，很难再让它竖起来。

几年来，我们见过的几千个构造，很多都是非常精确的作品。如果它们是人造的，正像很多媒体坚持认为的那样，那么我们一定会找出比我们想象的多得多的错误。

■你能谈谈 2001 年奇尔波顿（Chilbolton）天文台附近的麦田怪圈吗？

非常新颖，前所未见。麦秆不是简单地被压倒了，而是形成了某种信息板。

奇尔波顿天文台专于大气和天气研究。接下来的几天出现了两个图形。

其中一个图形是对某个著名图案进行特别调整后的版本，“搜寻地外文明项目”曾于1974年将后者发射到太空中去。我们的版本描绘了地球人类的生活，而“麦田回应版”描绘的似乎是另一种情形。伴随而来的另一个构造则是一张脸。这张脸是由圆点（或像素点）组成的，而这些圆点或像素点由麦墩构成。

地球上的人一点也不清楚它是什么——只有高空镜头显示那是一张脸。你只有遥遥地看着它，才能真正把它辨别出来——只有在那时，一张类似人的三维面貌才能展现出来。显然，这曾引起不少深层次的猜测。它是外星人的脸吗？还是所谓的火星脸？还有人说，它使人想起了都灵裹尸布（Turin Shroud）——耶稣（Christ）的脸。还有一些人说它像托尼·布莱尔（Tony Blair）。最近，有人说她很像贝拉克·奥巴马（Barack Obama）。你也有你的看法。

第二年，我们获得了不止一个构造，它们似乎与奇尔波顿事件有着同一个主题。

■那就是外星人－圆盘构造，于2002年8月出现。直到恶作剧的说法消失，人们更倾向于认为它是一个创造得相当复杂的图像符号！

这个图形出现在汉普郡（Winchester）的温彻斯特（Hampshire）郊外，看起来像一个典型的天外来客，手握一个二进制数据的圆盘。它非常特别。我们看到的并非是以圆点或像素点呈现出来的外星生命，它由横向的线条构成，有的宽，有的细，逐渐形成这个图案。它引起了不小的争论，然而从它的结构来看，是一件天才的作品。

这张圆盘中藏有加密信息——一条唯一来自麦田构造的信息。这张满是点和横划的圆盘，其实是二进制密码，且可以运用大家所知道的“ASCII系统”来解读。“ASCII”可用于在电脑上生成文本。

这个圆盘上的内容被破译出来，它是一则警告，尽管也充满了希望之词。这一消息是（确切如下）：

警惕假象的制造者以及被打破的承诺，痛苦还将持续一段时间。但要相信，外面的世界是美好的，我们反对欺骗，通道正在关闭。鸣谢。

在解码过程中，一丁点电脑的警告声最终也是有其含义的。这条信息显然引起了巨大的争论。由于它明显是一则警告，那么“他们”警告我们什么内容或者警告谁呢？它是在警告与图像本身相似的生物吗？抑或是关于他们自己的警告？很多人认为，它甚至是对我们政府的警告，而那些暗中的幕后统治者们相信有很多警告存在。总之，这是我们见到过的最有争议且最令人吃惊的构造之一。

■是的，因为无论你是否注意到报信者指的到底是谁，你都会忍不住问自己：“这些精确的二进制密码是如何在麦田中出现的？”

由于它是螺旋形的，我花了20分钟到25分钟的时间才从圆盘中心走到其外部。很多人认为，它只不过是一些同心环形物，而事实上，它是螺旋形的——就像一个乙烯基唱片集。就尺寸而言，它非常特别。正如你所说，横划很精确地排列着，否则解码会遭到重重困难。在我看来，“认为”这个词在无意中遭到了损坏，词义解释得很不清楚，然而大多数人却“认为”就是这样的。

在我们处理的麦田怪圈中，这个怪圈相当复杂。迄今为止，已经数年，还未有任何人解释清楚或者做出论断。它仍然是一个重要的谜团。

■真相和人们所谓的“怪圈制造者”相关——他们不承认这些怪圈，你注意到了吗？

显然，他们认为，如果正面承认这些怪圈，那么肯定会遭到迫害——而不承认就将他们置于较为舒适的位置，再也不必澄清针对他们的冷嘲热讽了。而事实上，他们只是暗地讽刺构造的来源，因此人们从未弄清楚过这些图案的来源，因为支持人类制作的证据并不比支持异常解释的证据多。那天结束时，那些为电视节目而制作的图案很快揭示出人类怪圈制造者的局限性，他们的作品花了好几个小时，这么长的时间意味着麦田怪圈的重要意义无法以这种方式解释。没有人能够否认人造构造的存在，将所有的统计上、几何学上以及生物学上的证据放在一起（更不用提看到麦田怪圈成型的目击者的叙述了），人们就会恍然大悟：一种现象出现了，而人类却无法全面地解释它。

■关于那些打算制造构造的人，我确信有这样一些人，甚至还有一些人看到这一辉煌、奇迹和经历的再现！他们使用神圣的形式，通过几何体互相交流。他们很可能还未意识到，自身的这些行动并不只是揭露这一经历的尝试。他们以某种方式对将要发生的奇迹做出了回应。

从某些例子来看，这大概是真的，但同时我也认为，存在一定程度的恶作剧，虽然那个恶作剧可能并非是有意而为之。当然，一些声称制造了构造的人们，这些年来与麦田怪圈研究者的交往非常不愉快。就我而言，对于他们此番做法是出于精神方面的目的，我不敢苟同。尽管如此，有人认为，任何出现的麦田怪圈构造都将会成为一个大众谜团。麦田怪圈使人们注意这样一个事实：麦田中正发生一些有趣的事情。

■考虑到构造本身的质量或者携带的银河信息，你认为还有其他显得较为突出的构造吗？

我仍然相信，一些天文学图案是最为吸引人也可能是最为重要的构造。例如，1994 年，3 个银河形状的麦田符号显示鲸鱼座各个行星的结合——它很有可能在 2000 年 4 月 6 号出现。当那个晚上最终来临时，非比寻常的、巨大的太阳耀斑爆发，极光出现在它们一般不会出现的区域。这并非孤例。大量其他天文学图案揭示了某个日期与时间，指向一些不同寻常、不可预知的天文现象。这暗示着，我们正与一种有具有预知力的能量打交道。

隐藏在构造中的日期只是一个“巧合”，而这种几率真是高得惊人。

很多人认为，麦田怪圈正试图将我们的注意力集中在一个事实上——有一些大事件将要发生在我们的太阳系中。特别是近年来，我们的太阳已经表现得相当不规律，打破了太阳耀斑尺寸的记录，而太阳黑子周期似乎也不太正常。NASA 预测，根据 11 年一次的太阳活动周期，下一次高峰大概发生在 2012 年到 2013 年之间的某个时间。这次太阳活动，可能是我们知道的未来几个世纪最为活跃的太阳黑子活动了。

这将各种预言联系在一起，包括古代的和现代的。一切迹象指出，2012 年貌似是伟大的转变点。有人相信，麦田怪圈之间存在着密切联系，呼吁我们注意 2012 年。很多人认为，觉醒即将发生。毫无疑问，古代历法与 2012 周期已经包含于几个不同的麦田怪圈。

2008 年，埃夫伯里庄园（Avebury Manor）出现了一个奇特的麦田怪圈。这个麦田圈图案展示的是太阳系，包括中间的太阳和九大行星。专家研究发现，该麦田圈所示九大行星位置与 2012 年 12 月 21 日（冬至）我们宇宙中太阳系行星位置图完全吻合。也就是说，这个麦田圈提示的信息指明了一个具体时间，即 2012 年 12 月 21 日。这一天就是玛雅日历的结束和开端。在整个图案中，似乎只有冥王星处于一个很意外的位置，这引起不少争论。

麦田怪圈是转变的传达者，引起人们对我们这个世界和人类新时代的关注。这种观点目前非常流行……一些象征主义者似乎也支持这种说法。当然，正如我们之前所说，我们对于构造及其内在神秘性的回应已经为很多人打开了一条观察世界的全新途径，这也许是即将到来的 2012 年意识进化自我应验预言的一小部分。

如果这一现象所做的一切就是为了激发人们对于更高尚事物的追求，为了将神秘和奇迹带入他们的生活，那么，无论未来带给我们什么，其本身就是最主要的成就。

****

安迪·托马斯的作品：《神秘领域：苏塞克斯郡的麦田怪圈现象》（*Fields of Mystery: The Crop Circle Phenomenon in Sussex*）、《探

索接触：麦田怪圈、灵媒和不明飞行物的真实故事》，《重要迹象：麦田怪圈之谜完整指导手册》、《久经曲折的收获：来自麦田怪圈前线的报道》（*Swirled Harvest: Views from the Crop Circle Frontline*）、《思想的统一：集体冥想的力量和我们时代的灵异象限》（*A Oneness of Mind: The Power of Collective Thought and Signs of Our Times*）、《麦田怪圈介绍》（*An Introduction to Crop Circles*）、《真相议程：理解不解之谜、全球谎言以及 2012 预言》。

欲知安迪·托马斯的更多信息，点击网址：

www.vitalsignspublishing.co.uk；

www.swirle.dnews.com；

www.changingtimes.org.uk。

想了解格拉斯通伯里年会的信息，请登录 www.glastonburysymposium.co.uk。

第八章
精神大脑——与马里奥·博雷加德对话

◆◆◆马里奥·博雷加德博士◆◆◆
◆◆◆Dr. Mario Beauregard◆◆◆

马里奥·博雷加德博士曾在蒙特利尔大学（University of Montreal）做神秘体验的神经生物学实验，他的开创性工作获得了国际媒体的赞扬。在成为一名教职人员之前，他在得克萨斯州立大学（University of Texas）和麦吉尔大学蒙特利尔神经病学医院（Montreal Neurological Institute，McGill University）做博士后研究。由于他在意识–神经系统科学方面的研究，他被世界媒体网（World Media Net）选为“21世纪100位先驱者”之一。

****

■博雷加德博士，体验到科学与直觉的融合常常让我非常兴奋，你已经做出了显著的努力，帮助我们理解如何使它们并存而不是相互抵触。通过你的研究以及你个人的看法，它们已经融合在一起。在对话的开始，我想请你简要介绍一下你的书《精神大脑：一个神经系统科学家的灵魂存在

案例》（*The Spiritual Brain, A Neuroscientist's Case for the Existence of the Soul*，与丹尼斯·奥利威[Denyse O' Leary]合著）。下面我们将阐释这一卓越的主题：人类的思想和大脑。

在神经系统科学领域，主流思想认为，意识和精神完全可以用大脑的电子和化学过程来解释——一种非常唯物和“简化主义”的观点。我决定挑战这种观点，因为有几条证据显示那是不正确的。我在对加尔默罗会（Carmelite）修女的研究中发现了各种证据，但我也决定展示其他证据。

在目前所做的各种工作中，我们运用了神经成像技术，类似于“功能性磁成像技术”（扫描机的形式），它让我们看到在所有的实验中，大脑的哪一部分是活跃的。

■那不是像电子计算机X线断层扫描一样吗？

是的。我们正在测量大脑血液循环中氧气消耗量的变化，这一现象与神经细胞中的电子活动有关。我们可以利用所有的神经成像技术来检测所谓的“相关事物”。在整个测试期间，它们只是对大脑活动的生物物理测量。它可以是一个情绪测试，也可以是一个精神陈述或体验。

■你做哪种测试？当你作为实验对象进行“情绪”或者“精神陈述”测验时，你会激起某种想法或者情绪吗？

哦，是的。比如，我们研究情绪时，可以使用饱含情感的静态图片，但也可以利用电影片段诱导出一种特殊的情绪反应。在直觉和精神体验中，我们要求修女进入沉思或祈祷的状态，因为我们很想看到在这种神秘状态下，大脑将出现什么变化——与上帝合二为一的状态（来自加尔默罗会修女的术语）。

加尔默罗会是罗马天主教修会（Roman Catholic）的一个分支，它以神秘主义为向导，特别尊崇16世纪的圣女大德兰（Saint Teresa of

Ávila）和圣十字若望（Saint John of the Cross）。因此，我们做了那样的实验尝试，且颇有成效：我们已经能够测量出这一状态下大脑的各种有趣的变化。

我们曾考证一种特殊的假设，即大脑中的“上帝点”（God spot）。大约 30 年前，一些神经学家宣称，癫痫发作于我们所说的大脑的“颞叶”部分，患者有时会报告有“精神体验”。这些精神学家最终认为，颞叶是“上帝点”或者是“上帝单元”。然而，事实上，这种看法建立在对这一现象的唯物解释之上。实际上，他们正在试图把直觉体验归结为仅仅是因为大脑这部分的神经元停止了活动。

■你提到癫痫症，这很有趣，因为在很多古代文明和土著部落中，患有癫痫症的人通常被认为是真正的“先知”。

确实如此，因为在癫痫发作时，大脑似乎有一种化学及电子变化，这种变化允许主体进入现实的另一种模式。在我们的案例中，我们看到颞叶区域被激活。的确，就在颞叶区域。在这种状态下，也有很多其他大脑区域被激活，特别是通常与情绪和自我意识相关的大脑区域。因为在神秘体验的过程中，体验者也会出现显著的自我意识的变化。

在我称为“相关事物”的这类研究中，并没有涉及任何因果关系。换句话来说，我们不知道我们测量的活动是否确实是外部现实与我们的实验主体互动的结果，或者是否仅仅是他们想象力的一个产物。为了能够解决这个问题，我们必须转向“濒死经历”（“near-death” experience）。这是一种非常有趣的神经系统领域的典型案例，由心脏停搏导致的濒死案例尤其引人注目。

在心脏停搏的案例中，在 10 分钟到 15 分钟的短时间内，大脑会停止活动，因为不再有血液循环了。这非常有趣，因为在某些手术过程中，外科医生其实会引导心脏停搏，为了在大脑底部所谓“脑干”区域去除巨大的动脉瘤。脑干控制了所有至关重要的功能，比如心律和呼吸。

■隐藏在引导心脏停搏后面的原因是什么呢？我想，这是外科手术中

所做的一个极其危险的决定。

为了减轻血液系统的压力，医生可以实施心脏停搏。这一举措将使所有的血液从头部流失，体温降至约 58 华氏度（14.4 摄氏度）。基本上，在一定时期内，你将病人置于临床死亡状态了。正常来说，这一过程大概有 15 分钟到 60 分钟；在这一期间，该病人在临床上表现为死亡状态，大脑也停止运作。在这些案例中，比起未引导心脏停搏的外科手术，采用了这一举措的手术的成功可能性更大。

大约 15 年前，有一个名叫帕姆·雷诺兹（Pam Reynolds）的女人一直患有动脉瘤，就在大脑底部。她的生命受到威胁，因为动脉瘤随时可能“爆炸”。她听说亚利桑那的凤凰城（Phoenix，Arizona）有一个名叫罗伯特·斯拜兹勒（Robert Spetzler）的神经外科医生。大约 30 年前，斯拜兹勒博士设计了这个所谓的“脑干手术”。在这个手术过程中，心脏停搏，血液也从头部流失。

在帕姆·雷诺兹的案例中，她处于医学上所说的“脑死亡”状态长达 60 分钟，那真是一段相当长的时间。令人着迷的是，当她临床死亡、大脑不再运作之时，她有这样的印象：在手术中，她离开自己的肉体，在空中浮动着。她能够精确地描绘出一些这次手术中使用的仪器，能够准确地报告神经外科医生、心脏病学家和在场护士之间的对话。

此外，在这次经历中，她感觉到自己沿着隧道高速浮动，在隧道终点，她遇到了死去的亲人和朋友。在她此次经历的最后阶段，她遇到了一个闪闪发光的美丽生物，她的生命因为这段经历完全改变。这是我们所了解的首个案例。在该案例中，我们确信那里没有实质的大脑活动，而人却有知觉、意识和情绪。现在，我们有了另一个案例。这个案例直接挑战了神经系统科学中的主流观点，后者认为思想、意识和精神是大脑活动中电子和化学过程的副产品。

■事实上，很多人正在述说着这些类似的经历。我母亲在接受外科手术时，他们切割了她的一根动脉。在紧急心脏手术中，他们必须给她剖腹，从喉咙一直切到她的肚脐。

当我从意大利赶回来看她时，她还处于重症监护中，她告诉我自己听到他们说："这个人快死了……我们来拉这个塞子。"当他们正准备拔众所周知的她的生命之塞时，她从心里发出尖叫："不，不，不，我还活着，我在这里，不要放弃我！"

医生理解这一知觉状态是如此重要……很多人无谓地死亡，正是因为医生认为他们已经"去世"。我这里有一些第一手资料，或者至少是通过我母亲的令人惊骇的经历间接获得的。

这些经历非常相似，因为目前的抢救技术比起30年前或50年前好得多。那里有几百万个案例，然而就神经科学研究而言，心脏停搏范例是非常有趣的。这是因为，正如我以前说的那样，心脏停搏后，只要10到15分钟的时间，大脑就会停止工作。主流神经系统科学家认为，如果没有大脑活动，那就不可能有任何意识或大脑进程。而我们有这个证据。因此，对我们研究者来说，这是非常有力的。

■是的，我认为，我们正在讨论实体大脑和思想之间的差异。

是的。大脑似乎像处于另一层面上的思想和意识的传感器那样活动。

■因此，你能明确阐述一下思想和大脑的差异吗？

好的。对思想来说，大脑似乎像一种接口。就健康之人的表现和经历而言，思想受制于大脑。比如说，如果大脑的某一部分受到损伤，那么意识经验和思想进程将会改变。你就会变得像患了老年痴呆和各种类似于帕金森症（Parkinson）的病症一样。之后，你的神经细胞会受到极大损伤。神经细胞受损后，会显著地影响患者的感知、认知和情绪。

但是，在我看来，仅仅是思维和大脑之间的这种关系发生了变动。假如你正在摆弄电视的电子器件，如果你拿走电视的一些零部件，就会阻碍电视接收信号，但实际上电视台还一直在发送节目信号，仅仅是接收环节出现了问题。我想我们可以用这个比喻来解释思维和大脑的关系。

■在这本书中，你多次谈到上帝基因（God gene）。我十分想谈谈这个话题。我知道在这次简短的谈话中，难以谈论清楚这个概念，但你能否说说你对它的理解呢？

我长话短说吧。几年前，美国国立卫生研究院（National Institutes of Health in the United States）有一位名叫迪安·哈默（Dean Hamer）的分子遗传学家，他写了一本名为《上帝基因》（*The God Gene*）的书。这本书介绍了他在过去十几年所做的一系列研究工作。实际上，他发现了体内特殊基因和某种特征之间的关系，用专业术语来说，就是相关性。这是通过一套用于探索灵性各方面信息的标准得出的。因此，要用这一套标准测量实验对象的诸多方面，比如自我超越和意识与环境之间的互联。他发现了一种特殊基因和其如何在大脑中编译各类化学信使之间的统计关系。

我们称这些信息载体为“一元胺”；它们属于5-羟色胺（血清素）。5-羟色胺是一种与情绪调节有关的化学信使，但它也与精神体验和灵性有关。当然，还有与激励和动机有关的多巴胺，和另一种与觉醒和压力有关的被称为“降肾上腺素”的载体。这些化学信使与我前面说过的衡量标准（衡量与灵性有关的各个方面）的组件相关。后者是由圣路易斯华盛顿大学（Washington University, St. Louis）的精神病学家罗伯特·克朗宁格（Robert Cloninger）发明的。

现在的问题是，被质疑的基因仅仅与化学信使有关，而信使涉及到除了灵性外的所有功能。这个问题恰好是简约论的解释。我们知道，对于每种行为功能，无论是一种情感还是一种状态（例如，记忆感知），它不仅仅是有选择性地涉及到一种基因，而是囊括了数以千计的基因以及这些基因间的相互作用。迪安·哈默因为过于简单地对待直觉和大脑的问题而受到指责。在他出书的几年后，他为他或许过于激进的主张公开道歉。当然，他接受了某些针对他的批评，成千上万的基因都有可能涉及我们所说的“灵性”和“精神经历”。

那是我们在《精神大脑》中采用的观点。

■这是否包括一些垃圾 DNA 呢？

不包括，他明确指出了一些选择性的基因，但这并不涉及垃圾 DNA。事实上，我们也应该考虑垃圾 DNA。

■因为它们并不是垃圾，只是我们不知道它们的作用，对吗？

是的，非常正确，因此我们也必须将其与所谓的“灵性”一同考虑。

■随着人类基因密码的秘密逐步揭示，我们渐渐意识到：我们有能力解码所有所谓的垃圾 DNA，并且能够一点点地了解它们的作用。我觉得这十分令人振奋。我们知道在我们体内没有什么是多余的，所以这个词根本没有任何意义。

我同意。

■能跟我们讲讲你关于加尔默罗会修女的实验及实验收获吗？

好的，正如我之前说过的，我们正在测试一种被称为“上帝单元”或“上帝点”的假说和颞叶。我们想知道这个区域是不是与神秘经历有关的唯一区域。我们采用核磁共振成像技术和脑电波监视器对大脑进行检测。实验结果显示，颞叶的确与神秘体验有关，但不是唯一的相关区域。它涉及大脑的数个部分，通常与多个方面存在联系，如自我意识或者自我认知这种积极的情绪。因为在神秘体验中，出现了积极情绪。

也有个被称作“顶叶皮质”的大脑区域与神秘体验有关，这个区域与所谓的“身体表征”有关。这种表征产生在与身体空间位置相对应的大脑层面。在深度冥想阶段，这种表征发生了变化，当然这片大脑区域——顶叶皮质——的活动也发生了变化。所以，我们能够看到它发生了明显的改变。

几年前，宾夕法尼亚大学的安德鲁·纽伯格（Andrew Newberg）研究了有禅定经历的人，发现了实验对象顶叶皮质新陈代谢活动的明显变化。有趣的是，当闭着眼睛的修女们处于所谓的神秘状态时，能够看到许多精神影像。当她们闭眼时，我们也看到了她们脑后的视觉区域非常活跃。这些经历相当复杂，涉及大脑的多个区域。

除了这些发现之外，我想补充一些通过脑电波监视器得知的重大发现。即我们同时发现了脑电波监视器屏幕上的显著变化：脑电活动。就脑电波而言，大脑活动明显减缓。加尔默罗会修女的大脑处于神秘状态期间，我们看到许多慢波，例如 θ 波和 δ 波。有趣的是，在佛教徒的研究中，我们也在脑电波监视器上看到了 θ 波。δ 波通常会在深度睡眠或者一些昏迷状态中出现，但是在加尔默罗会修女完全清醒时，δ 波却十分普遍。

综合这些发现，我们明白一个事实：为了进入另一个真实世界，一种精神世界，你需要诱发电子和化学转移（在脑功能方面），这种转移是相对于我们清醒时的正常状态而言的。换句话说，为了进入另一个空间，你需要改变你的意识状态，至少需要轻微的改变。

■那么，你的意思是人在体验神秘经历时，大脑会有一种电磁方面的变化？

不错，确实如此。但是这些事情发生得相当快，并且毫无征兆：有时要通过祈祷、默祷或者冥想来获得；有时可能是突然间就进入了这种神秘状态。看起来很难界定究竟哪些因素是诱因，但是在那一时刻，大脑活动的确有了明显的变化。书出版后，我接到来自世界各地有过这种经历者的信件。写信人反映，这些经历的发生似乎没有任何特殊原因。然而，从神经活动角度讲，我们确信，经历这些事情的人的大脑里肯定有东西发生了变化。

■你肯定听过很多类似的故事。故事讲的是，一些人在经历意外事故后，他们的生活完全发生了改变。很多人立即拥有千里眼。在我们讲到电磁场时，我就想到了这个令人好奇的事。一些人被闪电击中后，具有了超自然能力，就是我说的“开天眼”。

你相信顺风耳和千里眼存在吗？

我们探讨过这些所谓的“通灵现象”。到现在为止，这个主题已经被研究了将近一个世纪。在统计学上，这种现象的证据数不胜数，但却不符合科学界的传统主流思想。有几位科学家，特别是神经系统学家，抵制这些证据。

如果你相信被称作“思维”“意识”和“精神”的东西仅仅是大脑电子和化学活动的副产物的话，当然，你就不会与物理身体之外的任何事物产生关联。你不能接受信息，也不能发送信息，因此，你完全被禁锢于你的身体和大脑中。然而，证据却完全驳斥了这一说法。这就是为什么神经系统学家对此问题感到非常棘手，因为他们根本没有任何好的解释。

■这就是我们为你打破传统禁锢而高兴的原因。我非常肯定，在科学界、医学界以及学术界，你需要非凡勇气，才能用这一颇有争议的方法，去完成这个非常有深度的课题。

其实并非如此，我并不勇敢，这是因为我从小起就经历了这些事情。在我8岁时，这些经历就开始了，而今我已然45岁了。在一生中，我经历了一系列精神和灵魂体验。这些体验清楚地告诉我，某些主流观点是完全错误的，我们需要新的科学典范，尤其是对神经系统科学领域来说。如果你能仔细且客观地审视它，就会发现，证据不只是来自我的个人经历，也来自能够查阅到的文献。

■那么，在你小时候以及整个一生中，你经历了什么样的心理体验？

我已经经历了所有的体验，例如千里眼和心灵感应。我的母亲能够通灵，具有很强的直觉性，因此我有幸体验过这些经历。

■你体验那些经历后，能够用第一手信息和经验纠正科学界的谬误，这是非常了不起的事情。我很高兴看到，科学与精神正靠得越来越近，很

快就会打破彼此间的壁垒。

看看历史上那些伟大的科学家，他们中的大多数人都是一些非常注重精神的人，例如牛顿、笛卡尔和伽利略（Galileo），甚至包括阿尔伯特·爱因斯坦。

■当然，因为他们已经获得了灵感，而灵感就是精神，不是吗？

确切地说，是的。

■我有许多来访者，他们谈到诸多关于致幻剂或者禁药的实验，当然也有在巫师和致幻剂作用下的精神旅行。你能从专业角度告诉我们，当一个人服用这些致幻剂后，大脑中究竟发生了什么吗？在你看来，这些旅行，姑且先叫它们“旅行”，所产生的幻象究竟是什么？

我们所有的发现，同时包括以大脑灵性为研究对象的其他研究小组和研究团队的成果表明，大脑的重要性似乎下降了。这不是一个新概念，早在100年前美国心理学之父威廉·詹姆斯（William James）和法国哲学家亨利·柏格森（Henri Bergson）就提出了这一概念……之后著名的作家阿尔多·赛西雷（Aldo Sacslei）也曾提起过。

通常的观点是，大脑非常迅速地运转。以脑电波活动为例，就电子活动而言，它会产生很多β波或者快波。由于我们的注意力被吸引到外部环境上，这就意味着一切来自内部的东西都是非常有内涵的、非常深刻的，在无知觉水平上和超意识水平上处理的信息都不能立即被接收。我们并没有接触到它，因为注意力的焦点是外向的。

我认为，就你的本质而言，就精神而言，为了获得隐藏的或者来自内心深处的信息，你需要电子和化学活动上的巨变。

如果你谈论大脑的脑电活动，有可能脑电活动会减缓，你就需要慢波，例如很多θ波甚至是δ波——这些我之前谈论过的波。如果你做到这点，那么你就能与那些隐藏的维度获得更多的接触，例如我们称之为“精神”

或“精神世界”的。

■你认为人类能通过服用麦角酸二乙基酰胺，产生幻觉体验，与其他维度建立联系吗？

当然能，如果你拿那些药物的例子来说，比如“5-羟色胺”。我们之前讨论过这些化学信使，血液中的5-羟色胺与灵性和精神体验有关。当你服下这些药物时，就知觉力而言，你会发生某种改变，因此会出现失真状态。那就是我们要谈论致幻的原因，但它并非是唯一的诱因。

其中最重要的是精神成分，因为在这些例子中，大脑实际上不再以递减价值来运行。在神秘体验中，个体通向其他领域也是可能的。通常，在那些条件下，还未忘却的体验对个体来说非常重要，可以对其产生非常长远的影响。我认为，这正是发生在萨满祭司身上的事情。

■你曾在那些受到这些化学物质影响的人身上做过实验吗？

没有，因为这是不允许的，因此这类研究也是不可能的。自从20世纪70年代以来，我们获得做这项工作的许可的可能性很小，因为在蒂莫西·李尔利（Timothy Leary）之后，美国政府决定，不准进行任何这类研究。

■或许，由于他们自己正在做此类研究？

是的，有这种可能。实际上，我已经利用一些化合物完成了一些体验，一些人称这些化合物为“灵魂显现剂”而不是迷幻剂，因为当你使用“灵魂显现剂”时，重点放在了精神维度上，而不是我谈论的知觉转变。

我自己亲自检测了一些化合物，因为之前在不服用它们的情况下我也有很多非常强烈的精神体验。我能做出比较。我意识到，这些体验的本质是非常相似的。早在20世纪60年代和70年代初，就已有人研究过这一课题。这个人就是神学历史学家休斯敦·史密斯（Huston Smith），他写了数本书，全都与长青哲学以及全球所有伟大精神传统的共同之处有关。

1962 年，休斯敦·史密斯还是哈佛大学（Harvard）神学院的一位学生，参与了著名的“完美星期五实验”（Good Friday Experiment）。领头的科学家是沃尔特·帕恩克（Walter Pahnke），此人正研究致幻药蘑菇的迷幻效果。他们对对照组和实验组进行了对比。休斯敦·史密斯是实验组成员，在实验期间，他有非常强烈的精神体验。如今，他已经 80 多岁了。这一特殊经历的影响延续了五十多年。

因此，假如你认为它不是真的，那是因为你使用了化学手段诱导知觉状态的改变，自然，这一主观体验不是那么真切。

■对照组的人仍然受到药物影响吗？

不，一点都没有。对照组受到的影响并非是长期的，通常，几个月后就毫无影响了。人们需要知道，比如，当通过祈祷、冥想或沉思手段来引导一个体验时，你会自动根据大脑活动进行一些改变。

■我想，人们很想听一听那段经历，你能具体说说吗？

你可以做各种事情。任何事情，比如，你可以非常有规律地呼吸，再如，在转生中所做的事情……抑或，如果以通常的方式祈祷，就能改变自己的大脑。最近的一些神经系统科学研究显示，如果定期地冥想，你甚至能够改变大脑的结构。因此，当然，当你做这些活动时，你会改变一切：根据自己的大脑结构，改变那些电子及化学活动。

■它就像为大脑而做的锻炼。大脑健身馆！

确切地说，是的。

■好吧，现在有一个问题想请教你。我们听到越来越多的人说，接受器官移植手术的人开始表现得非常奇怪，展现出他们接受的原器官主人身上的一些个性特点。最近有则新闻：一个妇女在接受器官移植手术之后自

杀了。我认为她的器官来自于一个自杀者。她得到了心脏，但却自杀了。越来越多的关于个性、饮食习惯等的故事都被记录在案。

我希望你从你的立场出发，谈论一下你如何看待这些通过意生身（mental body，也称为灵魂）进行的交流。让我们且称它为一颗心脏，因为我相信，思想存在于人体所有器官的每一个细胞，存在于所有的组织。

是的，那是最有可能的解释。我认为，当我们指“思想”时，应该把它看作一把信息的盾牌。在她自杀之前，捐赠人的记忆可以影响她体内的器官，这是有可能的。

■当然，由于人体创造性的本质，每一个细胞都有一个响应它的指令，它拥有自身应该做什么的知识。

确实如此，因此我们在实验室中完成了一系列大脑成像研究。该研究显示，只要带着非常特殊的目的来改变大脑的化学和电子活动，改变就会发生——只要有意图、意志和欲望。神经元——大脑中的神经细胞将对这些意图、意志和情绪做出非常强烈的反应。可能它就类似于这类现象。

■对外行人来说，在“心灵控制物质”后，就可以意识到这一点。

是的，确实如此。

■目前，压力和混乱纷至沓来，很多人陷入恐惧和较低迷的思想和情绪震动之中。通过与你的对话，我感到这是多么的重要啊：无论从精神还是科学的角度，谨记自己的思想是如何直接影响我们认识世界的方式。

这些可能都是陈词滥调，但我认为，我们必须坚持不懈地倾听。因此，你是说，通过意图、冥想、意志和意愿的过程，我们其实可以为了更高层次的目的而改变大脑的整个结构？

是的，如果这样做，你甚至可以将自己的基因改编为特殊的基因。这种可能尚未获得证实，但我们预测这应该能够实现。未来几年，我敢肯定，我们将会证实这一点。

在你展示身体内发生的变化的同时，你也将获得外部的影响。这是由于附属研究中有越来越多的证据显示，人类拥有影响电子系统、生物系统、植物、动物以及其他人的精神能力。

我们可能都与某种统一场有关，这种场是宇宙的一个部分，或者包含了宇宙中的一切。

■由于正在经历这样一个分离时期，因此我们再次认识到了这一点。这个时期，是一个以逻辑和现实为主导的时代，我们称之为“理性时代”，尽管理由似乎并不十分站得住脚。在通往我们存在的过程中，有很多分离。我们再次认识到一切都是如何联系在一起的。你同意这一点吗？

是的，完全同意。

■我们必须很快认识到这一点。你认为，最为重要的信息之一来自你的工作吗？

12 年前，我开始成为神经系统科学领域的一个独立研究者，因为那时我已经完成了一系列大脑造影研究。如果你将这些研究放在一起，它们会证明，人类并不是完全由自身的神经或者基因控制的生物机器。相反，就像你之前所说的，对于我们的所思所想以及自身的感觉和情绪，我们必须十分小心，因为它们有能力完全改变你的大脑活动及功能。从生理学上来说，这些都与大脑紧密联系。它们也可能影响到其他人以及生活在地球上的一切。换句话来说，人类拥有巨大的力量，但从来没有意识到这一点。因此，这就是结论。

■我同意你的观点。在我的整个工作中，这是最重要的信息。我尽最大的努力帮助人们理解：他们是如何创造自己的现实，现实是自己释放到外部的一个反映。我与佛教教义产生了共鸣，后者会告诉你应该履行的责

任以及信任你创造的一切。这能帮助我们真正了解你是如何运用思想的。

是的，因为思想就是能量，所以我们必须牢牢谨记这一点。我们比自己想象的要强大得多。

■确实如此。我们需要你的研究，更多的研究，以帮助那些怀疑者弄明白那些他们称之为“黑和白”的东西是如何工作的。我们需要帮助怀疑者抛开怀疑，让他们明白我们正努力为人类带来光明。当然，在你的研究中，你其实能够在自己的实验中记录下神秘精神体验的模式，且可以与日常的大脑活动过程作对比。你的研究让人们意识到了精神体验或者“神秘”体验发生时大脑的差异和改变。

我肯定，未来10年，它会实现的。

■下一个话题：我认为，我们很快会迎来一个革命性的时刻。我相信，我们将与外星智慧生物接触。我认为，我们已经有了这样的接触。我想，我们将会看到全球范围内的改变，那将成为人类的一个重要触发器。

你已经获得来自全球麦田怪圈的相关证据。

■是的，麦田怪圈。博士，你曾去过其中一个怪圈，对吗？

不，我从未去过，但是我们必须记住，从进化论的观点来看，人类仍然非常年轻。我们就像是幼儿园里的小朋友，来自其他维度的宇宙的很多生物会帮助我们。我之所以这么说，是以自身的经历为依据的。

■明年10月，我会来蒙特利尔。那时可以来见见你吗？

当然可以。

■我很荣幸。我知道，这是一次非常完美的相逢，因为你的个人经历以及令人惊叹的学术和科学知识。很感谢你带来的一切。你的《精神大脑：一个神经系统科学家的灵魂存在案例》一书，精彩绝伦，引人入胜。

书末提出了一个问题："上帝创造了大脑还是大脑创造了上帝？"

马里奥博士，你的答案呢？

这要看你站在哪个角度看问题。人们创造了上帝的概念，几千年来一直不停地创造着——查阅全球伟大的精神传统著作，你会看到一些差异。但同时，我相信，被创造出来的一切——一切在现实上组织起来的东西，需要一个聪明的设计者。

例如，越来越多的来自宇宙学和物理学的证据显示，即使最细微的改变（根据物理学常数）也不会导致地球和我们目前拥有的物质宇宙一起终结。因此，在宇宙的起源问题上，你需要一个智慧的来源，这点非常清楚。

我的回答是"是的"。如果你想，你可以使用"上帝"的概念，但是上帝创造了一切物质，包括大脑。

■上帝……伟大的数学家……伟大的建筑师，最优秀的创造者。无论我们使用什么术语，我内心深信，在看似随机和混乱的灵魂宇宙，有一个最精密的指令。

在我们这个大转变时代里，作为个人，作为社会，作为一种物质，这是非常重要的：记住我们是上帝的指令的创造者，要记住，尽管我们苦苦挣扎于幻觉……一切都会按照那些无法确定的、精密的上帝的指令发展。就伟大的智力创造而言，一切都是完美的。

★★★★★★★★★

本次对话讨论的这本书是《精神大脑：一个神经系统科学家的灵魂存在案例》，作者是马里奥·博雷加德和丹尼斯·奥利威。

第九章

吉萨金字塔超能装置——与克里斯托弗·邓恩对话

◆◆◆克里斯托弗·邓恩◆◆◆
◆◆◆Christopher Dunn◆◆◆

克里斯托弗·邓恩，一位有45年经验的工程师，著有以金字塔为主题的畅销书《吉萨超能装置：古埃及的先进技术》（*The Giza Power Plant: Technologies of Ancient Egypt*）。

他的金字塔之旅始于1977年，那时，他阅读了彼得·汤普金斯（Peter Tompkins）的《伟大金字塔的秘密》（*Secrets of the Great Pyramid*）一书。在分析了吉萨金字塔的图纸之后，他认为这座大厦是一台巨大的机器，其目的涉及了一系列逆向工程。

事实上，他花了24年的时间才发现这一点。

克里斯托弗·邓恩的大金字塔理论的一个重要依据是：古埃及花岗岩器具拥有高度的精确性。

克里斯托弗·邓恩相信，这些器具提供了史前文明存在的一些证据——它比我们想象的先进得多。

★★★★★★★★★

■我们这个时代的很多智者，正在回顾古代工程师、设计师、建筑师以及科学家的智慧。他们正探索，并试图理解：那些伟大的古迹是如何创造、为何建造的？那些古智者又是如何看待人类的未来的？

当然，伟大的吉萨金字塔是世界上现存的七大古代奇迹之一。一代又一代的探索者，坚持不懈地寻找、解决这些仍然盘旋在人类头顶、尚未解密的问题。至今，吉萨金字塔仍然傲视着历史和无数探索者。

克里斯托弗，我们从哪儿开始着手，来谈谈这些年来你对吉萨金字塔的深刻研究和调查？对于人类，也许就是对于星球本身来说，这些意味着什么？

当我看着大金字塔周围有这么大一个问号时，激发出解答它用途的灵感也就不是什么难事。但是后来，搜集支持这一原始理论的证据花了我数年时间。基本上，这是一项侦探工作，而不是完全依靠天赋。同行的同步性信息，以及我生命中来来往往的人，带来了很多不同的信息。当然，《吉萨超能装置》这本书的作者写的是我的名字，但是，没有其他人的热情帮助，这本书就不会问世。

■我们感谢你和其他对你的发现做出贡献的人，因为我认为，这实在是我们这个时代一项非常重要的工作。我确实认为这非常重要。我们马上就要揭露你书里的爆炸信息。在我们谈话的开始，你竟能如此大胆地反对传统埃及学研究者的解释，我为你的勇敢欢呼。

是的，说服传统埃及学研究学者并非是我的本意。我们的目的在于，实际上为人们，比如我，提供一些新的想法或者一种不一样的看待问题的方法。这些人恰巧是外行或者是有些技术经验的人。我希望，也许是工程师或技师，甚至没有任何工程背景的人也能通过阅读这本书，理解吉萨金字塔的用途，至少看看他们能够看到的、我得出的、关于大金字塔修筑目的的证据——如果他们不同意这本书的观点。

■然而你没发现吗？就吉萨金字塔而言，“看待问题的另一种方式”让你打开这扇门更加麻烦了——因此你还能够从事自己的研究吗？

问得好。正如你说的，可能会有一点“麻烦”，那也许是一个比较好的词汇，但是事实上，我采取的是一种自由放任的策略。当我去埃及的时候，携带了一些仪器，以进行某些研究。我发现，一些门对我关闭着，尽管我已经做了一些安排……那是不合理的。

比如，我发现，要想进入塞加拉（Saqqara）的萨拉皮雍（Serapeum），相当相当困难。1995年，我曾到过那儿。那时，我和葛瑞姆·汉卡克（Graham Hancock）、罗伯特·包维尔（Robert Bauval）正为荷兰电视台做一档纪录片。他们允许我们进入，我和他们一起去的……在那儿，我发现一些难以置信的东西。

多年来，我一直从事精密仪器制造工作，也是一位制造商。对我来说，发现这些用于制造巨大花岗岩棺椁的先进机械和技术，相当吃惊。古埃及人的制造能力已经引起我极大的兴趣，因而在一个对的地方和对的时间遇到对的人意义重大。

在我的网站上，我发了一些花岗岩棺椁内部情况的照片。我实际上正在用精密角尺和直尺做平面度和垂直度的比对测量。

这些棺椁都被切掉一块。我测量了内壁，它们的精湛工艺堪比现代金属面板的制造技术。它们制造得非常精确。我使用的测量器具，精确到了人类头发直径的1／20。那真是非常非常精确了……手指在这些棺椁的花岗岩表面滑过，我发现表壁没有任何变化。它非常完美。甚至用灯一照，我都没有看到任何裂口（甚至1／1001英寸的都没有）。

■我猜想，那是它能获得的最大的精确度。当然，它肯定否定了一些标准解释，比如埃及人如何挖掘石头的。

的确如此。它不只是平坦的，还是方方正正的，这一点令人惊奇，但也说明了他们高超的制造能力。在这些图片上，我展示了棺椁外部的一个直角（盖子的下部），在它的内部，你也会看到同样的直角。这说明，那两个面（棺椁的两面墙）建造得正好彼此平行，因为如果不是这样的话，这个情形将不会存在。

甚至以今天的标准来看，那也是一大难以置信的伟迹。我走访了几个花岗岩制造商以及研究紧缺花岗岩建筑的专家。只有一个人回头找过我，他说，他们无法重造这样一个棺椁，仅仅是因为没有建造它的设备。

■我发现了你的一项非常令人兴奋的工作。你不断强调一个事实，即在很多情况下，现代技术无法复制埃及人做的东西，而这些东西他们几千年前居然就制造了。

我不会强调我们无法制造这样的东西。这就像那个哈勃太空望远镜，它花了人们很多心血。人们经过巧妙的构思制造了它。在这一过程中，为了制造哈勃太空望远镜，新的不同的工具被设计、制造出来。因此，如果我们有理由或目的这样做，我们可能会设计工具、手段以及方法来生产它，但这是一笔巨大的投资。

仅仅一大块裸石就将花费25万多美元，再把它打制出来，以及按照这样的精确度完成它内外的装修……会花费巨额投资。我甚至无法彻底弄清楚，完成那样的工程究竟需要多少钱。

■再加上，我们不只见过你刚才提到的这些花岗岩棺椁，还有很多我们暂时称之为“棺材”或者石棺的东西，它们也是用花岗岩雕刻而成的。

甚至在萨拉皮雍的密道中，就是这个棺椁所在的地方，那里还有二十多个这样的棺椁。因此，它并非是唯一的花岗岩棺椁。在大金字塔的国王墓室里，人们也发现了很多以同样工艺完成的棺椁。特别是在胡夫（Khafre）金字塔中一个所谓的“国王墓室”里，有一个花岗岩棺椁，它和你在这看到的一样。

不可否认，古埃及人是制作花岗岩器具的大师。

■你觉得他们是如何完成的呢？你的直觉或者研究告诉你什么？

我的直觉其实建立在制造业经验和看到这些特点的基础之上。这些棺椁有某些特点，显示了制造的方法。其中一个证据是角半径。在这里，各个面回合在一起。拐角非常非常尖锐——尤其是对这么巨大的东西来说，这个拐角相当尖锐了。你肯定会问一个问题："他们是怎样把它打造得这样尖锐的？"

我认为，为了达到这一目的，他们必须凭借一些非常精密的制导工具。它的内部必须有能承受切割力的花岗岩，就像我们有一个有花岗岩基底的导向机械工具一样……因为我们今天使用了某些用花岗岩制作的机械工具。特别是在检验设备上，的确是这样的，例如坐标测量机。这是因为花岗岩是一种非常稳定的材料。它不会收缩也不会弯曲，一旦你把它打造成一个平面，其表面不会有任何变化。

■他们使用某种激光器来完成切割工作的可能性有多大？

激光器其实并非是切割石头的高效工具，因为激光是一个热过程，对于切割石头并非有效，特别是花岗岩，因为它其实是火成岩，耐热。1983年，我从业于激光器制造业，我们使用大马力的掺钕钇铝石榴石激光器和二氧化碳激光器，切割航空材料、异金属，但并非是石头。

■好的，你认为他们使用的是什么？

我认为，他们使用特制的磨削设备。从本质上来说，他们使用的东西可能是一种钻石，一个可旋转的磁盘，用于磨削岩石表面。它实际上沿着轴移动，最后精确地完成任务。在其他地区也有证据（并非只有这些花岗岩棺椁，其实在吉萨高原上也有相关事物）。

我们还在野外发现了一个证据，即古人使用了一个多轴加工机器来建造花岗岩飞檐。

我敢肯定，你一定去过峡谷庙（Valley Temple）。峡谷庙南边的花岗岩飞檐正好卧在那里，就好像它本来就在墙壁顶端一样。这是一个有三维轮廓的物体。它由两个互切的半圆组成，交汇在一起，它们的几何尺寸极其精准。他们是如何制造那个东西的呢？

埃及学研究专家会告诉你，他们使用粗粒玄武岩块来击打岩壁。

■我正好在探索发现频道看到一种解释。节目中的专家描述了埃及人如何在石头上建造撞击点，又是如何砸出线条的。他们砸它，它就裂成两半。这是一种非常有趣的理论，但是当然，它不能解释头发直径 1 / 10 的精确度。

是的，他们从不曾解释这种精确度。但是想一想，他们可以找到一块石头，用来敲击另一块石头，然后去掉一些材料，他们确实解决了问题……但是他们其实没有解决问题，因为他们还没有真正解释一些事情。一个孩子都能那样解释。

■在文明进化的某个时间段，这些更高级的技术为埃及人所熟知，为何这些观点对于传统的思想家来说却如此难以接受呢？你不会认为传统学者会为这样的成就感到骄傲，不是吗？

我认为，那是一个非常棒的问题。我也感到很奇怪。我特别好奇，现代埃及人为什么不认同自己祖先的技术是相当先进的？埃及人从不这样认为，但他们其实仍然接受西方的希腊－罗马历史模型，这一模型将埃及人放在低一等的文明发展程度上。它认为，埃及人并不像希腊或者罗马人那样先进，但是从在埃及发现的证据来看，我认为，事实正好相反。

■我认为，我们必须面对下面的事实，埃及学研究者甚至不想考虑它，即古埃及人可能从另一个更为进化的文明那里获得了影响，可能是亚特兰蒂斯文明（Atlantis），这种文明出现后又突然消失了。

从某种意义上来说，我认为那就是错误产生的地方（基本上，很多人认为，4500年前的埃及人是无法完成这样的工作的）。很显然，我的意思是，如果你看一看古埃及人的工具箱，你找不到那些能够完成此类工作的工具，因此也就很容易得出这样的结论，即一种文化过来帮助他们。但是也可能有其他的答案。

■也可能是“工具”被故意拿走了，因此官员们可以坚持自己对埃及文明的解释。

是的，“拿走”，也许，或者实际上因为某些因素，随着时间的流逝，这些证据甚至遭到了销毁。不只是这些工具遭到销毁或者掩埋，连他们如何工作的文献也丢失了。

在我心中，我百分百相信，过去发生了一次大变动，摧毁了地球上的大量文明，而那些幸存下来的人忍受了巨大的折磨……从本质上来说，无法将他们的社会重建成过去的样子。

最终，一代又一代，他们丢失了知识，其文明类型沦落为原始社会或者非常简单的农耕社会。

■我们不要忘了，如果我们看看社会……我们来谈谈100年前到150年前的情况吧，我们连电都没有。纵观历史几千年，拿埃及文明与我们已经完成的现代文明的伟绩相比较，看看历史上或时间轴上的埃及各种文明，从简单的原始社会发展到复杂精密的文明社会，需要多长的时间啊！

我认为，那绝对是传统埃及学研究者的傲慢产生的地方——认为埃及是星球上存在的第一个也是唯一一个发达的文明社会。我认为，可能还另有隐情。它可能并不只是盲目的爱国心，还可能是真正的恐惧。设想一下，这些文明并非是永生的，它会遭到毁灭。大自然是循环的。我们目前的文明可能会很快面临这样的危机。

■我们当然希望那一天来得迟些。

是的，希望更迟些。你知道，宇宙运行的方式是荣衰更替，看看过去几个世纪的文明，它们也是不断地繁衍、衰落，当然，我们希望逃脱这种全球性的灾难命运。当然，我发现，认为我们可以幸运避开是一个安慰性的想法，我也希望我能为避开这样的灾难作贡献。我不想在火海或海啸中死去。但是当你看到过去发生的一切时，也许会从古人身上看出一些蛛丝马迹，我的确认为，我们必须衡量一下我们的生活，说："好，我到底想怎样生活？"

这会发生的。也许这是我们从过去学到的最有价值的教训之一。

■是的，我同意。我真的觉得，让人们理解每一天都值得庆祝，是很重要的。把每一个白天都当成你的最后一天，你就会尽可能地过得光明、仁爱和欢欣，而不是恐惧或对世界末日的担忧。这些看似会主宰这一刻的意识。

噢，我们来换个话题，我想谈谈珊瑚城堡（Coral Castle）之谜。有些人或许没听说过珊瑚城堡。它是一个巨石建筑，建于20世纪早期，是由一位名叫爱德华·李特斯奈克(Edward Leedskalnin)的人在佛罗里达建造的。他建造了这个巨型建筑，用那些几乎无法移动的巨石堆砌而成，没人知道他是如何做到的。

他经常一个人在晚上工作。人们经常听到奇怪的声音。一切都在进行之中，但是他从未透露他是如何做到的。不幸的是，他离开人世了，把他的秘密也带进了坟墓。

他利用一些隐秘的知识举起这些石头，这是毫无疑问的——可以肯定的是，他没有任何能完成这项工作的常规手段和技术。我认为，他像古埃及人和其他举起这些巨石的人们一样工作。我还认为，这项技术需要声音——与石头音乐频率相匹配的声音——但是关于这一个人如何只依靠自己就创造了这一现代巨石建筑的问题，我也想听听你的意见。

我坚信，爱德华·李特斯奈克肯定知道金字塔是如何建造的秘密。他常常对自己说那样的话。他是我听说过的唯一一个能完成这般伟绩的人，你看了会说："这哥们肯定想做一些特别的事情。"

大家都知道他的体重不足100磅。他是一个来自拉脱维亚（Latvia）的瘦小的男人，在这27年的历程中，他在佛罗里达的家中建造了这座城堡，用大块大块的珊瑚巨石垒成。他举起的最重的石头有30吨重，但是也有其他这么重的石头：一个方尖石塔重达23吨，一扇9吨重的大门以及其他极其沉重的物体。

珊瑚城堡真的是一个奇妙的建筑物——很值得去看看。我一定要向人们推荐这个地方。它真的是一个迷人的地方。

■克里斯托弗，你作何感想？他是如何做到的？

我认为，他利用了声音、振动以及电磁的合成。我认为，他有一些机器能帮助他影响地球的天然磁场，改变这些珊瑚石块的极性，减少重力。

现在，知道这是一件疯狂的事情，我为什么还要这么说呢？我们的谈话是很随心所欲的，具有启发性的——而那个哥们也一样。比起科学家，他对大自然有不同的看法。在他对大自然和电的理解或者他相信的东西的基础上，他写了一些小册子（一本关于电，另一本关于磁性）。他相信，重力正好是个体的磁性，后者是从地球上分离出来的。我们先要弄清楚大自然的磁场。它们有一个北极和一个南极，同极相斥，异极相吸。因此，南面和北面可能互相吸引到一起——但是他相信，这些分离的个体磁体可以在空间和物质中移动。

如果你进入李特斯奈克的大脑瞧一瞧，你会想："如果那是真的，那么他在珊瑚石上发现了逆反个体磁体的极性的方法了吗？因而它们才可以排列在一起，和从地球上发出的磁性相斥？"

■换句话来说，位于逆反极性场中的物质可以变得没有重量吗？

是的。它会变得没有重量，悬浮起来。当然，这是推测。从他在珊瑚城堡的一些照片来看，他使用了几个非常巨大的三角架工作。这些三脚架顶部有一个箱子，还有从顶部垂下来的一些电线，其中一个三脚架是用于升高的起重机。

链式起重机，我测量过，大概有 10 吨重——因此它其实无法举起 30 吨或者 23 吨重的东西，而他却举起来了。因此，这实在是一个谜团……一个真正的难题。人们猜测着他是如何完成的，一些人实际上还尝试了他的一些设备，但是，在我看来，没有人真正能够复制他的功绩。

■有人奇怪，他为何不给我们留下这些智慧？这些知识为何一定要和他一同消失？

我觉得，他将这些秘密埋葬是因为他身处二战：他不信任政府，他也不相信其他人。他害怕他的秘密落入军队和政府手中。

■那样还说得通……那是一种恐惧，也许是一种保证。想象一下，如果反重力到了一些错误的人手里……

的确如此。但是你能设想一个拥有这种技术的世界吗？就拿燃料来说，我们现在要得到一加仑的汽油需要支付 4 美元……但是如果我们拥有这种技术，我们就不再需要这些燃料了。从本质上来说，我们燃烧这些汽油和使用这么多能量的原因就是为了克服重力。概括地说，那就是这样。当我们开车上路时，我们顶着重力做功。因此，如果你能够克服重力，那么你就不需要这么多能量了。

■想象这样一种知识所承载的责任……

是的，他牵涉到某些事物中去了。他是一个非常奇怪的人，我不知道他的脑子里在想些什么，但是他写了一本简短的书，名为《每个家庭的书》(*A Book in Every Home*)。对那些读过这本书的人来说，那真是一本奇特的书。想来，那是一本培养年轻夫人的指导手册——其本质上是一本男性沙文主义的书，我认为。它是一本奇书，我无法不去想那里隐藏着一些密码或者其他什么东西。他将他的秘密编进了密码里？我们正好可以把它解密出来。

■一个明显的问题：你相信这就是金字塔的石头如何被举起来的吗？

大多数人对于埃及的石头是如何被举起来的有着各自的看法。我认为，无论他使用了何种技术，这肯定与古人的一些技能有关。我相信，我们可以自信地说，他使用了一些古人用来建造金字塔和埃及其他建筑的技术：移动500吨到1000吨的巨石块，举起所有国王墓室中的花岗岩横梁，这些横梁在离地75英尺高的地方。

■继续看这些展现几百个奴隶拖动石头的原始纪录片真是让人索然无味……我奇怪，这些神话是如何长存下来的，为什么所有人都还相信？

的确是这样的。有一些纪录片是想告诉我们，古埃及人如何建造金字塔、如何将这些石块堆砌在那里。在那些纪录片中，你总是能看到身穿绳衣的人用雪撬运送重达50万吨的东西，这实在是非常搞笑。通常，我不会看这些纪录片。我甚至不喜欢谈它们，因为这些纪录片是不切实际的。

■最近我看到一些关于巨石阵的蓝色石头的类似纪录片。同样的事情——这些石头可能是被一路拖过来的，我不知道有多少英里的路程，以及有多少有趣的小体型的人造旋转机器，它们都是用木块制作而成。在一个装有板条的木制滑轮上，放着一块700吨的石头。开始吧，该是更多信息进入主流社会的时候了。

我同意。我认为，全世界的人其实都想知道这些伟绩是如何完成的，他们对所知道的和在一些“官方”纪录片中看到的东西不是很满意。有价值的信息在于：“如果你要制作一个纪录片，展现这些古埃及人是如何建造金字塔的，那么就将你所知道的最为困难的部分呈献给观众，并且复制这些作品。”

他们从来不会这么做。他们把一些简单的东西、细枝末节当作证据，然后草率地得出结论：“好了，我们已经能够用500人移动这个200吨重的石块了，因此我们只需要更多的人就能移动重达1000吨的石块。”

■是的……但是后来证明，7000 个人仍然只能将一块石头举起来。

克里斯托弗，我们现在要讨论一个大问题。依你的意见，如果你和我都不相信金字塔是坟墓——那么它们到底是什么呢？它们的意义何在？

我的书的标题是《吉萨超能装置》，清楚地说明它们是用于产生能量的。我们不得不考虑这些动力是什么，这些能量是什么。在这本书中，能量被描述为“自然能量”，它来自地球，通过国王墓室中的一系列活动，转化为微波能量。这本书实际上利用了我们在大金字塔中发现的所有证据。它们直指该书的中心理论。

这本书是在 10 年前写的，迄今为止，我收到了更多的观察结果和信息，因此深受鼓舞。然而同时，我认为，从这种动力系统中获得的好处不一定只是生产能量。

按照我的理解，我认为动力工厂更为重要的功能是调整星球，使之处于和谐状态。换句话来说，它是用来共振地壳构造，释放地震压力的。同时，它还为人类创造和谐波，减轻人类的压力。因此，我们可能有一个十分完整的动力系统，从多个层面上供给人类能量。

这些金字塔实际上是声波设备，能够在地球内部产生某种振动，后者在地球内部和地面上创造出和谐声波。

■事实上，我曾带领几个团队进入墓室，我们已经完成了很多真实的、非凡的和谐声调实验，发生的一切都是显而易见的。那里的音响效果完全令人难以置信。我们甚至真的集体看到人类成群地出现在波上。因此，我一度认为，这些在墓室回荡的声音，以某种方式将各种维度融合到一起了。

我也去过大金字塔多次。如果你没有真正进入金字塔好好体会一番，很难理解它。它当然也对人类有机体产生了深远的影响。它其实能够激发创造力。它能在各个程度上影响你。在那里，你可以和你的同胞及整个宇宙一起享受一种宇宙意识，以及统一性的感觉。没有一个地方像大金字塔那样，能做到这一点。

■除了外太空。这件事情的确在埃德加·米切尔身上发生过。

也许！

■我有一个小故事要讲。你说你在埃及生病了，我也曾这样。很多年前，我在那里染上肺炎，但是仍然成功地与我的合作者弗朗科（Franco）一起登上了大金字塔，因为我们预定了私人进入金字塔的项目。我不能让这个机会白白浪费，因此我勇敢地面对困难，试着压制不断的咳嗽，以便我的伙伴能够有一次在墓室中的经历。我多次进入金字塔内部，但是他从未去过那儿。强烈的咳嗽声响彻整个金字塔。至少对我们两个人来说，它使我们的注意力分散了。

当我们回到罗马时，我不得不立即去医院。当医生给我的肺部照X光片时，他说："你看这儿，你的左肺有一个金字塔型的发炎部位。"他并不知道我刚从埃及回来。

我说："对不起，你怎么描述它的？"

他回答说："你的肺部有一个金字塔形状的结构。"

我想："哇！我打赌，我肺部中的金字塔是在细菌或病毒的意识中复制的，它们在我的肺部制造了金字塔。"他给我看肺部的X光片——我希望那张图片我仍然保存着——确实有一个金字塔——非常完美的几何结构。你对此作何感想？

我相信你，我真的相信你。在我的生命中，至今还没有这样的经历。但是现在，我在埃及已经经历得足够多、看得足够多、感受得足够多，这些都是我现在正在研究的事情。

■事实上，在病重之际，我几乎不能移动，没有一点力气，但是当他说我的肺部有一个金字塔结构时，我立刻跳了起来，集中注意力。

不错！那非常迷人！

■我正好有一些东西想与你分享，因为它们与你对金字塔引起的振动的评论一致。你能为我们详细介绍一些你关于动力工厂的理论吗？包括你论文的概要，你的理论，以及这些是如何论证的？

事实上，金字塔的主要特点肯定是占地13英亩的大量石头，以及如下的内部结构：

- 隐秘墓室
- 一条进入隐秘墓室的下坡通道
- 一条上坡通道
- 大甬道
- 国王墓室
- 王后墓室，就在国王墓室下面

传统理论认为，法老胡夫下令建造金字塔，因此人们建造了秘密墓室。他改变了想法……然后他们建造了所谓的“王后”墓室。他再次改变了想法……最终他们建造了国王墓室。我的理论把金字塔的所有特点都考虑在内了，特别是其精确性，因为如果你看看大金字塔的交叉部分，你会发现：图解后它看起来更像一个机器，而不是坟墓或者其他建筑。我很惊奇，那些通道竟然这么小（大概只有41平方英尺），而所有的房间都有以某种角度围绕它们分布的竖井。国王墓室内部肯定有一些异常现象，而国王墓室本身就不简单。当然，艺术制造和建造……一切都是如此精确。就说这下行的通道，深入金字塔地下150英尺，但极其笔直，直线偏差不超过0.02英寸，或者说偏差不超过一个指甲盖的厚度。

这些令人瞠目结舌的特点，吸引我开始尝试进一步理解金字塔是如何运作的。

我认为，它是某种动力工厂。几千年来，它是地球上最大的建筑，把它建得如此巨大，除了埋葬国王，肯定另有原因。我无法接受墓室说法。

■它真的让我无法接受。让我再看一看那些统计数字吧。

下坡通道，穿过建筑的部分有100多英尺，由皮特里（Petrie）于1883年测量得出。他还发现，它的直线偏差不超过0.02英寸，或者说偏差不超过一个指甲盖的厚度。

■克里斯托弗，那是显然的。关于大金字塔的真实用途，有着各种各样的事实，让人们正襟危坐，注意到其他理论，比如你的理论。

这是显然的。整个金字塔内部，比如王后墓室中的石灰石块，它们的尺寸是如此完美，甚至一张纸都无法塞进它们之间的缝隙。它们是美丽的石头，制作得相当漂亮。因此，从本质上讲，我是把所有和大金字塔有关的特点和证据放在一起，重新命名了这些特点。

这个隐秘墓室仍然是隐秘墓室。

王后墓室成为“反应间”，因为在墙上发现了很多盐物质。我认为这些竖井深入内部，但是没有连接到一起。室内释放出化学物质，而在反应间中，化学物质混合在一起，释放出氢气。氢气和声波流窜到上面的国王墓室。声波是在大甬道中由共鸣器产生的，我把大甬道重新命名为“共鸣大厅”。这解释了27对奇怪的插槽，这些插槽沿着大甬道分布。大甬道中的共鸣器通过石头振动，并将振动转化为在空气中传播的声音。

那个声音被集中传到国王墓室，该墓室完全由花岗岩建成。我把国王墓室称之为“共振的石英岩墓室”，这是因为它的听觉特点——它完全是独立于其他结构建造的。它其实并未和核心的砖石建筑连接，它自由地振动，自由地共鸣。这实际上经受了听觉工程师的检验，他们认定它其实具有共振频率，这一频率形成了升F调音。但是大金字塔仍然给了我们一些线索，支持动力工厂的理论。

有些人会说，他们古埃及人可能并不像我们今天认为的那样，利用动力工厂发电——通过发电为我们的文明提供燃料，运转我们的烤面包机和微波炉，也许它是一种更为微妙的能量……也许是一种通信设备。

■或许古埃及人正在收集地球的能量。

这种理论的核心概念是，他们收集地球的能量，使星球产生共振，在一个特别的频率上振动。

■那正好与我在声音方面的研究和教学工作中提出的观点相吻合，它对微观宇宙和对宏观宇宙的影响是一样的——即从细胞到太空。听到你能做出这样的声明，我特别高兴。

那么隐秘墓室呢——它还尚未完工。你如何描述呢？

隐秘墓室是一个难以置信的、谨慎设计的房间。有人也认为，它还没有完工，但是实际上它已经完工了。它看似没有完工，因为它很粗糙，没有特别的图案或者可以辨认的图案——换句话来说，它既不是正方形的，也不是圆形的。它的地板上有深深的沟痕，它有一些异常的面向西方的“凸起”（爬满了半个墙壁），但这个房间实际上是机器的一部分。

在华盛顿的贝林哈姆（Bellingham），有一个名叫约翰·卡德曼（John Cadman）的绅士。当着手建造模型时，他开始痴迷于隐秘墓室问题，就像《第三类接触》（*Close Encounters*）中的理查德·德莱福斯（Richard Dreyfuss）着迷于大山一样。

约翰·卡德曼早上3点起床，坐在客厅里，用塑料制作这一隐秘墓室的模型。他其实花了几年时间，用他的话来说，他做的东西最终是一个“脉冲发生器”。他宣称，隐秘墓室是一个脉冲发生器。他把他所有的脉冲发生器如何运作的图片和结论发给了我。我想：“好的，那实在是太好了，但是我需要目睹这一切，亲眼看到。”

我不得不去拜访他，因为我不想没有亲眼目睹就立即否定，因此我特意飞到华盛顿去找答案。我在那儿待了一段时间，水力学工程师杰克·科尔博士（Dr. Jack Cole）在那个地方，他去那儿也是想亲眼看一看。

帕特丽夏，真是太令人惊奇了。他实际上是在制造隐秘墓室的逆向设备。他使下坡通道通向墓室，水流了进去。他打开阀门，就像打开一个水龙头，水实际上流到了一个管子里。他关闭阀门，打开另一个阀门，水流进废料排除门。废料排除门其实是一个小的铰链阀，一旦它开始运作，地面就开始砰砰作响。这个东西一直砰砰作响。它就像一颗心脏那样跳动。

■他是在收集地球的心跳吗？

你知道，我无法不去把它们联系起来……你会将大金字塔与地球的心跳联系起来。这个东西是一个非常完整的动力工厂。它们将心跳输入地球板块，释放地球外壳的压力。

■你认为，我们今天能够激活金字塔，创造减轻地球不平衡的伟绩吗？

我认为这是很有价值的：为了利用这些技术，做出相应的科学研究。我怀疑，埃及政府将会为大金字塔的激活作出努力。毋庸置疑，大金字塔有诸多值得我们探索、学习的地方。

■你认为，一千年之后，政府会对金字塔做些什么呢？

我认为，什么都不会做。常识最后会被人们接受，人们会停止关注它。我并不认为这是出于对金字塔的潜在破坏的考虑。这个国家的政治力量将这看作是媒体的某种疯狂行为：它们使出各自的看家本领推进它们的议程。

■通过你的工作和发现，你得出了最终的结论吗？

是的，那就是尊重过去的建造者。他们并不像传统的纪录片要我们相信的那样朴质无华。

■克里斯托弗，我们正献身于这样的事业：帮助展现这些智慧和奇迹，因为它们正藏在传统思想盒子的底部。我们想揭开眼前事物的秘密，我们世界中一切伟大东西的秘密，眼前的一切。

★★★★★★★★★

欲知克里斯托弗·邓恩的更多信息，请访问他的网站：www.gizapower.com。在2010年7月出版的《遗失的古埃及技术》（*Available July 2010: Lost Technologies of Ancient Egypt*）一书中，克里斯托弗继续给出更多证据，证明古埃及建筑者优于同时代的其他民族，以及高于其他时代的同类建筑者。卡纳克神庙（Karnak）、丹德拉神庙（Dendera）、卢克索神庙（Luxor）以及阿布拉瓦须（Abu Rawash）大金字塔，无一不展示了令人惊奇的高度发达的文明。

第十章

古埃及的精神技术——与爱德华·麦考斯基对话

◆◆◆爱德华·麦考斯基◆◆◆
◆◆◆Edward Malkowski◆◆◆

自科学时代破晓以来，人类便系统地展开了理解宇宙的探索活动。由于量子力学的发展，一切事物都是固态物质的概念被另一个观点所取代，那就是信息或者“思想”也许是物理现实的真实来源。通过这些科学探索活动，人们对大脑的一种独特而神秘的功能越来越感兴趣，这一功能即创造知觉，它很有可能是通过量子互动完成的。和我们熟悉的三维世界一样，意识目前被认为是现实世界的基础。这被视为新的研究领域，然而几千年前，古人的神秘智慧（Secret Wisdom）早就展现出类似的观点。20 世纪 40 年代和 50 年代期间，史瓦勒·鲁比兹（Ren é A.Schwaller de Lubicz）对卢克索神庙进行了系统的研究。在此基础之上，爱德华·麦考斯基解释了古埃及人的世界观并非建立在迷信或者对神话的幻想之上，而是利用关键设备进行直接观察的结果，这一结果与宇宙的量子表现吻合。在史瓦勒·鲁比兹的哲学著作中，《古埃及的精神技术》（*The Spiritual Technology of Ancient Egypt*）一书调查了古代埃及的技术和宗教遗产，揭示了它们与“新兴科学”的一致性。

★★★★★★★★★

■爱德华，你是如何进入这个和你的学术作品一样重要的写作任务的？

哦，它是对真理的追寻。这很早就开始了，也许是在8岁的时候，那时我开始思考人生的意义，开始追问所有人同一个问题：我是谁？我来自哪里？我为什么是我自己而非别人？

■我不确定，其他人是不是也在8岁的时候问这种问题，爱德华！

也许是的。由于某些因素，我内心非常渴望知道我们为什么在这里，我们在做些什么。大概那时候，我开始对历史感兴趣。我的爸爸带回家一些马歇尔·凯北吉斯（Marshall Cabbages）的《二战历史》（*History of World War II*）杂志，我对此很感兴趣，它吸引了我。高中时，我开始钻研美国历史；在大学，我研究了更多美国历史，然后转移到古代历史中去。我似乎是伴着这种想要知道文明如何开始的渴望长大的。谈到它的科学部分，我申明，我自己不是一位真正的科学家，却是一位科学爱好者，因为科学也是对真理的追寻。从今天的范式看来，它并非如此。前者常常以某种特定的方式观察科学是如何“思考”的。

■这是真的，但我非常崇敬一些科学家，他们能够打破那些强加于他们身上的传统思想之束缚。

那是真的……他们处在传统思想控制之外。跳入我大脑的第一个人是布鲁斯·立普顿(Bruce Lipton)，他正从事一些重要工作，还有其他一些人。但在我看来，这实在是非常有趣：一些极其唯心的科学家却是量子物理学的创立者：欧文·史瓦勒（Erwin Schrödinger）和沃纳·海森堡（Werner Heisenberg）。二十世纪二三十年代后期，这些人为创立量子学作出了贡献。

他们每个人都写了一些非常有哲理的书，宣称只有一种思想、唯一的实体，而我们都是其中的一部分。因而这是一种非常有趣的混合。

■当然，你有非常深厚的量子物理学知识，听到你说自己不是科学家，我很难赞同。

我确实认为自己是一位科学家，但我肯定，我不是一个传统意义上的科学家。正如我说的，科学是一种真理追寻，试图做得更为客观，但它确实没有什么客观性。科学创造的客观性，不过是将其研究限定在一定范围之内，如此创造了我称之为“限定”客观性的东西。

■它也创造出“基金化”的客观性。

那是正确的。我有两个上大学的儿子。一个是神经系统科学博士，另一个是理论物理学的本科生。和资金、政治一样……那就是这里的游戏名称。

■它完全卷入了一个巨大的备受质疑的事业球体之中。但是，我又不断地谈及自由科学家，他们打破传统，发现新的范式，研发各种新的途径，让我们能够拥抱并思索一些完美的突破。其中一些是我们正进行的，还有一些我们正在为之努力的。

当然。

■让我们一起探寻你工作的主题——我想请教你，工作中的哪一点内容启发了你，你的思路是什么，你能给我们一些基本的看法吗？

有两个人启发我写了这本书：约翰·安东尼·纬斯特（John Anthony West）和史瓦勒·鲁比兹，后者是20世纪早中期的哲学家。

■他给杰作冠名为《人类的神庙——卢克索神庙的神圣几何学》（*The Temple in Man—sacred geometry of the Temple of Luxor*）。

是的，他还写了很多关于埃及的书。他在埃及的发现使我认识到一切——当然还有我宗教教养、科学以及对历史和文明从何而来的兴趣的功劳。他向我们展示，埃及人懂得与当今哲学密切联系的形而上学的概念，现在我们认为它产生于量子物理学。

因此那实在是很令我震惊。在那久远的年代，他们是如何理解类似量子物理学的同等法则？

很可能，他们早就有了某种程序、技术、教育系统甚至是冥想技巧，并早就付诸实践了。

■或者……这是一种进化的文明，它可能也从外部来源中获得了额外的帮助。

那也是可能的。

■显然，高度发达的埃及文明有一个历史制高点。从我们收集的东西以及我们已有的线索来看，应该有更多超出历史书所列的解释。

确实如此，它好似不知打哪儿出来的。

■当然，尽管我们都意识到了伊斯兰学者（Hakim）的教义，他们认为埃及文明从黑米特（Khemit）文明发展而来，后者领先于埃及的史前文明。他不喜欢那个理论，该理论认为有一种外部影响的存在，坚持认为——正如我们所记录的——埃及的伟大来源于黑米特文明的演变，即由非洲的42个部落发展而来。

是的，我相信，它从未存在……我肯定。也许应该是这样的，但那显然是不正确的。

■一旦我们获得那些遭到焚烧的书籍，它们就会带领我们进入那些未被载入史册的社会。

我同意伊斯兰学者的观点，他认为埃及文明的源头应该沿时间轴往前溯——甚至是在4万至5万年前。我认为，证据支持这种观点，冰川世纪后期，大概在公元前1.2万年至前1万年前，显然出现了一场全球性的灾难。我们知道那是事实，因为绝大多数物种灭绝了，只有相当小的一部分幸存下来。

特别是从加利福尼亚拉布雷亚沥青坑（La Brea Tar Pits）和另一个位于南达科他州（South Dakota）的沥青坑来看，我们知道发生过一场可怕的灾难。如果那时有人类生活在地球上——我们知道确实有人类生活在地球上，他们应该毁灭于这场灾难了。

■这当然与亚特兰蒂斯理论吻合，我也赞同这种理论。

确实如此。是的，人们一直在寻找亚特兰蒂斯，认为它是一座城市或者一个小岛，但是我认为它是一种伟大的文明。

■我认为，它是整个大陆！我正好旅行经过位于墨西哥和危地马拉的玛雅人（Maya）集居地，以及秘鲁。我发现很多重现的历史和相似点。如果你有一块正好位于大西洋中间的大陆，你可以从像格陵兰岛（Greenland）这么高的地方通向南美大陆的较低部分——蕴含了多么丰富的信息啊。

一个人将中心置于大西洋中部，那离加勒比岛并不遥远。

■我不同意亚特兰蒂斯是一个岛的观点。我认为，它的影响力是如此巨大，以至于探险者和商人肯定开发出了很多航道。如果你认为这一巨型大陆（大概是大西洋中脊）和南美洲、加勒比、埃及以及非洲其他地方之间的距离并不太遥远的话，那么解释为什么大西洋两岸发展出相同的艺术、

神话、信仰系统和建筑学，就变得容易多了。

是的，它和伊朗，即古波斯国一样位于东面。那里有一条大河，一次发水灾的时候，将很多墓碑和石雕——漂亮的花瓶和陶罐冲到地面。人们盗窃并出售了这些古物，警察很难将这些东西全部追回。

是的，我认为亚特兰蒂斯文明影响范围大：从南美洲到尼罗河流域（Nile Valley），一直到伊朗。大约在公元前1万年，它被一场大灾难摧毁。

从我的角度来看，9000年前到今天这段时间的证据显示，大部分人口遭到杀戮。也许只有5000人到2万人被留了下来：以我们今天的标准来看，人数极少。公元前9000年和公元前3000年，各种文明正逐渐在全世界萌发并发展起来。

我们看到的一些建筑物，例如金字塔，一些位于埃及和南美洲的金字塔，明显不是建于两三千年前。它们更像建于1万年前、2万年前或者3万年前。

■伊斯兰学者认为，奥斯瑞文（Osireion）和狮身人面像（Sphinx）建立于公元前5万年。

那也许正好与狮身人面像的侵蚀印记吻合。

在我第二本书《法老之前》（*Before the Pharaohs*）中，我和罗伯特·斯考切（Robert Schoch）一起做了很多鉴定狮身人面像年代的工作。我一直查看全球关于侵蚀的学术文章。我现在发现，狮身人面像非常古老，伊斯兰学者很可能是正确的。也许有科学证据可以证明那一点。

■你曾在吉萨高原游览过吗？他们告诉我们那儿没有地下通道。

我从来没有去过那里，没有。我曾下过一些洞穴，但那是一块守卫森严的区域，我其实没有权利进入那里。

■是的。他们说，那里没有地下通道，当然，但吉萨是以“拉斯图”

(Rastau)著称，该词的意思为“地下通道之城”。

我们当然知道那里有地下通道。我们都知道。

■进入地下通道，这是一个问题。

进入地下通道非常困难——而地下通道又是那么引人入胜。华盛顿有一个人——一位海军工程师，他其实偷偷测量了大金塔的地下部分——他从科学的角度证明，金字塔的地下区域是一台抽水机——斜坡式抽水机。在我们的文明中，我们在几百年前才停止使用这种抽水机。

■是的。克里斯托弗·邓恩也在前面那次谈话中讨论过这一点。

金字塔是如此神秘——也许是已有的最为奇异的古代建筑，它有下、中、上三层墓室。它们都是用花岗岩制作而成。你是正确的——克里斯托弗10年前取得了突破，他从制造业的观点看待它。就它们为何放置在一起这点来看，克里斯托弗的观点是极其合理的。但是地下区域是神秘的地方。下面的墓室似乎是粗糙的、未完工的。

实际上，同一时间，克里斯托弗出版了《吉萨超能装置》一书，约翰·卡德曼制作了地下墓室的模型，试着看看它是否真是一台抽水机。他从一个名叫肯凯尔（Kunkel）的人那里获得了灵感，这个人认为整个金字塔是一台抽水机，但那不是事实。卡德曼发现，金字塔下面的抽水机是为一个非常特殊的理由而设计的，即创造一个冲击波或者抽吸效应，来回振荡，就是所谓的“压缩波”，沿着金字塔中心向上冲。为什么是这样的？

顶部房间是用花岗岩制成的，后者是制作音响设备的最好材料。今天，很多保真度较高的立体音响的基础设备，都是以花岗岩为原材料，因其能轻易和声音产生共鸣，而其他材料则做不到。对我来说，这台抽水机似乎创造了压缩波，穿过金字塔抵达顶部墓室：它沿着大甬道穿行，通过亥姆霍兹共鸣器转化成声音。它创造了两种音，从国王墓室的南北两端穿出去。目的何在？近来的研究显示，很多俄罗斯物理学家发现，和音符（因为声音是振动的）一样的压力波将会在天空中创造电场。我意识到这是一种很原生态的想法……

■不见得！考虑一下我们今天的大气HAARP工程和其他秘密技术。

是的！因此我们拥有围绕在金字塔顶端的电场。埃及人为何要那样做呢？有意思的是，这种能量泡沫有我们曾听闻过的一种功能：它会偏转极低频（非常低的频率）波，后者在我们的大气中无所不在，并将它们聚拢在某个区域。

因此，他们为什么要那样做呢？植物对极低频和非常低的频率非常敏感。研究显示，如果你将这些植物置于这些频率中，它们事实上会非常喜欢。

它们实际上长得更快，更茁壮，产量更高了。

■我想知道，你说的是否是阿格哈塔（Agharta，地心世界）的一些事情？这些波是否会抵达地球内部，为那里可能存在的生物服务呢？我的意思是，我们可以走得很远——因此为什么只前进一小步呢？我们知道，有供政府机构和军事机关使用的很多城市，就在很多主要城市地下几百英尺的地方，全年都有特别的人住在那里——因此，认为在更深的地方有文明存在，并非是天马行空：他们就生活在地球内部。

是的，一切都是可能的……但是那不是我要说的。

我认为，金字塔们坐落于尼罗河的北面、南面和西面。建筑物顶部有一个发动机，这就是金字塔，它正在创造电子振动场。从它里面发出的声音向各个方向移动，因此吉萨南部的巨型金字塔受到振动，然后创造它们自身的电子……因此充实了尼罗河上下游的所有电子场。其实，如果你想一想，任何文明建造一个巨型建筑，比如金字塔，是需要理由的。他们与我们今天的动力工厂息息相关——我猜想那是一个相似的东西。当然，我的意思是，我们不使用动力工厂给田地施肥……

■是的，事实上，在很多时候，我们使用动力工厂摧毁它们。

我肯定，你很可能会认为，他们建筑金字塔有其他玄学目的。当把地球视为一个正多面体，即十二面体的时候，我们发现，地球上有着能量网格线系统。你也会想，金字塔也可能是整个地球动力或能量线的催化剂？

我不了解整个地球的情况，但它很可能影响了附近区域。对在尼罗河上下游花费如此之多的精力和财力的文明来说，无论目的是什么……我只是相信，他们有非常非常好的理由。

约翰·卡德曼，他建立了地下墓室的模型，也通过抽水机模型证明了吉萨高原底部有一些管道。这一模型可以由任何人检测和复制，它的证据也被证明是科学的。你可以登录约翰·卡德曼的网站 www.gizapyramid.com / johncadman1.htm 去了解。

■我在地下墓室花了一些时间，我不得不说，你能够感觉到这些能量波正穿过你的身体……你真的可以。你曾下去过吗，爱德华？

没有，我从未下去过。我最后一次去那里，它封闭了，你只能通过认识的某人进去。

■在神圣的旅途中，我把所有人都带到了下面。我下次去埃及，也许你可以跟我们一起。如果你想进入神秘墓室……我可以帮到你。

怎么帮呢？你如何进去呢？

■例如，我有一些高层朋友。如果不是那样，我或许到不了金字塔底部……

哈哈。我第二次到高原时，在狮身人面像外面拍了一些侵蚀痕迹的照片。一个人走过来，他开始对我很客气，问我：“你在做什么呢？”他没有打断我，因此我开始和他对话。接下来的事情是，他说：“你要不要参观一下？”我说：“呃，我不知道……”

接下来，他拿出一张卡片说："我是古物部门的。"

他带我去那些地方，铁网的后面，避过守卫。事情发展得出乎预料。他领我参观了很多我从未读到过或听说过的地方。他带我去了一个地方，大概在狮身人面像以西200码的地方，朝向南面。那里有一座不知名的庙宇的遗迹——类似岩石做成的庇护所，大概有30到40英尺深，60到80英尺宽。

有三个花岗岩柱遗迹，每边都有凹槽，都刻有象形文字。如果你回顾岩石庇护处，会发现它通向一个山洞，带有一扇锁着的巨大铁门，因此没有人可以进入。对我来说，这真的非常有趣。

■啊！某些类似的事情也发生在我身上。事实上，我认为，我们谈论的友好人士可能是同一个人。他问我："你到底在寻找什么东西？"询问的同时，他深深看着我的眼睛，我说："一切我预料之外的东西。"然后我又说道："但是有一件我想看到的东西，就是奥西里斯权杖（Osiris Shaft）。"

你曾去过那里吗？

没有，我没到过那儿。我知道它——我看到过它的图片，它是在很久很久以前创造的。

■是的，我获得了进去的许可，我进去了。他们称它为"奥西里斯权杖"，这是因为在这根30米高、垂直向下、令人惊奇的权杖底部，他们发现了所谓的"墓室"，那里放着另一口花岗岩"石棺"。4根柱子般的残余物围绕着它，这非常奇怪，也令人兴奋，特别是就高原深处的地理位置而言，尤其如此。

扎西·哈瓦斯（Zahi Hawass）认为它是奥西里斯的坟墓，宣称他们可能发现了司阴府之神安息的地方——无论从哪个角度来说，这都是讲不通的。

对我来说，这似乎是某种电磁设备——电子动力系统的一部分，也许是某种巨型电池，这些我曾与克里斯托弗·邓恩讨论过。

之前，我读过某人的描述，他曾进入权杖所在地，说那个墓室“由水覆盖”，也许是酸性的。他宣称，当某些小石块落到水里时，他可以听到它们在水中吱吱作响，这使他相信，把自己的脚放进水中是不明智的。我想：“你去过那里……你在金字塔周围获得某种巨型电池网络！”

那里有3口大花岗岩石棺，是吗？

■是的，第二层上有两口或者更多，还有一口在底部——可能是通道，被一些碎片堵塞了。显然，根据这个作家的说法，很可能是有人故意将碎片放在那里，以掩饰地下通道。

我下定决心走完所有通道。我走到第一个通道那，突然意识到我是多么疯狂呀——只要一只脚轻轻一滑，我就会成为历史。因此我那时没有这么做，我决心回去，以后再来。我的直觉告诉我，那里有很多地下通道通往狮身人面像，穿过这一区域，就会抵达胡夫金字塔。

古物部的那个人在权杖那等我，当我再次见到他时，我告诉他自己并没有走完全程。

我直接问他：“没有一条更加简便的路吗？”当然，我可以通过下面的一个通道进入。

“我们从未公布高原下有通道存在。”他回答说，有点闪烁其词。我体会到了句中的言外之意。

那是一个非常有趣的概念。我们的现代历史和古代历史之间存在某些断层。在名为《黑色雅典娜》（*Black Athena*）的三部曲中，马丁·伯纳尔（Martin Bernal）重叙了古代历史（相对于我们熟知的历史来说），这一举动堪称伟绩。历史起源于阿拉伯，回溯至9世纪到12世纪，描绘了吉萨的另一幅面貌。一位阿拉伯历史学家写道，每到一处吉萨周围城市的花岗岩碎片地以及遗迹，就需要花费半天的时间。那是相当大的一个古城。因此我奇怪沙漠下面到底是什么。

也有吉萨第四座金字塔的相关描述，它被称为“黑色金字塔”，因为它是由黑色大理石或者黑色花岗岩建成。它比其他3个金字塔要小一些，这可能是因为古埃及人似乎知道灾难就要来临，而打算将他们文明的机器和器具储存在里面。他们开始把东西放在地下藏起来并加以保护……直到大灾难结束。

雷斯纳（Reisner）于20年代末30年代初发现了妮菲塔莉王后（Queen Nefertari）的坟墓。它还未受到发掘。他为打开坟墓召开了盛大的庆祝仪式，所有达官显贵都受到了邀请。有10个人曾下到坟墓底部，当打开密封石棺时，他们发现它是空的——非常奇怪。重要的是另一个事情——房间中的装置和器具。它们非常完美，即使我们今天都很难再复制。

■你是在谈论科学器具吗？

不是，是家具——床、椅子以及其个人用品……

■我们一直认为我们的文明是最发达的科技文明。但我们常常惊讶地发现一些证据，证明古人可能比我们先有了工具和技术。似乎只有现代社会才可以达到某种高科技水平，而从某种意义上来说，我们确实已经达到那种水平。但这并不是说，在我们达到这一定点之前，没有其他高等文明存在。

那是真的。有一本书名为《天主教堂的奥秘》（*The Mystery of Cathedrals*），成书于20年代，讲述了炼金术士揭示的秘密，即人类过去已经拥有过40种文明，它们不停地繁荣然后衰落。

■回到高原这个话题上。我仍然感到很惊讶，你没有进入隐秘墓室。正如我说的，我把自己的小组带到那儿，但它总是不对游客开放。它们仍然对我开放。这意味着，当我在埃及开展我的项目时，我有2个小时的充足的私人时间进入大金字塔。一些人选择进入隐秘墓室，另一些人和我待在国王墓室。在那里，我们利用颂歌和咒语，完成了一些难以置信的工作。很多难以置信的事情发生了，包括藏族大师通过这些声波来到这里。每个人都听到了他们的声音。

我们最后一次到那里时——我从未提起过这一现象——人们开始告诉我他们听到了藏族人的念咒声。对于藏族大师是如何通过驾驭声波旅行到这个星球的神圣遗址里的，我有自己的理论。当然，我肯定，我们同意这一观点，即大金字塔是我们这个星球的最为重要的声音室！

是的，它是。

■至于隐秘墓室……它恰巧是不可名状的。我曾在那里经历过一次生命转变。那时我和我的团队成员在一起。一些人走向隐秘墓室，一些人走进王后墓室，剩下的人在国王墓室上方念咒。我们开始感到，好像所有的墙壁都开始呼吸了。很多人都感觉到这些墙在振动，它们就像通向另一个维度的多维通道。

哇。那很可怕，我想经历一次。

■我们谈论了冰川世纪和曾经一定发生过的灾难。

这让我想问问你，你是如何察觉到现在发生的一切——我们这一时代的地球的变化的？我很想听到你关于现代全球转变的看法，以及你认为事物是如何进化的。

首先，我对现在发生的这些变化无所畏惧。

有两种不同的进展：一种是精神体验，另一种是物理体验。

物理上的变化是星球变暖。

那实在没有什么疑问。人是罪犯吗？我不这样认为。有一本书叫作《变冷的行星》（*Chilling Stars*）。在书中，作者描绘了地球温度和我们所处位置的关系，这与我们围绕银河系运动的轨道有关。如果我们后院有很多行星，那么当我们穿越银河系时，它们将产生过多的宇宙射线。当它们穿过我们的大气层，这些过多的宇宙射线就会与灰尘颗粒反应，创造较低的云朵。在大气层低处，云愈积愈多，星球就变得越来越冷了。云聚得越少，行星就会变得越温暖；云聚得越多，行星就变得越冷——很简单的道理。

10 万年来，行星温度上升，然后下降，如此循环。它视我们在银河系中的位置而定。在最后 1 万年，我们的星球远离猎户星座，来到目前的位置。在这里，行星并不多。因此，这阐释了物理变化部分。

精神体验部分一方面与科学有关，另一方面与追求真理的人类有关。我们称它为“新兴时代”——那是一个非常好的术语，但是人们整体变得更为灵性了。他们意识到一个事实，即我们都是抽象实体。为了经历某些东西，我们被粉碎在物质世界中。有人相信物理循环：在这些循环中，我们进入启蒙时代，然后落入黑暗时期。

我们之前就谈过这些。所以当我们说到古代文明的兴盛和衰落时，我们不会惊讶：古人也在技术上达到如此高度。

■这是你书的首要主题之一吗？

是的，这本书的基本概念来自量子学：我们是一体。我们生活在一种幻觉之中——这不是一个新观点。它是一个古老的想法，很早之前就有了。这种意识形态的实际根基要追溯到古埃及的开始。“万物归一”的信仰实际上是我们当今宗教的基础——比如犹太教和基督教。

■当你把这种意识形态当作“来源于古埃及”时——你是在讨论黑米特的史前时期，还是在说九柱神（Ennead）出现的时期？

我认为两点都需要考虑——我相信，埃及的真正起源是在 3 万至 4 万年前。

■好的，那么我们要说到我亲爱的兄弟、黑米特传统的智慧守护人伊斯兰学者的看法。他们认为，早于埃及人的是非洲古黑米特人——而不是亚特兰蒂斯人。

你其实能在对埃及诸神的描述上找到证据——有几百个。早期，历史学家将他们的想法与兽性的宗教信条混合在一起，好像他们崇拜动物——

并不是那么回事。他们做的是通过符号解释大自然的原理。事实上，它是一门科学。比如，亡灵之神阿努比斯就是一头狐狼。无论你在哪里看到狐狼头人身的形象，它都预示着狐狼的精神或者是狐狼原则，它掌管和守护亡者的灵魂。

亡灵之神狐狼的本质就是消化。在他吃自己的肉之前，他先让它腐烂，吃进胃之前，把肉撕成碎片。这是一种卓越的消化原则；他可以吃一切想吃的东西。

他们又通过符号解释自然系统，最终的解释在卢克索的阿蒙神庙（Temple of Amun）中找到了。

我们有阿蒙（Amun）、姆特（Mut）和孔苏（Khonsu）——神、母亲和少年国王。它解释了人类本质是抽象的，它来自二元性：人就是宇宙，我们是一切。

■你是如何从阿蒙神庙中获知这一点的？

当你步入阿蒙神庙，实际上它会给你讲一个故事——记录在建筑物上的故事。当你走进去时，你进入了他的腿的区域。当你进入庙宇中时，你其实穿过了腰部、胸部进入了头部区域。

■你在谈论卢克索神庙，不是卡纳克神庙，对吗？

是的！

■好的，那么我们谈谈史瓦勒和《人类的神殿》(*The Temple of Man*)吧。

这本杰作描绘了人类的物质本质以及人类的抽象本质。

■你是说，你理解了各种庙宇结构，进入了不同的层面？

正确。在宇宙婚姻的婚房中，你会发现一幅壁画，它解释了阿蒙如何与姆特交配创造了少年国王——人类。阿蒙和姆特也代表了奥西里斯和伊西斯（Isis）：他们是人的宇宙父母。这就是说，人类的本质是抽象的，他在物理载体中体验一切。它与我们今天的现代物理学解释相吻合。

回到我最初的观点，这个想法实际上是对犹太教－基督教信仰的鼓舞，它已经失传了。我必须要谈论的一个重要观点是：我们知道摩西（Moses）是埃及人——那是十分清楚的。无论你相不相信它是真的：据说他是埃及人，很可能就是“希伯来圣经”（Hebrew Scriptures）初版的作者。

我们也知道，基督教是犹太教的分支，耶稣（Jesus）其实在埃及度过了他的大半个童年。有一个令人难以置信的诞生情景，解释了秘传传统和基督教的埃及传统。那之后，耶稣去了埃及，你听不到有关他的任何消息，直到他 30 岁那年。

希伯来圣经和基督教圣经都有它们的古埃及源头。如果你是《圣经》的研究者，同时还研读了《新约》和《旧约》，你将清楚地看到：古埃及哲学就是《旧约》和《新约》的哲学，《圣经》并不像现代基督教解释的那样。它被注释得面目全非。

《圣经》中的所有观点都是秘传的智慧——非公开事实。今天，基督教说耶稣是一个绝对的男人、绝对的神，他绝对是为了你的罪孽而死亡等。那不是它要谈论的所有东西。《圣经》要谈的——耶稣正在谈论的是，我们出生时是物理属性的，但我们并未意识到我们的真正本质。我们正在寻求“本质”，当你理解我们是一体的“想法”时——我们就是宇宙——你就会认同“万物归一”的抽象本质。

那就是复活，不是身体的复活，而是自我身份的复活。

■你是说《圣经》中的复活是我们多维存在的典型描述。耶稣告诉我们，我们不会死亡，我们是不朽的灵魂。

是的。

■我认为，这是最主要的生命课程：我们不会死。如果你理解了这一点——你自己的不朽，它很可能成为生命中最伟大的灵性启示之一。

是的，那是他话的核心。明确地说，耶稣被钉死在十字架上的画像代表着一个有着肉身的抽象人物——有着肉身，受尽酷刑，因为身体死亡了。然而，由于这是一个抽象的人，复活或是开悟或是对抽象的、永恒的本质的理解及接受就是尼采（Nietzsche）所说的“轮回”。

耶稣被钉死在十字架上和其后的死而复生并非是真相——不能从字面上来理解。它们象征着对真理的追寻与获得；认识到自己的身份；超越性的认识：你是世界；你是宇宙；你是永恒。那就是他描写的内容。

■这些与埃及的精神技术有何联系呢？

他们从古埃及获得自己的想法。古埃及有一段遗失的历史。将埃及放在合适的时间段里，大概是在四五千年之前，埃及就像如今的美国：它是一个伟大的国家——教育、食品、文化、种植——人们都想去那里学习。早期希腊哲学家都想去那里学习。

■的确如此。它是地球上的文化和精神启蒙的真正的中心，我想。

是的，因此来自埃及的想法不只是宗教的基础——它们也是西方世界的基础。大部分知识已经失传，但是很多仍被秘密地保存下来了。它被摩西保存着。当然，当他死去的时候，古希伯来人似乎迷失了，基督徒和耶稣自己走上了历史舞台，斯诺替派（Gnostics）教徒理解了真理的本质。基督教于 3 世纪成为官方政治组织之后，它又走向了地下。

我们有类似的共济会（Freemasons），将这些知识秘密保存起来；它将我们带入文艺复兴。

在中世纪，天主教堂有一个秘密。那个时代，他们在欧洲建立了很多天主教堂。靠近巴黎有一座，它拥有所有的象征。共济会会员是不会谈论这些的，斯诺替教徒也不会。

这是本书的核心。它的大部分内容涉及历史，后者将这一运动回溯到埃及的炼金术士。这些内容通过基督教徒、犹太教徒流传至今。

■我喜欢你的书，当你探索这一进化进程时，通常非常科学，你从不在一些对现实的玄学理解上迷失。这使我很想读一读这本书。

我正关注的一点是：人们想要知道上帝是谁。这是伟大的追寻。我是谁？上帝是谁？发生了什么事？我们最终发现，科学与玄学智慧相融合了；科学通常指向这一个大秘密。

有很多人尝试定义上帝，其他人试着否认上帝的存在。我知道一个名叫理查德·道金斯（Richard Dawkins）的人，他是一位科学家，写了一本新书，宣称世上没有上帝。有很多书坚持这一概念，说是没有上帝。

科学家说："上帝并不存在。"因为他们无法找到证据，因此他不存在。我理解这点，但问题是，他们的关注点弄错了。他们试图寻找某种特殊的科学符号，具有讽刺意味的是，耶稣说你无法发现它。最奇妙的一点是，我们是神。对很多人来说，这似乎是亵渎神明的。

■我无法想象它为什么亵渎了神明！

耶稣说："我们都是上帝的孩子。"

当很多人对这一点有疑问的时候，从某种意义上来说，他们并不尊重他们引以为傲的《圣经》，也不尊重耶稣说的话。

我同意。我不是说："我是上帝。"那是不正确的。更为恰当的一种说法是，作为一个整体，我们是上帝。我们是一个整体。很长一段时间，我从未真正理解耶稣所说的"你怎么对待你的兄弟，你的兄弟就会怎么对待你"的更深刻的含义。

通观我的一生，我理解了这一点：当你对某人做了什么事的时候，你实际上是对自己做了什么。当你伤害某个人时，你也在伤害自己。

■在这个星球上的极度极性时刻，分离行为因为恐惧传播而出现。人们因害怕而发不出声，大多数人将远离统一性和一致性的观念。然而，我们却是一个身体上的细胞。

我把宇宙看作是一个物质身体，我们是这一身体的细胞。一个人得了病——整个有机体都病了。

其实，把宇宙比作身体的隐喻是非常好的。同样，古埃及人正试着解释我们是宇宙。

■是的——每一个细胞都是意识的一个单位。在《人类的神殿》一书中，我们通过神圣的建筑结构看到了人类的结构。谁说宇宙没有那样的相同结构？

是的，再次同意。我们习惯通过肉眼观察事物，一切都是分开的，这种思想在我们大脑中根深蒂固（我们的感觉器官基于大脑）。那就是我们如何理解周围世界的。但是事实恰恰相反。我们是抽象的。称为“宇宙”的物质世界其实就在我们心中。

其实有两种不同观点：微观宇宙和宏观宇宙。人类是宇宙，宇宙就是人。

那就是古埃及人建造这些巨型建筑的原因，比如卢克索神庙、孟菲斯（Memphis）神庙以及阿布辛波古庙（Abu Simbel）（卢克索的庙宇也许比其他地方的多）。在阿布辛波古庙，你会发现一尊40英尺高的拉姆西斯（Ramses）雕像，他的一只脚向前迈。他手握权杖，有一张非常女性化的面庞——圆圆的眼睛、温柔的微笑……如果你看不到他有这些假胡子，你不会真正知道他是男的还是女的。

■对佛佗（Buddha）和阿肯那顿（Akhenaton）形象的描绘，十分相似。一切精神偶像都有一个共同的特点：他们同时具有男性和女性特征。对于我，一位玄学研究者来说，这意味着他们达到了男女平衡的和谐境界——二元问题得到解决。

我认为，它甚至还有更深刻的含义。很多雕像，例如40英尺高的拉姆西斯雕像，其中一只脚上有一个两英尺高的女性雕像。如何解释这一点呢？那一个40英尺高的雕像本身就象征着宇宙（Cosmos，用大写字母M）

中的人类，即大雕像代表进化了的人类，而他脚上的女性小雕像则代表全体人类。

■为什么是女性？

因为女性是母亲——养育者。她是非常重要的。诺斯替教派的玛丽（Mary）以手握一个鸡蛋的形象示人。这是非常著名的诺斯替教派的女性肖像：身穿长袍，裹着面纱，手握一个鸡蛋。这代表了一个观点，女性是真正的生命来源——因为生命是从女人的身体中诞生的。那是生命的摇篮。拉姆西斯脚上的小雕像是一个女性，因为女性比男性更能代表人类。

■至少是人类的出生……

出生和哺育。哺育尤为重要。它推动了文明的进步。至少，那是我的理解。

■是的，我希望更多的人可以记住那一点。你认为，这些埃及的巨型雕像，比如阿布辛波古庙中的雕像描绘了“更高程度”的人吗？

是的，我这样认为。

■有人认为，早期的埃及居民可能是亚特兰蒂斯人，其实他们可能是一些巨人，你反对这一观点吗？我们确实有一些信息，谈到了在地球上行走的巨人。当注视着这些埃及巨型雕像时，一个疑问冒了出来：它们代表了一个实际存在的种族吗？早些时候的种族，也许是亚特兰蒂斯人？

我认为，这些雕像自身代表了一项发达的技术——你可以把它称为亚特兰蒂斯，如果你想（对于这个观点尚有很多争论）。我们说，亚特兰蒂斯人创造并制造了这些巨型雕像。他们是巨人吗？我认为，他们没有那么高——但是我认为他们很高大。

■等等！亚特兰蒂斯人创建了埃及，你认可这一观点吗？

是的，我赞同这一点。说得更清楚一些，亚特兰蒂斯非常非常大——更不用说这个岛在哪里建立的了。整个文明非常庞大，埃及是它的一部分。

■我也这样认为。亚特兰蒂斯文明源远流长，影响面广，是星球上现存最长久的文明之一。

是的，它持续了几千年。如果亚特兰蒂斯的化身在公元前 5 万年到公元前 1 万年存在，那么就有 4 万年的历史。我们知道，我们的文明大概才有 5000 年的历史。

■美国只有两百多年的历史！请想一想我们在区区 100 年的时间里创造了什么，比如我们发达的科技……哇！

我记得，你谈论过社会的飞速发展，也谈论过我们如何猜想埃及人拥有先进的技术。试想：我们在一百年时间内创造的东西，其实古人可能在几千年甚至几万年前就已经创造出来了。这的确令人吃惊。

从 1903 年到 1969 年，美国宇航员成功登录月球只花了 66 年的时间！其实，我们并非一下子就成功了。我们也应该这样理解金字塔的建造背景。人们仍在思考：他们是如何用手建造的？他们是如何把这些巨石拖上去的？但是如果你在那里，亲眼看到这些金字塔，就像我，会认为这实在是十分荒谬：是人把这些巨石放在一起。但那就是纪录片展现给我们的：所有的人都裹着缠腰带，在酷热中将 20 吨的石头堆在一起。

■哈哈！那肯定是一个传统谬论。但是说到金字塔，你在书中谈到了塞加拉。塞加拉的金字塔被认为是首个建造出的金字塔。但是我有疑问——你怎么看呢？

是的，我对此也有疑问。我并不认为，阶梯金字塔是建造出的第一个金字塔。我的预感是它是再次建造出的。它的底部以及四周区域的下方，有一些完全不一样的东西。5000 年前的人们已经能够轻易地建造出阶梯金字塔。

■有一件有趣的事情。扎西·哈瓦斯认为，埃及人一直在尝试建造大金字塔，直到他们最后掌握了这项技术。他认为墨西哥的情形也是如此。

我总是在想："是不是早些时候，那些古代的巨人首先创造了这些金字塔，后继者在晚些时候一再试图掌握这项技术？"

我认为，有十个是真正的金字塔，其他的都是仿造的。阿布拉瓦须金字塔是首个被建造出的金字塔。那在吉萨北部 5 英里处。你去过那里吗？它是一个被禁止的遗址。

■没有，但我很肯定会去那儿探索，"被禁止的"无法阻挡我！它是一个非常令人不悦的词。最近，在阿比多斯（Abydos），我想看的很多地方，门卫都不断告诉我，一切都是被禁止的。因此我找到警察："如果一切都是被禁止的，那么游览埃及的重点是什么？"

我们成功了，我迫使他为我开放一些景点。他不断告戒我，在那些危险地区攀爬很可能会被蛇或者蝎子咬到。我向他承诺，我发誓，如果我死于蛇伤，我不会追究警察的任何责任……我离题了。请告诉我们，你是如何知道建造的第一个金字塔是阿布拉瓦须金字塔的？

我认为，尼罗河流域的十个巨型金字塔是一个震动系统，它创造了一个电场，将低频和极低频波发射到畜牧和农作物上。大金字塔是最先建造的，但它本不应该是。它是一个发动机。它有一个抽水机，创造了压缩波，这其实开启了创造电场的过程。

■你刚刚说到阿布拉瓦须金字塔，那是最先建造的……

但是它没有完工。大金字塔是最早完工的成品。第一座金字塔的建造地点已经被确定下来。他们在吉萨高原建造了大金字塔，因为那里有很多岩石构造，它产生了一个效果，即把电集中到这一区域的地面下。

■因此，其他金字塔是在与大金字塔功能相关的基础上建造的。我猜测，那可以解释阶梯金字塔的形状——毋庸置疑，它是用来在一定频率上产生共鸣的。

是的！它也解释了为什么你向南走得越远，金字塔就变得越矮，因为你要得到因脱离这些金字塔而产生的衰减的负极电流，来吸引来自北面的电子，以创造这个电场。这里涉及的整个科技，将会是我下一本书的内容。

回到阿布拉瓦须金字塔。他们开始在阿布拉瓦须施工，在底部开凿矿井，修筑了15层石层。然后他们停止了，并丢下所有东西。为什么？因为他们发现了一个更好的位置，位于吉萨南部5英里的地方，那更适合于建造发动机。那就是我的解释。

阿布拉瓦须是匪夷所思的——你必须去那里。没有人在那里，因此你在那里探测位置时，没有人会打扰你。只有你和你的向导。

■我去那里体验什么呢？

你去体验一个未完工的金字塔，但我告诉你——当我在那里的时候，古代建造者的精神就在那里……比其他地方都要多。

那里有一个奇迹。克里斯托弗·邓恩其实发现了它。在南边，有一块4英尺长3英尺宽的石头，大约有18英尺厚——一块红色花岗石。它是用直径为40英寸的圆锯切割成的。你其实能看到刀口的线条，你能看到刀口停在什么地方——它建造了一个原始的拱门。它是我见过的最漂亮的东西。它绝对可以证明，无论何人建造了金字塔，都使用了动力工具。对此没有任何疑问。

我们生活在一个规范之下，它说历史应该是什么，但是我们知道这并不符合历史。

那里有一座丹德拉神庙——你曾去过那里吗？

■去过。

你看到过一些异常的东西吗？

■是的，在那里发现了一些令人兴奋的图像，看起来像两种人工光设备——就像巨大的玻璃管和一个穿过中心的细丝，和我们今天的白炽灯有点像。

是的，人们雕刻的浮雕——他们的发型非常特别，是吗？这些地下室是廊道。其实有3个——但是有两个对公众关闭。我认为它们是记录大厅。我想知道其他两个地下室中有什么，它们为何对公众关闭。

我知道，你有方法进入这些地方。如果你去的话，请拍下每一幅壁画和浮雕的照片。有些非常非常奇怪。

■根据我们现在的理解，很多埃及文字都很奇怪，不是吗？

是的，但是丹德拉神庙的文字异常奇怪。我只知道一个人，他试着对它们进行解码。那是否告诉你一些事情？为什么在丹德拉神庙无法获得更多的信息呢？这些壁画为什么不对公众开放呢？它们为什么没被谈到或者解释呢？

它和我去过的吉萨高原上的“未知庙宇”一样。我不知道它就在那儿——没有一张照片……什么都没有。

■我仍无法肯定，你谈论的是什么庙宇——那是如何不被人知道的？

它大概位于狮身人面像西面100码的地方，在高原的西南角。它是用岩石建成的。只遗留下4根大圆柱，由红色花岗岩筑成。当我看到它的时候，我难以置信。

■吉萨的伊西斯神庙（Temple of Isis）是怎么样的呢——你看到过吗？

伊西斯神庙？

■是的，我周围的人告诉我，大多数人无法注意到它。我们被禁止进入吉萨的这些小角落。

现在，他们在高原四周安装了监视器和篱笆，我相信很快，我们无法进入里面了。因此我鼓励人们尽快去埃及；也因此，我继续带领灵性探索小组前往那里。

这是一件遗憾的事。是的，我的意思是，埃及政府控制了他们的古迹，但我认为埃及，整个埃及，是全世界的文明摇篮。他们拥有世界性的财富。

■我无法不去思考这种可能：从某种程度上来说，他们害怕我们激起神圣遗址的能量。这种事在每个地方上演。在秘鲁，他们关闭了所有遗址。很快，人们就无法进入马丘比丘（Machu Picchu）了。在墨西哥，他们在所有的神圣遗址周围圈上了篱笆，禁止旅行者，甚至是一些当地人自由出入。为什么会发生这些呢？当我到墨西哥的奇琴伊察（Chichén Itzá）考察时，不久之前，那里还有一个卫星车和一些NASA设备。原来是乔治·布什和比森特·福克斯（Vicente Fox）进入了金字塔。显然，他们进入了金字塔顶部，很快，那里禁止人们进入了。

是的，有些事情发生了——但是我很不喜欢。

■我也是！让我们提醒人们，那些神圣的遗址，以及它们的神秘和不可思议，是我们的遗产。作为灵性的存在体，我们呼唤带来爱和能量，与古人编码的振动共振。他们建造了它们，一直保留到现在——为了现在而建造它们，也许，在我们知道结束的时刻，它们会帮助我们转移到更高的

认识中，即我们开始意识到它们是人类的遗产。

★★★★★★★★★

爱德华·麦考斯基写了很多书：《古埃及的精神技术》、《在法老面前》、《上帝的儿子、人类的女儿》（*Sons of God, Daughters of Men*）。

想要了解他的工作和发现，请登录他的网站：www.sonsofgod-daughtersofmen.com。

第十一章

何塞·阿格列斯和银河系的玛雅人——与斯蒂芬尼·索斯对话

◆◆◆斯蒂芬尼·索斯（Stephanie South）◆◆◆
◆◆◆何塞·阿格列斯（Jos é Arg ü elles）◆◆◆

斯蒂芬尼·索斯以前是一位新闻工作者，也是《宇宙编年史》（*Cosmic History Chronicles*）七部曲的合著者。这套书已经出版了4册，她目前正在撰写第5册《时空之书》（*Book of the Time-Space*）。在一系列梦后，她于1998年遇到何塞·阿格列斯。梦中，何塞向斯蒂芬尼论证了时间旅行和心灵感应。

她目前和他一起研究人类圈二号项目（Noosphere II Project），这是一项针对时间本质和宇宙意识形态的调查。她的书《2012: 时间旅行者》(*2012: Biography of a Time Traveler*）不仅仅是一次彻游何塞·阿格列斯研究领域及其他方面的动人旅程，也讨论了目前正在发生的星球危机，并提供了我们如何运用自然时间重新安排计划的其他线索，以此平安转变到下一个意识循环中。

她的研究表明，下一个意识循环将于2012年12月21日开启。

****

■这本书是一座爱的神庙，向何塞·阿格列斯以及其对我们进化经历所做出的贡献致敬。你是如何遇到他以及开始与他共事的？

我第一次遇到何塞，是在加州戴维斯（Davis）举行的第28届全球庆祝年会（The 28th Annual Whole Earth Festival）上。该年会是他于1970年发起的，那时他是一个大学教授。在那之前，我从未听说过他——我听说过一些“协波汇聚”（Harmonic Convergence），但我真的不知道何塞到底是谁。之前，我做过几个梦，梦中，一个人向我论证了心灵感应和时间旅行。当我第一次听到何塞的演讲时，我意识到他就是出现在我梦中的那个人。遇到他那次，他在年会上演讲，谈论整个世界是如何生活在人造时间中的。

一些词的确唤醒了我。

■有无时间的概念也是我工作的重要主题之一，因此我对你的书尤其感兴趣——当然，它是这本书中诸多线索之一。

的确。何塞的工作非常庞大，我认为从某种程度上来说，必须将它编译到某个模版中，以便其他人可以理解他带来的不同的经历和教义。让你们印象最深的，当然是1987年的协波汇聚。

■是的，那是我第一次听说何塞·阿格列斯。你能谈谈那个经历吗？他实际上组织了这一全球性的大事件，在那个重要的时刻，唤醒人们。

正是。协波汇聚发生于1987年8月16日和17日。

他早在20世纪70年代就获知这些日期：它们是某种奎扎科特尔（Quetzalcoatl）历法预言的结束日期，但是他并没有意识到，它会导致协波汇聚。后者标志着全世界人类第一次同时聚在一起，无论是祈祷或是在神圣遗址上汇聚。很多人甚至不知道是什么将他们带到那里的。他们协调并汇聚了星球上所有的祈祷、沉思和仪式。

许多人描述了某种“磁性拉力”，它导致数百万人为了星球的利益调整了他们的祈祷。正如我说的，何塞早在20世纪70年代早期就“被告知”这一时间。这是预言的基本实施方式，后者打开了通向2012之门。

■当你说他“被告知”这一信息的时候，你是指他的精神向导吗？他曾与银河系的玛雅人进行过联系吗？

是的，他曾与银河系的玛雅人联系过。在20世纪70年代，他遇到一个名叫托尼·沙瑞尔（Tony Shearer）的人，此人是美国本土诗人和短篇小说家。几年前，托尼从一位女巫师那里获知这些日期。他将这些日期告诉了何塞——那是奎扎科特尔历法预言的末期，奎扎科特尔是墨西哥神秘文化的开创者，是墨西哥传说中的伟大人物。何塞从托尼·沙瑞尔处获知这些日期，之后的1983年，当他“看到”协波汇聚举行时，他经历了一次真正强大的幻想体验。他看到人们在地球上围成圈，躺下，头朝着圆圈中心的火堆，他一直听到有人在说“地球投降仪式”。他立即意识到，这与协波汇聚有关，他知道，自己有义务把人们聚拢在一起。

■目前，他对地球上同步性瞬间的愿景引人关注。他如何将协波汇聚的重要性与2012联系在一起？

协波汇聚是预言之一——这个预言从1987年8月16日一直持续到2012年，基本上，何塞认为，2012年是一次重大的协波汇聚。

■正如你意识到的那样，人们对2012年12月21日颇为期待。说到这点，人们渴望知道关于玛雅预言的更深层次的信息。我当然认为来自何塞·阿格列斯的信息是“深层次”的。

那是真的。现在外面有很多很多世界末日的材料。

■是的——因此我要尽力帮助人们理解这一时间框架内的玛雅愿景，它标志着伟大循环的结束和新的开始，并非是人们恐惧的时间结束。人们似乎很难将死亡的抽象概念理解为结束，我们也知道，死亡并非意味着结束。

甚至在塔罗牌中，死亡卡片代表转变——从一种形式到另一种形式的转变，但它常常被错误地解读为死亡——一个人的物理死亡。

何塞如何描述我们即将在2012年末进入的新循环？

开始，何塞认为2012是时间频率的转变。基本上，我们会离开一个时间循环，进入另一个全新的时间循环。他认为在后一个阶段，精神意识的探索正好与我们目前的唯物主义或者关注的焦点相冲突。

■你是如何概括何塞的“突破性的书”《玛雅效应》（*The Mayan Factor*）及其重要性的？

他所有的工作都建立在3大主要因素之上：时间、同步性和艺术。《玛雅效应》其实描绘出一幅图景：目前的循环如何结束，新的循环又如何展开。它显示了自公元前3113年起，有文字记录的历史到2012年是一个“时间就是金钱”和男性统治的循环。它是一个巨大的循环，展现并预见了人类能够创造何种文明。现在，我们正进入另一个循环，开始于2012／2013年。

何塞与银河系的玛雅人有着稳固的联系。他多次遇到他们，有很多体验。他们控制了我们三维现实的一切事物，他们看着这一项目完成。很久很久之前，古代“预言家”预言了我们目前生活的方式。

■你认为究竟谁是银河系的玛雅人呢，能给我们一些启示吗？

根据何塞的工作所知，银河系的玛雅人基本上是星际旅行者……在特殊时间，化为肉身，为我们的转变时期播种，留下星球生物的线索，那时，我们将再次联系到那些更高维度的生物——即在2012／2013年。他们留下象形文字和线索，何塞把一生都花在研究和解码这些东西上面，它们已经提供了关于大转变（Big Shift）的信息……关于玛雅人的归来。银河系的玛雅人是时间、时间旅行、心灵感应以及那些我们想要具体化的超自然力量的管理者。由于生活在一个限制性的人造时间的世界中，我们大多数人都与超自然力量隔绝了。

■你是将“人造时间”定义为三维现实的本质吗？我想要说，我认为，我们面向的方向是我们转向的下一个维度——第四维度。实际上，我们在人造时间和其局限性的外围。

是的。我们正从第三维度转变到第四维度。

现在，在多个层次上，人们都是面向定向空间的。对很多人来说，他们看到的就是存在的，然而我们知道，有其他完整的故事在外面演绎着，超越了物质的矩阵。因此，基本上来说，人类越来越渴望探索并了解：在幻象和外观的三维世界之外，到底有着什么？我们越来越清楚地意识到这一事实：我们是与自己有关的特殊现实的共同创造者。

■是的，当你提到我们“看到”的这一世界时，我们需要记住，这个世界是我们自认为“看到”的世界。其实我们看到的比以“物质现实”呈现给我们的东西多得多。如果20个人观察一些东西，可能会以每一个个体进化和灵性发展为基础演化成20种不同的经历。我想提醒人们，甚至我们在天空中看到的星星其实并不存在于那里。那是幻象的完美证据。

那是真的。我们似乎都生活在一些奇怪的记忆中。

■是的。让我们想一分钟：那颗离地球有20万光年的行星可能已经在很多年前燃烧殆尽了，但是由于它需要花时间穿越这段距离，因此看起来仍然存在。当人们接受这一观点，即我们现在感觉到的时间元素能够呈现那些早已不存在的事物，它可以帮助他们抓住现实的虚幻本质……如果那不是幻象，那我不知道这是什么。

确实如此。是的，我们70亿人几乎有70亿种不同的认知……

■就像何塞。在我大半生中，我知道我与星星的这些联系，它肯定是我生命中的重要力量。

斯蒂芬妮，在书中，你提到“AA中途站”（AA Midway Station）是银河联邦的一部分。在读这本书之前，我从未听说过这一点，也从未在我与天狼星向导联系的工作中遇到过。你能给我们详细说说这一点吗？

根据何塞的经历，AA中途站是第四维度和第五维度之间的一个监控基地。他在那儿看到了监视屏系统，通过后者可以同时看到这一星球和其他星球上发生的事情……也就是其他行星系统。就像一种中央控制系统，它监督整个宇宙程序的时间计划进展情况。

他知道所有活动的一个完整记录——也许我们可以称它为“阿卡西记录”——所有事件、所发生的一切。AA中途站储存着所有信息，更高等的智慧生物监视着这个更高层的、宇宙性的进化，即我们正在经历的进化。他目睹了这种进化的不同方面，看到这对地球而言是多么重要。

■是的。我赞同这一观点，有更高等的生命监视所有星体的发展。它不得不让我思考，外面有更巨大的监视屏。对这个星球上一切生物的极端严密监视背后的原因，我有自己的想法，现在——是我们正要经历转变的时候。

嗯，他在AA中途站经历的事情并不像我们猜测的、人类在地球上做的监视那样。地球上的监视有更多入侵因素，至少我们是这样看待的。他体验它的途径很神奇。我认为，“监视”并不是一个正确的措辞。他观察到，我们正共同前进，我们现行的程序就像一个时间-扩散程序。所有的事情同步进行，把人类从人造时间中解放出来，把地球变为一种艺术品。

■能够为人们提供上述观点，是非常令人振奋的。同时，从一些人的角度来看，它展现了何塞难以令人置信的天赋。他确实凭借他那一双神秘

的眼睛洞悉了一切，以他的经历和学术知识呈现这一点。试着将这两个方面放在一起是一门艺术。他仔细给我们分析了玛雅智慧的真正深度，他们是如何能够接收到人类面临的预言：地球的积极转变。

《玛雅效应》还谈了另一件事，到了2012年，我们将如何穿越一束银河射线。这束银河射线代表了一个历史循环。你可以认为，那里有多种不同的银河射线，例如一度存在着恐龙的射线。恐龙几乎一夜之间灭绝了。

我们通向另一束银河射线——另一种时间。我认为，在某种程度上这是我们整个人类的一个梦。它之所以如此重要，是因为目前我们都对我们想在新世界中创造的一切抱以积极的态度。

■的确如此。我认为事实是，我们正被各种世界末日方案压榨致死——经济、战争，从某种意义上说，我们正被迫让保障我们安全的一切离开。我们正被迫寻找更高等的生命价值，那是这些黑暗面的两极反应。人们也被迫认识到，他们不需要大房子、高薪水、高端计算机来生存。

就像你说的，我们将会经历一次星际的、个人的启蒙。很多人可以觉察到，这是一个大转变的时期。根据2012年的预言，文明应该这样理解：当你来到这一循环的终点时，所有历史中、所有消失的世界中的一切命运都将在这一刻到来……最终得到解决和解脱。

■作为一种行星式文明，无论我们背负了何种业报，我们仍将把这些带入下一个维度，你同意这点吗？我认为，它不会自动解除，有些人却认为它可能会跟随转变一同解除。我认为，面对这些地球意识整个时间中的命运重负，我们将会获得提升星球意识的机会。在转变到下一个维度的过程中，我不认为我们的业报会随之解除——“乌托邦”式的幻想。然而恰恰相反，我们极有可能面临命运的各个层面，这种命运已经在这里得以创建，它获得机会去治愈、去提升，这都是我们进程的一部分。

从本质来讲，我们将我们解决的或者尚未解决的东西带入下一个银河循环——或者就像你描述的“光”。你同意吗？

我理解你说的是什么。我认为，我们能够获得整个调色板，任何事情都可能发生。可能像你说的那样，也可能在某种程度上，按下了银河“恢复”的按钮，所有事物焕然一新……或者也可能，我们不得不带来一些新的改变。我认为，经历可以由我们的个体意识决定。

■是的，我们再次达成了一致意见。我们面临着无数可能。那么天上的生命呢，这对玛雅人非常重要吗？

我们谈谈太阳吧。你谈论过太阳，它是如何释放各种能量的？

我的理解是，太阳是一种有意识的生物，它很清楚自己在做什么。它为这一转变，净化着地球和我们系统中的其他行星。这些模式是如何符合卓尔金历（Tzolkin calendar）的呢？

卓尔金历以260天计数。何塞看到，卓尔金历基本与二元太阳黑子周期一致：太阳通过银河程序运作。因为太阳系中所有的生命形式都来自太阳，我们收到的所有太阳程序皆能反映一切生命。太阳不断释放出多种模式的能量和信息，但是二元的太阳黑子循环活动为23年一个周期。非常有趣的是，下一个活动高峰就在2012年。

■那是显然的。我们有23年太阳黑子周期和11年周期的终点，这是由同时代人做的计算，都恰巧在2012年。2012 / 2013是太阳一个周期的结束，也是时间大循环的结束。在这一非常特殊的参考点上，看看太阳正在做什么，非常有趣。我认为，我们会看到一些真正的烟花。

事实确实如此！我们有报道预测，那时，没有太阳黑子活动——出乎寻常的安静。有人认为，那是因为太阳在为它3年一次的高峰做准备。很显然，对于那时将发生什么事，大家各执一词。NASA发布了很多关于太阳活动高峰的报道——比如，太阳耀斑能够干扰和冲击电磁网络。对于这一切将会如何发生，大家争执不下。

■当然，政府倾向于公布一些负面报道，说人类前景黯淡：小行星撞击地球、太阳风暴……我认为，太阳是有意识的生物——它知道自己要做什么。一切星体都是有意识的生物。

如果我们的确相信，事实上我们正进入更高意识的新周期；如果我们赞同玛雅人的理论，那么，从那些信仰的本质来说，我们不得不同意这一点：太阳很清楚自己在宇宙中的角色，知道它必须做什么。它只是银河系的一部分。

的确如此。这是一种很有趣的思索，例如，认为我们的系统是脆弱的——就像我们的因特网和我们的通信系统一样，一次地震就可能把它击垮。我认为，这不一定是坏事。从一方面来说，因特网像一种虚拟的心灵感应形式，它也许告诉我们，现在应该是真正培养精神感应术通信的思想力量的时候了。最终，我们应该达到某种阶段，那时，我们可以利用我们精神感应术的连接能力，和任何人直接交流。

■我同意。那也许就是因特网最终流传下来的原因。我们需要相信我们拥有这些能力，并开始尝试着在地球上运用它。我认为，人们正意识到他们自身的与生俱来的能力，他们的很多工作就是运用自己的精神灵魂追寻完成的。目前觉醒的人数有了巨幅增加。

是的。它发展得十分迅速。关于 2012，无论人们想到什么……从某种程度上来说，它似乎应该是我们 DNA 的一个触发器。很多人相信，那些可能对所谓的灵性东西不感兴趣的人，也许会通过那天的到来而被激活。它确实为人类创造了某种觉醒，无论他们选择积极或是消极的方式应对它。

我不知道你有没有理解，但是 11 月份将会出现一部关于 2012 的灾难大片：好莱坞巨作，一部预算庞大的电影。它很有趣，因为小镇上的人们和其他人也许从未听说过 2012 预言。很不幸，他们第一次知道它，将很可能是因这部灾难片。

■但那是媒体不得不追随的一种指令，你不这样认为吗？如果你一直

让大众非常恐惧和无知，你就能更容易地控制他们。我认为，行星的控制者不知道如何对待这一拥有70亿自由思想者的文明。最好把他们困在贫穷、饥荒、恐惧以及奴隶制中——让他们认为，只有政府才有解决办法。就是这种控制。

的确如此！那就是现在正发生的事情。

■我告诉你，坐在这里，看着它，很有趣。我仍然完全相信，我们正朝着伟大的觉醒加速前进，没有什么可以阻止我们。

那是绝对的。就是它，让我们的生活变得更加美好。

■说到现在出现的令人兴奋的事情，我想起了与外星人接触有关的揭秘，人们为此争论不休。显然，何塞经历了直接的接触。谈到即将在2012年发生的事情，你能与我们分享一下他与外星人接触有何感受吗？

首先，何塞认为，人们完全误解外星人了，他们不是大家设想的那样。这些年，他经历了很多你称之为“接触”的体验。基本上，他确实感到，他接触到的智力生命促使了协波汇聚的诞生和其他工作的完成。这些工作是通过与更高维度的外星生命接触而触发的。

回到我们刚才讨论的话题，即监视（我知道我们不喜欢“监视”这个词）或者引导地球上一切事物进化的生物，以及被发现的不明飞行物。何塞把不明飞行物看作维度间的、地球上产生的、星系程序的“信息携带者”。

现在何塞对外星生物大感兴趣，但是他很小心地不把焦点放在这些方面，因为它们容易引起轰动。但是，他肯定与一些更高维度的实体接触过。

■我认为，实际上人们是理解“地球外”和“外维度”的差别的。因为你知道，我也是这些外维度生物的通信渠道。我认为，考虑飞船四周有三维的、物理实体飞行，这是非常现实的。这些被发现的飞船及生物是不是全息图，或者他们是否是真的？现在围绕这一点，人们还有一些争论。

我忍不住怀疑，我们是否将在2012年有一次突破和发现……的确这是我从与我接触的向导那里获悉的。我个人认为，我们离我听到的一切，现在已经是越来越近了。

这引出了我的下个问题。你如何看待麦田怪圈？你或何塞进入过这些构造吗？

没有，从未进入，何塞也没有。他看过一些图片，他肯定把它们看作是下一个循环的某些迹象。

■我很愿意给你寄一些图片和信息，如果你想要的话。那么所谓的火星上的“脸”是什么呢？你在书中提到过这一点，说它对何塞有重要意义。请你给我们谈谈，这张脸对他而言代表什么？

理查德·霍格兰（Richard Hoagland）曾经在NASA工作，他给何塞看了这张脸的照片。那是1983年，当他看见它时，它似乎成为他记忆的触发器——那些来自其他星球上的任何时间、任何世界的记忆，它确实把他的大脑轰炸开了。他看到脸蛋的4天之后，他有协波汇聚的幻觉。他一看到它，它就立即成为了一个“觉醒闹钟”——你知道，就是提高你的意识或者加速你的进化。

■你提到，牧夫座大角星一直盯着火星。我们能讨论下这些生物在监视什么吗？你认为目前火星上有文明存在吗——或者就是地球生物——人类，他们在地表挖洞，入侵那里？

他觉得，牧夫座大角星在监视这些生物。他还说，火星上有文明存在。马尔戴克（Maldek）星球上的文明比火星上的更为先进，马尔戴克就是我们现在熟知的“小行星带”。他听说了一个故事：首先，马尔戴克上诞生了生命——那就是原始的伊甸园；一些不和谐的事情发生了，行星爆炸了，形成了今天的小行星带；来自行星上的所有生命转移到火星上，就在那里创造了文明，但是现已经灭绝了；来自两个行星的生命和他们的文明转移到了地球上。

■哇！那就是因果轮回。它证明了我原先的意见，我们很可能带着我们的业报一起进入下一个维度。

是的，那些我们经常遭受却无法放下的经历，例如幻觉记忆和其他经历，也许很好地表现了意识的其他状态——也许我们处于其他世界中。也许，在这次投身中，我们竭尽所能，满怀希望地尝试着纠正、告诫人们那些因果报应，激起这个星球的振动。

■加来道雄是一位理论物理大师，谈到很多维度层面离我们是那么近——他们可能就在我们鼻子下面。

看到我们的顶级物理学家和其他科学家尝试解释我们正转化到这些其他维度的事实，真是非常迷人。毋庸置疑，这种“似曾相识感”可以解释为我们进入其他维度时，在这一维度中，你现在正在经历的活动或事件已经结束了——确切地说，就在你经历后1毫秒之内。

的确。人们似乎越来越多地体验到这些时刻。很多人谈到11：11的时间提示，其他维度的光如此之快，你无法完全抓住或记住它们……但是你希望你能！

■当然！我可以亲自证明那一点。

回到外星人问题。有人说他们不相信外星人存在，我想提醒这些人，我们目前正在火星地表上运行机器人。它们是人类创造的外星人（并不是争论地下到底有没有人类存在）。人们无法停止疑惑，但是我们现在已经有两个在火星地表作业的机器人了。那是我们唯一允许获知的东西。它们在那里做什么？我们真的会相信，它们是在拍摄岩石照片，采集土壤标本？

一点没错！2000年，我在墨西哥恰帕斯（Chiapas）的帕伦克古城（Palenque）遭遇了一次特殊经历。我们小组有8个人。就在我们抵达的那个晚上（我之前从未看到过不明飞行物），我们计划去碑铭神庙（Temple of Inscriptions）的前一天，天空中到处都是不明飞行物，毋庸置疑。我们抬头看向夜空，其实看到了一艘巨大的母舰。小组中的一些人是不明飞行物研究专家，他们也从未看到过像这样的东西。伴随着这一经历的感受是无法名状的，因此我确实相信不明飞行物是存在的了。

■啊！帕伦克遗址。这是多么令人惊异的联系。我正好从那里回来，因为我和那里的巫师一起工作。事实上，在最后一次访问中，我加入了兰肯顿（Lacandón）家族部落，被任命为帕伦克遗址的 4 大灵性向导之一。也许你知道，兰肯顿家族是帕克·沃坦（Pacal Votan）的直系后代。我和其他帕伦克遗址的精神领袖一起接受祝福，享受这一巨大的荣耀，他们是卡亚姆（Kayum，帕伦克遗址第一监护人）、安东尼奥·维乔（Antonio Viejo，部落长老之一）、赫伯兹人·蒙（Hunbatz Men，著名的尤卡坦[Yucatán]玛雅长老）。对我而言，对一个女性而言，这是一份让人难以置信的荣誉。

他们是一群令人震惊的人。很显然，帕特丽夏——这绝对很迷人。

■谢谢你。是的。因此，我知道 2012 年我将前往何方。

正如你所知，何塞的工作建立在帕克·沃坦的预言基础上。那是很多观点的起源。

■你成功进入了帕卡尔（Pacal）的坟墓吗？

是的，我进去了。

■我也是。我们无法透露那是如何安排的，因为这是不被允许的。因此我肯定，出于安全考虑，我们两个都不想在著作里写上那个允许我们进入的人的名字。那是一次相当震撼的体验……一次非常深刻、非常情绪化的体验。我后来在碑铭神庙顶部坐了很长时间。只有月光照在帕伦克遗址

的土地上，照着我，丛林里美洲虎的声音从我后面响起。这次经历非常值得纪念。但是我没有看到一艘母舰——也许它来到地球的时候，我的意识正游离于地球之外。

多么神奇！

是的。我从未看到过这样的东西。对于它是什么，似乎没什么问题。我们小组中确实有一些怀疑者——甚至他们也无法否认那个晚上看到的东西。

就像我说的，它是一艘巨型母舰……那是唯一一种描述它的方法。

■我猜想，它确实是怀疑者的轰炸型消息，站在帕伦克遗址土地上，看到头顶有一艘母舰。欢迎来到知觉的新世界！

通过学习何塞·阿格列斯的经历，即在巨大屏幕上，看到这一重要转变过程中发生了什么……你如何建议人们，帮助他们准备并理解，它不是一个有限的日期——目前的过程是我们进入下一个维度必须经历的？

我相信，转变已经开始，我们已经体验转变了。何塞觉得，我们必须从根本上改变我们与时间的关系：什么是时间，什么是时间旅行。我们需要像探索空间一样探索时间——材料或水平面上的探索。他认为第四维度就是时间——垂直的平面。

在对各种时间周期进行数年的研究和实验之后，他发现，依照 13- 月亮和 28- 天日历生活，那绝对会让你超越如今的意识层次，事实上是进入另一个现实层次中……只要凭借不同的时间周期环。在玛雅文明的高峰，玛雅人同时还使用 17 种历法。他们并不像我们一样看待时间。他们绘制下星图，用不同的行星周期校准不同的大事件。

我从 1998 年起一直使用 13- 月亮历，28- 天日历，我可以明确证明它是如何在 12 月的公历和 60 分钟的限制之外命中你的频率。你必须要试着感受它进入你意识的效果。它是深刻的。

■事实上，我从来不戴手表，已经 15 年了——不管怎样，它们对我没用。

人们通常被迫离开，我常常告诉他们时间里面的东西。当他们质疑其可能性的时候，我告诉他们，这是一种调整物质，只是会让我们越来越意识到太阳和月亮的存在，产生一种心灵感应。你和事物的自然行进变得越来越和谐……当然还有大自然的本质。

如果你将此与生活在不同的周期中联系起来……

你知道，这涉及了天狼星。7月26日是天狼星在夜空升起的时间。

13-月亮历出现了——埃及人习惯使用一种类似的日历，他们的新年是7月26日，这种历法是建立在52年的周期之上的。生活在不同的周期中，你的大脑被从格里高网格中拉出来，后者拥有不同的节假日和周末等。如果你愿意，你仍然能使用13-月亮历，就像使用一种新的透镜观察现实。

■你的书将会讨论这种历法的更多细节吗？

是的。它讨论何塞如何发现那一点，然后开始生活在不同的时间周期中，例如13-月亮周期——那是一个大转变。实际上，历法不久就将运用了。我目前正在创作《星际旅行者关于同步性的13月历书》（*Thirteen Moon Star Traveler's Almanac of Synchronicity*）一书，它是建立在何塞的工作上的，这本书将会帮助人们理解如何在不同的时间周期中生活。

■那将是给人们的一份大礼，对那些经历时间转变的人来说是多么重要啊。它似乎是公有事物，甚至涉及那些决心不追求精神事物的人们。一些顽固的实用主义者也在谈论：时间并不是我们习惯的那样，一天并没有足够的时间……在某个层面或者其他层面上经历一切。人们确实感受到他们正在丢失时间。

对话就要结束了，你最想给人们分享什么信息呢？

我认为，现在是发现你的内心呼唤的时候了：你的内在天赋是什么，如何创造你的艺术——你要给这个星球带来什么。我们需要做一切努力，在这里共振。星球需要我们所有人的爱、光和创造。我认为，探索时间的本质也相当重要，因此我建议人们研究他们正使用的公历——这个历法到底是什么，并开始做其他的时间周期实验。我向你保证，它将会改变你的意识，提升你的频率。

我建议所有人去读一读这本书，不仅因为我自己也在读，还因为何塞有很多不一样的信息，这些信息与我们生活中的时间息息相关。这些都能在书中找到。我试着讲讲他生命中的故事，但也试着给出我们生活的时间的线索，以及我们可以为这次转变做些什么。

■当时间不存在的时候，进入一个维度的最好办法是什么？记住，我们已经进入了这次转变，探索这一伟大星球居民的全新的道路，通向一个新世界。

斯蒂芬妮，我爱你，我爱何塞。请转告他，能通过和你谈话了解他的信息，超越时间的矩阵，接近他的思想，我非常高兴。

****

欲知关于斯蒂芬妮工作、组织和银河系研究院的更多信息，请登录她的网站：www.lawoftime.org。

第十二章

时间的尽头——与德隆瓦洛·默基洗德对话

◆◆◆德隆瓦洛·默基洗德◆◆◆
◆◆◆Drunvalo Melchizedek◆◆◆

像以往一样，我很荣幸能够为你们带来一些伟大的思想，帮助人们打破传统樊笼，和雄鹰一起在科学和直觉融合的自由思想地带飞翔。德隆瓦洛·默基洗德也在帮助我做这项工作，他以生命之花（Flower of Life）和魔卡巴（Merkaba）享誉全球，自称为玛雅领导人的“声音”。如今，在这一转变时刻，所谓的“时间的尽头”，他回到了其领导岗位上。

****

■亲爱的德隆瓦洛，感谢你在这特别时刻做客。我们将要讨论你最新的畅销书《光之蛇》（*Serpent of Light*），该书描述了地球生命力能量的伟大转变。地球为何是一个活着的、有意识的生物？她如何像我们一样经历能量激活和转变？思考这些问题非常重要。在之前与其他先锋思想者的谈话中，我们已经谈过人们为控制这种能量做出的努力了！

我们正要进入 2012 范式，这和我、你的教义以及很多其他大师的信仰恰巧一致。石头上并没有刻着日期，我们不需要将自己限制在这一日期上，记住这两点非常重要。关键的是我们经历的转变过程，我们感觉到它已经启动。

盖亚（Gaia）有她的能量旋涡，其中很多是神圣遗址和古神庙所在地，我们中的很多人正将自己带向这些地方。我们去那里接收信息和能量，但更多的是——我们去那里带回了爱、显著的能量、治愈力。你一定已经通过穿越大行星的旅程，与我的探索小组一样，获得了上述的爱、能量与救赎。我也致力于这一目标。

拜读了整本书，我很好奇，你能给我们谈谈本书的主题吗？它是如何诞生的？

有很长一段时间，我被禁止谈论这一点。很多年后，大概在 2006 年，我的精神导师，他们是土著人，告诉我应该把这些概念写进书里。实际上，地球上有数千人意识到了这一信息，但他们大部分是土著人。他们让我把这一信息公布出来，而我也这样做了。

■我知道，你和我一样，与玛雅人联系密切，因此当你提到“土著人”时，你是在讨论地球上的所有部落吗？

是的，还有其他一些部落，他们至少和玛雅人一样重要。

一些人甚至并没有意识到这一点：对于所有将在地球上发生的一切，他们至关重要。他们正将这种崭新的意识带给地球。没有土著人，我们就无法做到这一点。同时，我们也没有这样做的一种意识。我们需要他们做到这一点，我们在很多方面都需要他们，没人理解这些。

没有他们，整个地球将会死亡——我们也无能为力。我们的意识并非是可持续的。

■是的，作为一个物种，我们与地球分离了。土著人能够支撑地球和把握振动，掌握记忆和进行祈祷……以及发出声音——我们目前正了解到

的声音。

他们记得很久很久以前的事情。玛雅理事会说，玛雅人能记得 2.6 万多年前的一切事情，因此他们的记忆至少能回溯到 2.6 万多年前。怀塔哈人（Waitaha）能回忆起 6000 年前的事情。某些长老实际上能复述他们整个家族成员的名字，从最古老的祖先一直到今天的亲人，整整 6000 年。

■我记得我之前提到的和你告诉我的事情。他们如何将自己祖先的名字保存 6000 年之久，这一点已经超出了我的理解。

而且那些名字实在是很长……

■他们的寿命更长，这是真的吗？也许那就是他们能够完成这一令人难以置信的伟绩的原因！

是的，他们确实有更长的寿命。我们的寿命一直在减短，但是我们却认为自己生活得更好了。我的很多家人活到了 100 多岁，除了我，我已经 97 岁了。家族其他成员有活到 110 岁的，也有活到 120 岁的。

■那很好！我们将在 2012 年见到你。

你在我们谈话之初说过，他们不允许你透露这一信息，但是现在他们说你可以了。为什么现在可以了呢？

这很有趣。我写了这本书，并于 2007 年将它出版。2007 年 7 月，玛雅王国的大长老唐·亚力山卓·西里洛·佩雷兹（Don Alejandro Cirilo Perez）来到塞多纳（Sedona），并召开了一次会议。那时，我也住在那里。他是谁？墨西哥、伯利兹和危地马拉的玛雅王国有 440 个部落，每个部落都有一个长老被选为部落领导人。有 440 位长老，他们是危地马拉全国玛雅长老理事会的成员。长老理事会的成员再选出一位领导者……那就是唐·亚力山卓。他是第 13 代玛雅萨满，他或许比谁都更了解玛雅预言和历法。

当我在塞多纳遇到他时，他其实想要两样东西。根据玛雅历法，确切来说，有60个人将现身地球。他要求我将这些人召集到一起，因为日历上说，当玛雅民族开始重建知识和记忆时，世界将为之瞩目。这些知识和记忆来自于过去2.6万年中发生在他们身上的所有经历。因此，我这样做了：我和其他60个人去了危地马拉，他们来自五大洲，23个国家。我们通过常规仪式（在各个地方，以各种方式）开始我们不凡的旅程，以完成玛雅人的预言。

当我们在那儿按照他的要求行动的时候，他开始告诉我们玛雅预言是什么……但只是预言的一部分。一部分预言已经公布出来。他尚未公布重要部分，但他告诉了我。大多数人只听说过针对预言的解释，说一切都会在2012年终结——世界末日。在某种意义上，他沿用了这一观点，因为他强调说，地球磁极将会转换，也许就在下一秒，也许就在5年之内的某个时刻。地球的南北极将会调转。

■根据玛雅人的预言，这将会在何时发生呢？

你必须知道，所有的一切都与周期有关。当我们看循环的玛雅历法时，想一想时间（就像我们看手表，认出是5点钟）……我们忘记了，这神圣的周期正在循环，就像地球正在旋转一样。世界上存在着各种周期，大部分尚未被人们注意到。其中一个周期叫分点岁差（Precession of the Equinoxes），接近2600年，将于2012年12月21日结束。那是一个科学事件。

另有一个与玛雅人相关的周期，为5200年——如果你将此乘以5的话，就得到2.6万年。这一周期也将于2012年12月21日结束。

■那么在你的计算中，数字5代表什么呢？

当然，在几何学上它是一个五角形。在整个周期中，它仅仅与一个循环产生联系——它从未与其他循环相关，但有一个例外，即每2.6万年的循环：精确地说，应该是25771.5年。因此，这些周期不只与时间和我们传统上认为的一切经历有关，还和意识本身有关。你可以说它是“宇宙DNA”（玛雅人也是这么认为的）——所有循环中发生的事件的呈现，不仅仅存在于地球上，还包括所有的星系，无所不在。正如在人类的生命中存在着某些循环，当这些循环出现的时候，就会促使我们发生变化。我们变得有些不一样了。

他们说，将会有一个极移事件，这意味着全球性的巨大破坏：各个大洲上升或者下降，新的山脉形成……巨大的变化。同时，旧的周期正在结束，新的周期即将开启，根据玛雅人的说法，新的周期有益于人类意识。

■很多人非常害怕极移和它会给地球带来的严重后果。你能否告诉人们一些信息，以帮助他们理解这一进程，使之信任并期待这一进程，而不只是恐惧呢？

玛雅人想要对全球所有人宣告：在这些变化期间，我们应该如何做。他们说，有一种人们可以把握的途径和振动，能使人们直接与地球和太阳的心脏产生联系。当你那样做时，你不会受到伤害；相反，你看待、了解世界的方式将会完全改变。你将会以一种崭新的方法观察现实，它不可能是相同的。这是他们想要发布的一个信息。

它并不难——任何人都可以做到。你必须正好知道如何做。玛雅人谈论“黑暗周期”，他们说最近的一次是在1.3万年前（另一个分点岁差末期）。那时，有一个黑暗时期，几百万人死去……简单说来，这是因为他们不知道如何做。如果他们知道，他们就不会死亡。这就是玛雅人想要告诉我们的：人们可以做些应对措施，这样他们就不用担心将要到来的改变。我们应该在2010年底前，或许更早，向人们讲清楚这点。

■如何告诉人们呢？那照片上的60个人将成为长老团的发言人？

不是这样的，他们本身就是长老。我也和其他玛雅长老一起工作过，但是这个团体最为强大。他们想要告诉我们这些，但是还没有准备好。他们说自己正在“等待”。

■他们为何要等待……想想你刚才说的将要发生的事情，也许，随时会发生？

我不知道。我不能告诉你这一点。我不知道他们为什么要等待……但是他们确实在等待……

■也许他们正积蓄地球能量，等待看到人们在此期间的进步情况？

他们根据玛雅历法认真执行每一个步骤。长老们正在预测：什么时候人们应该做哪些事，什么时候不做哪些事情，以及人们如何工作。我不会在这方面问太多问题。我只是知道，当他们准备好时，他们会那样做……不到那个时候，他们就不会采取行动。但是我知道，他们正在为此做准备，因为他们是这么告诉我的。

我已经安装了一个全球电视系统，覆盖 40 个国家，一切将在这个月准备妥当。因此当他们说准备好了的时候，他们会进入某个录音室，与全世界的人们对话。

■人们如何通过你的网站调到那个频道呢？

是的，当事情发生时，我的网站会讨论这一点。

我会谈论他们对新周期的看法。全世界都会关注老周期的结束。玛雅人说的是财政系统、政府将会灭亡。

■是的，我们看到这些现在正在发生。

是的，他们谈论了一种新的进程。我们几乎无法想象，我们目前就开始转变了。首先，他们说我们将真正能够与宇宙中的其他生物进行交流，所有的“光之形式”将会在这一时间现身地球。会有更多人来到这里。我们将首次真正与外星人交流。

■我不自觉地引入了这一讨论，因为我感到这一现实其实正在逼近。在这个伟大的宇宙中，我们并不是孤儿。理解这一点非常重要，它是银河转变意识的重要部分。一旦我们公布了“外星人在地球”这一惊天秘密，请进行全球性的接触吧！

是的，我同意。我们认为银河系将有一场战争，其实并没有。我们的银河系有几十亿的高龄，它已经形成了一个形体，和我们人体十分相似。有些区域很像肝脏、心脏、大脑以及其他的部分，它们协同工作。它建立在爱的基础上——全面的布置。当然，也有一些小小的空间引起了一些问题，因为它们是正在发育的孩子……它们不理解整个大局。

事实是：生命就在这里。此时，有 25 万种文化，它们就在地球上，它们观看着，等待我们完成这一革命性的跳跃。这一点不久就会发生。我们一旦转移到下一个意识形态，就能看到不一样的事物，我们将看到它们。

生命将变得与众不同。

我那时正好在哥伦比亚，我和科吉人（Kogi）和阿尔瓦科人（Arhuaco）生活在一起，他们是与玛雅人有联系的部落。他们更加古老——他们被玛雅人称为“老大哥”。当我跟他们交谈的时候，他们谈到九个世界，我们正进入“第五个世界”。这就是霍皮人（Hopi）和美国其他土著人相信的东西：我们来自第四世界，前往第五世界。

因此我说：“那意味着现在我们将进入第五世界——希望我们最终能抵达第九世界。”

他们看着我说：“德隆瓦洛，你并不明白。一切都与平衡有关。四个世界在边缘，而第五世界在中间。它是最平衡的世界——因此它是最高世界……那就是我们将要进入的地方。”

这是给人类的巨大恩惠，我们完全没有害怕的理由。我们即将通过，令人惊叹。因为我知道有很多事情将要发生。

我知道我们不必害怕。我们可能会看到发生在周围的破坏性事情——那是地球母亲正在重新设置、移动她的躯体。

■是的，但是我们不要忘记很多破坏是人为的。我们不要忽略这一事实，在我们这个星球上，几乎没有哪一天没有战争。正如斯蒂芬·巴赛特所说："战争是我们人类做的事情。"

我说："我们必须停止战争。"

是的，那是一个古老的循环，它将会离开并灭亡……

■很多人如此害怕这一变化。我想对他们说："即便我们人类就要走向灭亡，而你并不愿意离开，且看一看人类在最近所做的一切，老老实实地问你自己：你还要坚持什么？"

让我们在我们能够有所创造的基础上，向前看，而不要因为我们的恐惧往后看。

让过去的过去吧！

我们现在非常像一只蝴蝶。我们仍在茧中，就要看到所熟悉的一切消失，一些崭新的东西出现。它是巨大的——它是美丽的！玛雅人非常兴奋地告诉我们这一切。

■我迫不及待了。那时，他们将最终带着秘密出来，并和整个人类交流。

我告诉你一件事，关于他们如何看待 2012 年 12 月 21 日。他们说，它不会那么精确地发生在那一个时间点上。

■是的，我同意。我们不要过于关注这一个日期，它会来也会走。有人轻声叹息，也有人感到失望——因此我认为，放弃有限的线性思考，理解我们已经处于"改变之中"，非常重要。

玛雅人其实认为，它会在那个日期之前发生。

■德隆瓦洛，当你说"它"的时候，你特别指哪一点？

我有太多的信息，我无法在这一一分享……根据玛雅人的说法，极移现在就开始了。极点移动通常伴随着南北极的转换，以及地磁干扰。我们从最近的一次，即 1.3 万年前的极移中知道那一点。那次极移，转换了南北极。确切地说，我们知道在 2.6 万年前发生了另一次磁极移动。

■事实上，我们在磁气圈上看到一个巨大的变化。

正是！磁极移动发生在极点移动之前。我们的磁场强度其实已经在大约 2000 年前就开始下降了。500 年前，它们开始大幅度下降。事实上，大约在 40 至 45 年前，磁场异象变得非常明显，人们必须修订全球的航空地图。后者是在 90 年代完成的。现在，在他们降落一个大型喷气客机之前，他们将第二次确认那里的磁场，以便他们不会降落在机场之外。

■等等！那是一些严肃的天体物理学问题，我必须请你详细解释一下——特别因为我明天将会登机。

磁极每时每刻都在改变。它们不是静态的。

它们从来不是静态的。这就是鲸一直冲上海滩的原因：它们凭磁力线导航，现在磁流改变了，它们就冲上海岸了。有一些迁徙的鸟类突然停在一些地方，人们在这些地方从未看到过它们。

它们在做同样一件事情——它们跟着磁力线，但是这些磁力线和 100 年前的不一样了。

■我认为，鲸搁浅海岸另有其因——逃避无法忍受的音速武器，这些武器遍布于每处海洋。

至于空中交通，你是指喷气式飞机的飞行员必须关注并意识到这些磁场异常现象吗？

不是，他不需要考虑这些，在控制室有自动程序，不断地监视磁力线。

它们一直在变化。程序必须不断地勘测磁力线，调整信息以有利于飞行员着陆。

■有人认为，地球是一个稳固的现实世界，对这些人来讲，这是多么重要。他们无法接受在一纳秒时间内，地球磁场可能完全转变。

超新星在2003年出现。一些研究这一现象的地理物理学家说：地球上的磁场异象如此明显、影响之大，他们相信，在下一个25年中，将会有一次磁极移动，引起一次完整的逆转，即北极变成南极，而南极却变成北极。

一年半之前，就是这些科学家在因特网上说，这将会变得更加糟糕。许多事情将接踵而至，比他们预测的要糟得多。政府不许他们说这些——他们被禁止谈论这些事情。9个月之前，他们出现了，在他们被禁止谈论之前，谈论了5天。他们说，事情比他们预测的要糟糕得多，磁极逆转会在任何时候发生。

这就是玛雅人要说的——极移可能在任何时候发生，它可能在20小时内完成。你早上醒过来时，地球震动，你无法相信。震动会在20小时后静止，相对于赤道来说，你现在处于地球上一个完全不同的位置上了。

■我认为，这么多人亲身经历这一大变动，非常令人吃惊。周围有很多古亚特兰蒂斯人和利莫里亚人（Lemurians）……这些古老的灵魂回来经历地球进化的这一瞬间。

记住——这不是政府精心布置的谎言。这是神——它是大自然。你必须相信它！这就是它的道路。

■如果有任何区别的话，那就是政府通过这些控制机制引发了恐惧。这些机制无处不在。我们必须战胜对破坏和变化的恐惧，想一想："它更像是什么？"它会怎么成为银河事件的一部分呢？

全世界都一直盯着玛雅历法：告诉我们那意味着什么！唐·亚力山卓说，世界相信玛雅人的一切——玛雅人自己并没有这样说。我们从考古学家、教授、政府、宗教那里听说过玛雅人的信仰，但是唐说，在这500多年中，没有一个词直接来自玛雅人。

他说，这些解释玛雅人的人并不理解他们在谈论什么。这就是他们要直接跟我们说的原因。

■我肯定，当他们准备与人类对话时，能够为他们提供一个全球性的通道，对你来说也是一种荣耀。

磁气圈和周期转变是如何与《光之蛇》联系在一起的呢？

完全相关。地球的生命力像一个不同的主题，但它完全与相同的周期联系在一起，极点移动和其他方面也是与之相互联系的。人体是地球的复制品。一个人可以体验生命力，在这一历程中，脊柱底部的能量开始上升——几乎像性高潮，但是它来自另一个渠道。它是相同的能量——但是来自另一个不同的渠道。它与其他渠道的复制目的不同。简单说来，它激发人去发现神明的欲望。

一旦你有了一次生命力体验，你真的没有别的选择！你必须不断搜寻。

地球也有一种生命力，它来自地球的中心，向地表移动，就像我们的底部脉轮一样。它与我们前面讨论的周期相互联系。1.3万年前，它移动到西藏西部那高高的喜马拉雅山上。一个巨大的白色金字塔耸立在它所在的地方，但是那里从来没有人类生活。生命力来自地球，循环的范围极广，遍及中国西藏、尼泊尔、印度以及中国内陆，它让住在那里的人们经历了生命力的提升。他们变成了大师。

■你谈论的这个金字塔——它真的是物理实体的金字塔吗？几年前，我去过西藏两次，从未听说过，也没有看到过。

有两个探险队曾寻找它。第一个探险队靠近它的边缘，可以在下面仰望它，但是无法接触到它……因为他们食物不够了。第二个其实走进了它里面，在内部拍了照片，为地球做了记录。因此白色金字塔确实存在。

■人们可以在哪里看到这些照片呢？

我不知道。他们找到我，给我看了这些照片。

墙壁上没有任何文字记录，他们说它似乎是建于昨天。他们说，那里有一扇开着的门，一条通道，除了中间部分，任何地方都没有笔迹或者图像。还有另一个大金字塔，金字塔的北面墙壁上，只有一个东西：生命之花（Flower of Life）。它是19个循环的象征，发源于埃及，我曾经研究过它。

那时，我在上这一门课，他们来到我家问我，这一图像代表什么，因为他们正试着解答谁建造了金字塔。

生命力已经转移到智利安第斯山脉（Andes）北部。那就是我新书的内容——能量的运动，几千个土著人，他们研究能量、履行仪式。这是运动的一部分。现在有112个部落，围坐在一起，因为他们知道能量是多么重要。这就是觉醒——因为我们就要看到的是，诸多南美洲导师即将诞生——就像以前一样，生命力在西藏时，催生了西藏地区的喇嘛（Lama）。现在，光已经移到了智利。那就是觉醒的地方。

生命力时刻移动着，全新的认识随之产生。我们倾向于这种看法：精神传统就像一些事物那样被固定在石头上，它们是经典，恒久不变……但它们是变化的。它们按照时间的循环而变化，就像我们揭秘的DNA。

我们将会听到来自南美洲的理念和思想，它们是我们从未听说过或者想过的东西。它也可能来自太平洋，因为生命力计划穿越太平洋。在波利尼西亚（Polynesian）世界——从新西兰一直到复活节岛（Easter Island）——的原始利莫里亚人中将会产生很多导师。它还未发生，但快发生了。

我们生活在一个神奇的时代中——非常神奇！现在生活在地球上是一种恩惠。在特殊的变化时期，我们被选择来到这里，令人难以置信。然而，这没什么好害怕的。生活在这里，能够经历将要发生的变化，是一种荣耀，因为这些巨变不是经常发生的。特别是这一次的转变，几乎从未发生过。

这就是玛雅人告诉我的事实。这一次与1.3万年前的那一次变化非常不同，甚至不同于2.6万年前的那一次。这一次与更为长久的周期相联系：现存的最长的周期。同样地，它即将结束。

有很多变化，玛雅人、科吉人、澳大利亚土著人以及非洲的祖鲁人（Zulus）并未谈到过。比起他们认为要发生的变化，极移之后的这些变化将更大。

■因为我们转移到更高的维度上来了，那里没有时间的存在。

在玛雅预言中，他们在这些循环的尽头谈论时间周期，这些循环被称为“时间的尽头”。2012年12月21日，是一扇时间之窗，在时间上会跨越7到8年。时间的尽头是以宇宙事件为开始的，这些事件就发生在最近。

2007年10月24日，一颗彗星落到太阳系中，它被命名为“霍尔姆斯彗星”（Comet Holmes）。那颗彗星对宇航员来说并不重要，不过是一颗来到太阳系的彗星。但是当它靠近太阳的时候，它爆炸了——它膨胀了，直到它变成了一个光圈。它一直膨胀，直到它变成巨大的一团蓝色光——一个完美的蓝色光圈。它其实变得比太阳更大。

它现在被记录为历史上被记录下来的最大的物体。

那就是两千多年前霍皮人的预言。它现在被称为“蓝色行星”预言，被霍皮人记录下来，全世界的部落都认为它是时间尽头的“开始”。此时，整个世界都处于“时间尽头”的窗户之内，那里就是一切变化将要发生的地方。它们不会全部在那一天发生（2012年12月21日），它们会在2015年左右发生。

■因此，如我所说，因为我们知道它，我们闲看时间结束。

世界上发生这么多事情，都与此相关。变化一直在发生，因为它开始于100年前——它不是一下子就出现的。我们不再是100年前的我们了。回头想一想——登月球，探索太空，那时前所未闻；而现在，我们不只是在太空中飞行的外星人，还在某些方面改变了，例如知识增长，更好地理解人类自己在宇宙中的位置。真是难以置信的扩张期。

玛雅人其实理解这一点，但是我想说，他们说过，由于征服者的入侵，自己丢失了很多知识和信息。当入侵者在500年前侵入的时候，摧毁了几乎90%的玛雅著作和记录。因此他们现在正以两种方式重建他们的知识。一种就是使用大脑。他们选了25个玛雅人，重写一切著作——与我们这些技术人采用的认知方式不同，他们以自己独特的思考方式撰写著作。他们也用另一种我们很难理解的方法。这种方法与水晶头骨有关。自从1.3万年前最后一次极点移动开始，玛雅人就制造了这13颗水晶颅骨。那时，他们正生活在亚特兰蒂斯大陆上。

■是的。关于水晶头骨的来源以及他们与亚特兰蒂斯的关系，有很多不同观点。我个人认为，有争议的头骨的历史比他们认为的要古老得多，它们是从外星球来的。我怀疑……我遇到过的很多玛雅萨满，尤其是在秘鲁遇到的萨满，认为这些颅骨是与利莫里亚而不是亚特兰蒂斯有关。

玛雅人直接告诉我，他们来自亚特兰蒂斯。他们告诉我，他们的祖先每隔一千年就会创造一个头骨，每一个都装载着一千年的知识。他们把知识储藏在水晶颅骨内部，就像我们现在使用计算机储存信息一样。

没有硅酸盐，计算机就没法工作，前者是水晶的主要成分。同样，没有水晶，计算机也没法工作。当然，水晶头骨是由水晶——硅酸盐制成的，它们和我们的计算机一样具有储存功能。这是在贝尔实验室（Bell Labs）中发现的。这是一次科学发现，即水晶拥有储存功能。它并非是不科学的。

最后，1.3万年来的所有知识现在来到玛雅王国，通过水晶头骨下载（通过非常特殊的仪式）下来，来到13个现代玛雅萨满手中。这些信息将会与其他25个玛雅人的信息相融合，他们将重建玛雅人丢失给入侵者的知识。这是他们目前所做的工作，也是我们等待的事情。当他们完成那项工作之后，我们能够见到那些丢失已久的信息。

我几乎无法等待了。

■哦，伟大的精神！亲爱的德隆瓦洛，我也是，世界也无法等待了。我们有很多不同的故事和经历……甚至是发生在今天的故事！我们只是猜测，当时间的尽头来临，当我们手牵手站在一起，终极事实将会是什么。

有人也许来自超越我们这个世界的地方，我们会和他们站在一起吗？我们会遇到过去和将来的自己吗？在我们扬升到高等意识层级的瞬息之间，我们完全了解了有着智慧生物的伟大宇宙。正如你说的，没有什么是写在石头上的。当我们穿越灵魂的宇宙时，我们一秒秒地、一步步地共同创造未来。

新的黎明就快来临了。

我们破茧成蝶，超越矩阵，准备向光明的地方起飞。

****

欲知德隆瓦洛的更多作品和未来项目，请点击网址：www.onelotus.net。他的书有：《生命之花的古代秘密》（*The Ancient Secret of the Flower of Life*）卷一、卷二；《住在心灵中》（*Living in the Heart*）；《光之蛇》。

第十三章

水晶头骨的秘密——与斯蒂芬·米勒对话

◆◆◆斯蒂芬·米勒（Stephen Mehler）◆◆◆
◆◆◆黑米特智慧守护人、伊斯兰学者阿瓦亚恩（Awyan）◆◆◆

斯蒂芬·米勒是一位考古学家、历史学家以及玄学家，他是我最为重大的发现之一：一个真正的“灵魂”连接者。作为黑米特智慧的传递者，他知识渊博、经验丰富。他与我深爱的伊斯兰学者、史前埃及黑米特传统的智慧守护人长期联系，并获得了这些知识。伊斯兰学者将智慧之光传到2008年8月23日那天，但是我们很多人，比如斯蒂芬决心将自己的光带给整个世界。斯蒂芬的早期书籍就涉及了这些内容，例如《从光明到黑暗》（*From Light into Darkness*）、《奥西里斯的领地》（*The Land of Osiris*）。我的《法老居住的地方》（*Where Pharaohs Dwell*）一书也有讨论。然而这一次，我们将谈论斯蒂芬研究和经历的另一个主题，和他的新书《水晶头骨：通往人类过去的惊异之门》（*The Crystal Skulls: Astonishing Portals to Man’s Past*）有关。该书是和大卫·海切尔·柴德里斯（David Hatcher Childress）合著的，我们很多人也许都很熟悉大卫。我要求他用他寻求真相和隐藏信息的特别之眼和他的一些真正的与古代头骨相关的玄学经历，为我们揭晓水晶头骨的谜底。当然，对于水晶头骨现象及其与西藏传说和玛雅传说的联系——和亚特兰蒂斯、天狼星星系的联系，我有自己的见解和经历。斯蒂芬和我没有在所有问题上达成一致，这使我们的对话变得更为激动人心，因为我们探索了我们相交集的和有分歧的专业领域。他是我非常尊敬的一个人，他也是我最近发现的一个古代灵魂。这就是生命的魔术——这是水晶头骨连接的力量。

****

■欢迎你，斯蒂芬。对于你和你带来的诸多主题，我的看法你是知道的。它们完全和我这一生的旅程同步，这使我很吃惊。

谢谢你，帕特丽夏。我很高兴我们能联系上，因为回顾过去的几个月，我们在很多深层次问题上有了深入的接触。一开始，伊斯兰学者将我们联系在一起，之后，我们同时住在地球上的同一个小镇上……与水晶头骨深入接触。这与我们迷恋古代埃及不无联系，这太神奇了。

■事实上，如果你认真考虑一下，我认为，我们两个都会同意这一点，我们都与“天狼星”联系——一个故意的双关语。当然，我的工作也涉及联系天狼星长老。我非常高兴也很荣幸与很多人联系，他们对我的工作非常感兴趣，我肯定他们和你我一样，都与天狼星有联系，这些都令人高兴。当然，对人类发展很有影响的是天狼星的故事，它给我们一种难以置信的感觉，天狼星星系与我们的 DNA 有关。

因此，它似乎和一切都联系在一起：埃及、头骨以及黑米特人……亚特兰蒂斯。其实，我看了你的项目和计划，发现我们似乎同时朝着一个地方前行。它完全是同步的。

绝对同步。我已经读了你最初两本关于天狼星向导的书，我知道你和头骨、天狼星交流了些什么，这些都使此次对话焕然一新，尤为重要。由于你已经阅读了大量水晶头骨方面的书籍，我们可以谈论更多的细节，现在，我们两个都知道，其他人是如何写这个头骨现象的。

当然，大多数关于水晶头骨的材料都是推测性的，我们需要谈一谈事实。我们谈论历史、现存的书籍以及我们已有的其他证据。是的，当谈论水晶头骨时，一些东西变得很主观，因为你之前和它们接触过，其他人也是。很多人和它接触过，包括我。每个喜欢水晶头骨的人都以通灵开启故事。

我们可以筛选出一些信息，但并非是没有真实的事实。我认为，我们可以放下这些证据。到现在为止，我们研究它们已有 30 年之久了，但是仍然有不同的观点和想法出现。它们如何与我们所说的产生共鸣？一旦如此，这将给人们带来很大冲击。因此，你知道，我们可以说真相是这样的，也可以说真相是那样的，但大多都只是猜测而已。大多数理论就像右脑反对左脑，因此最好的方法就是把所有的猜测都呈现出来，让人们自己做决定。

■对，但是在两种观点之间提供一种平衡也是令人兴奋的，这非常重要。我一直是一个右脑占主导的人，但是我试着尊重左脑占主导的人，努力将人们的思想融汇在一起，以便能取得一种完美的男性－女性结合的思想。我们在头骨上确实做到了，不是吗？

哦，是的。它们绝对是古人的重要工具，不管是谁创造了它们。我们可以猜测是“谁”，但是我们知道，水晶其实是维度间的能量连接工具。

■的确如此。他们也许可以故意将我们带到一起。你知道，这是非常令人惊异的。在谈话开始，你提到我们强大的连接，想一想：20 世纪 80 年代，你曾负责玫瑰十字会博物馆（Rosicrucian Museum）总部的搬迁工作，那个地方离我住的地方只有 3 个街区。

我于 1979 年或者 1980 年第一次接触到水晶头骨……你在那儿，住在玫瑰十字会公园（Rosicrucian Park）3 个街区远的地方，我第一次发现它们的地方。哦，是的，真是令人惊异的同步。

■是的……但那不只是一件令人惊异的事情。也许也是在同一年，你第一次接触到它们，我第一次看到水晶头骨（至少在我这一生中是第一次！）。我在海湾地区的一个不起眼的小水晶店里，发现了一块极其漂亮的墨晶，有一个人头那么大，还带有一个穿过松果体的彩虹似的裂口。33年前，我也在那里首次发现了绿玻陨石。那时，头骨的售价在500美元；今天，它可能要1万美元。但那时，500美元对我来说真是一大笔钱——就水晶而言，500美元仍然很贵，但这是了不起的水晶呢！

不幸的是，我和我母亲在一起，她更加理智。我告诉她我想要买那个头骨，她提醒我应该如何花这一笔钱。因此，我没有买它，不过至今我还记得它。

那实在是第一次重要的接触，它把我带上了探索头骨的非凡旅程。

当然，你联系上了。这是一个非常典型的故事，我们经常听到有人这么说。我们总是说，我们从未见过水晶头骨。它们呼唤着我们。它们似乎有一种能力，知道谁是水晶人，谁是头骨人，谁是“被联系上”的。这些头骨显然在召唤你。因此它几乎就像一个命令，你必须获得它。对我来说，也是一样的。它们正将你拉向它们。

我听过很多故事——从很多人那里，这些故事很相似：当他们突然看到一个头骨时，深受震动（不知道水晶，不知道头骨）……轰隆隆的。

他们的生命也改变了。他们只是知道，他们必须拥有它。在其他的一些经历中，头骨呼唤他们，与他们对话，告诉他们自己的名字。你也知道，人们与它们发生了私人的联系。它们不是搁置在书架上的装饰品，不是没有生命的、无机材料做成的小物品。我们其实与它们发展了亲密的私人关系。

■当我终于获得我的第一个水晶头骨时，我的合作者弗朗科说：“我们为什么一定要把它放在这个屋子里？”

他是意大利人，对大多数意大利人来说，这个符号非常不一样，它非常恐怖，也非常黑暗，你知道，这是因为天主教的影响。

的确如此！

■我告诉他："我必须拥有这些骷髅。"就像你刚才说的，我没办法解释。我只是必须拥有它。现在，那一个头骨流传到 13 头骨委员会（Committee of Thirteen Skulls）。你知道的，它很可能是非常非常古老的藏族头骨。

是的，它是一个非常有意思的头骨。你寄给了我它的一些照片，我非常高兴。几年来，关于它们从何而来，一直传闻不断，例如，有人说是从亚特兰蒂斯来的——那是一个最为人知的传闻。

也有人说，这 13 个头骨来自西藏：13 个古代头骨。人们一直在谈论，这个头骨也许来自亚特兰蒂斯……那个头骨也许来自西藏。但是，关于它们的来源，尚未定论。

然而，你的观点似乎是一个定论，那可能是一个来自西藏的古代头骨。我们知道，古西藏人对水晶非常感兴趣，也许做了很多水晶雕刻。

■ 1997 年，我去了西藏两次。我在一个最为神秘的地方发现了水晶。在我们西方，你可以在水晶店里买到水晶，它们常常被说成是"西藏水晶"，但是我确信，我在那里买的水晶确实是西藏的，因为我是在西藏的市场上买的。它们有令人难以置信的能量，比起你用来研究的这些水晶非常不同。水晶工作者，比如你我，可以感受到高频振动。

这也建立在它们是如何被处理的基础之上。我们经常和人们谈论，我们如何辨别古代水晶和现代水晶，或是辨别同时代水晶。现代头骨当然雕刻得非常美，惹人喜欢，其原材料为最好的石英或者其他矿石，雕刻出来的头骨也非常像人的头骨。但是古代头骨有时其实看起来非常丑，很粗糙，因为那是雕刻者故意为之的。我们一再强调这一点。那是雕刻者的目的所在，很多古代头骨并不是用于审美的。水晶是因它们的玄学性质而被选中，头骨本身也是强大的工具：冥想工具、灵性工具、疗愈工具等。

有时，你会在典礼上看到仪式人员正在使用头骨（那些可能是相当古老的），那些头骨内部的能量是相当特殊的，你可以立即把它们和现代头骨分辨出来。

真正的古代头骨拥有强大的功能，它们还拥有记忆。它们内部含有很多人类能量，因为它们有定向的特殊用途——仪式。

导师曾经教我辨别，哪些是真正的古代头骨。它们通常没有审美价值，也不惹人喜欢，而且也不是用最好的水晶制成。但是它们的能量、力量以及记忆都是令人难以置信的，因为它们已经被用于仪式好几千年了。

■事实上，头骨“诺布克”（Norbuk）拥有高水平的能量。我从维也纳（Vienna）一个古董商人那里买到它。关于我是如何找到这位商人的，有一段奇异的故事。有人寄给我一张头骨照片，头骨四周有藏族饰品，令人惊异。其实，我以前从未见过像它这样的头骨。它四周的令人惊叹的装饰图样是藏族风格的，和一些非常精致的藏族珠宝有几分相似，后者缀有一些珊瑚珠、绿松石和藏银。它在奥地利某处的一个博物馆里展出。它甚至有一个可卸的颚，就像米歇尔－黑吉斯头骨(Mitchell—Hedges Skull)一样。

经过调查，寄信人发现，是一个奥地利古董商人将这一漂亮的头骨提供给博物馆展出，因此他去那家古董店了解情况。有人告诉他，那个头骨不出售，要将它返回其迪拜的主人，但是，那人随后问道：“你为什么对它这么感兴趣呢？”

这个朋友告诉他我非常想找到它，以及为什么。不久之后，这个商人便带着其他两个头骨走了出来。我最后买了其中一个，另一个更小，最后落到其他人手里，这个人也和我建立了联系。这个商人以良好的信誉著称，告诉他这些来自喜马拉雅山，它们是在西藏的一个庙宇中发现的。

哇！

■有趣的是，这个头骨上面有些铜绿，我擦掉了一部分，这样就可以把头骨当水晶球用，以推算吉凶。我从未彻底清洗过它，因为我觉得，这些铜绿承载了很多历史——事实上，我想看看我是否能检测这种材料。我比较肯定，上面有一些熏香和酥油，也许在这些物质上有很多线索，比如它的年龄和原始位置。

这是正确的。其实，你的头骨似乎曾被掩埋过，因为有很多污垢和砂砾残渣。可能曾有一段时间它被埋在一座庙宇中。

■的确。有人可能将它埋起来加以保护。

你的头骨现身、你如何在维也纳得到它，这些问题引入我们关于一段著名历史的讨论，我们都知道它的主题。水晶头骨实际上开始纷纷在欧洲出现，因此很可能在欧洲发现一些真正的古代头骨或者有趣的头骨——特别是在奥地利和德国。水晶头骨其实于19世纪中叶在欧洲流行，那时，奥地利皇帝马克西米利安（Maximilian）统治了墨西哥。这是19世纪40年代到19世纪50年代，因此德国人来到美洲，特别去了巴西，开始采集石英、寻找水晶。

19世纪后期的欧洲水晶头骨上有一些非常有趣的东西。这就是欧洲博物馆大量收藏它们的原因。那是一个非常好的存放它们的地方。它们其实来自墨西哥，来自这些墓室：玛雅墓室、阿兹特克（Aztec）墓室以及奥尔梅克（Olmec）墓室。当它们真正在欧洲现身的时候，却没人了解它们。

■其实，我要说，早在10年或者15年前，几乎没人谈论头骨，除了我们中的一些人——就像你我。

我要说甚至更早，我将要谈到的一位绅士是尼克·那切瑞诺（Nick Nocerino）。他更早研究头骨。20世纪50年代之前，很少有人知道头骨，也无人谈及，然后米歇尔-黑吉斯（Mitchell-Hedges）出现了。有很多探险家，例如米歇尔-黑吉斯，他们去过美洲中部和墨西哥，他们开始谈论萨满巫师是如何拥有这些水晶头骨的。那时，事情真正开始了。但是我要说，在19世纪之前，在欧洲和西方很少有人知道任何相关的消息。当然，你知道，玛雅人很清楚这个事情。

■你认为，它们为何在20世纪于欧洲集体现身呢？

它们发现于南美洲和中美洲。有史以来，德国人一直是欧洲考古学家的领军人物，意大利人也是。德国人开始出发去巴西和南美洲。之后，奥地利的皇帝马克西米利安统治了墨西哥……因此他们挖掘了坟墓。他们开始在整个中美洲和墨西哥挖掘坟墓，最后，他们发现了水晶头骨。他们把水晶头骨带回欧洲，之后，他们在欧洲雕刻了一些现代的头骨。

人们意识到，欧洲人可能发现了它们的一些有趣之处——他们可能想把一些头骨作为私人收藏品保存起来。因此，他们雕刻了水晶头骨。我们不是很确定水晶头骨雕刻品的事情。这件事很有趣，如果你想知道细节的话，我们可以谈论一下米歇尔－黑吉斯头骨。

德国有一座很特别的城市，它是双子城市，叫作伊达尔－奥伯施泰因（Idar-Oberstein）。奥伯施泰因城是欧洲历史上著名的石英雕刻区。还没有证据证明，但是，那里肯定有德国和奥地利的“命运战士”。他们大概于19世纪60年代到19世纪80年代期间去了墨西哥和中美洲，之后这些水晶头骨现身欧洲。

■这使收藏变得如此有趣，因为，就像你说的，它是一个特别有吸引力的头骨。这个商人将展出的头骨收藏起来，因为我的朋友一直要求谈论更多关于头骨灵性方面的事情。显然，他把这些头骨带了出来，从不将它们展示——然而他觉得，他必须要给我的同事看这个头骨。

也许那些头骨自己告诉了他。正如你说的，头骨通常这样做。

是的，当我再次看到这个头骨的时候……我有一种感觉，它是古代的。你知道，现在，我总是实事求是地告诉人们、下结论。当然，你得去看看这些头骨：你必须要看看它们；你必须要观察它们。你要像一个科学家那样，使用一个放大镜来观察它们，之后思索，直到获得灵感。但是当我看着照片的时候，由于我认真体验了它，我马上就会产生一种感觉。我观察这个头骨，感觉它非常粗糙，还未失去光泽，带有一些展示品的特征，我认为它肯定不是现代的。

因为现代头骨（特别是距今有20年到50年历史的头骨）都是雕刻来

出售的，它们是从一块优质的石英上切下来的：非常平滑，同时结构也很工整，就像一个人的头骨。最伟大的头骨就是米歇尔－黑吉斯头骨。那是一个非常令人费解的头骨。我认为，它是最受误解的，因为它非常精致——它是如此美丽。然而，你知道，有些人认为，它是亚特兰蒂斯的13个原始头骨之一。

我不同意这一点。第一次看到它时，我就认定它是古代头骨，因为它很强大，非常非常强大。

■它肯定是古代头骨！能量巨大。我已经思考过。我认为你也是。

思考过很多次了。

■当然，我们会同意这一个中心观点……如果有足够多的人用一块石英石思考，赋予它某种意识，在本质上来说，它将与很多爱、崇拜和智慧产生共鸣。

毋庸置疑。我们应该从事实基础上建立我们的观点，因此当我讨论古代头骨的时候，人们将不会误会。所有的石英石都来自古代。一切石英石都有几百年之久，除非它是在实验室中产生的。一切石英石都来自古代；一切石英石都具有能量；一切石英石都可以被控制；一切石英石都可以用于治疗、信息的搜集以及维度之间和外星球的交流。之后，你甚至可以将一个现代头骨与古代头骨放在一起：现代头骨将会成为一个全新的头骨。我常常对人们说：可以将古代头骨看成是“电脑主机”。它们拥有所有的硬驱、所有的存储器。你可以拿任何一个水晶头骨（已经被彻底清除了内存），即便它是在上周雕刻成的，将它与马克斯（Max）或沙娜拉（Sha Na Ra）放在一起——或者与你的头骨放在一起，年老的那个头骨立即会下传信息到年轻的那一个上。

■是的。我能在此插一句话吗？你我都知道马塞尔·沃盖尔（Marcel Vogel），他是另一个神秘的连接者。对不知道他的人来说，马塞尔是液晶

的开发者。

事实上，他凭液晶获得了博士学位。他还是化学博士……

■他将知识运用到 IBM 中去。那就是他如何赚钱的……在他决定治疗自己之前。

是的，他是我曾经共事过的最了不起的人之一。我曾经在此领域中与两个天才合作，他们都去世了：马塞尔·沃盖尔博士和尼克·那切瑞诺先生。

■你还和沃盖尔合作过？我还不知道呢。你曾经与沃盖尔一起研究过水晶——那是真正的信誉保证书！

哦，当然。沃盖尔是最伟大的人之一。当我研究第一个水晶头骨时，他来到玫瑰十字会实验室（Rosicrucian lab），那是将近 29 年前的事了。马塞尔·沃盖尔住在离玫瑰十字会公园几个街区远的地方。我曾和他一同研究过两个水晶头骨：我们称一个为“玛雅人的水晶头骨”；另一个是“紫水晶头骨”。我有两个记录在磁带上的会议记录。

沃盖尔是我曾经共事过的最了不起的科学家之一。他能够在两个世界之间行走，就像我一样。我说过，他是一个化学博士，曾作为资深科学家为 IBM 工作将近 25 年。他也曾把液体状的化石树脂当作水晶研究过。他在这一问题上写了不少文章。他提出了很多科学理论，我在我的书中曾提到过，我经常使用它们。我使用他的科学理论，即水晶是如何储藏信息的。这些理论至今仍然有效。

他也是一位玫瑰十字会员。

水晶头骨话题最主要的来源是尼克·那切瑞诺先生，他也是一个伟人，他是最伟大的玄学通灵者之一。他比任何人都更了解水晶头骨。

■我必须要说，对我来说非常不幸，因为我正好在旧金山港湾区（San Francisco Bay Area）。我和尼克有两次约会，但没有一次不是因为各种因

素而错过。我正好错过和他见面和合作的机会。

我也很遗憾，我不能有更多时间和他一起工作。有各种原因（我不想把原因归为个性、矛盾或是政治），我不能和他一起工作。我希望我有这样的机会，但是我珍惜和他在一起共事的时光以及他与我分享的信息，那真是无比珍贵。当然，他曾去墨西哥和玛雅萨满合作过。

■让我们谈谈尼克吧，因为大多数人真的不了解他。我们实话实说：还有很多人，他们认为自己是水晶头骨“人”或者“声音”，但其实，我认为，我们如果不先谈尼克·那切瑞诺，就无法把这些人作为水晶头骨信息的知识传播者来说。

事实上，我最喜欢尼克的一句口头禅是：“我越研究水晶头骨，我就越不懂它们。”

他非常谦逊。其实，没人比尼克更了解它们。

这是一项终身研究。你永远无法穷尽水晶头骨的信息和知识——认识到这一点，你可以更好地研究它们。我被默认为这一领域的资深研究者之一。也许还有其他人，他是尼克的一个学生，我要说，他研究水晶头骨的时间比我更长。但是由于他们都去世了，加上 29 年前，1979 年，我第一次卷入水晶头骨事件（我第一次看到水晶头骨是在 1980 年 1 月 4 日），我猜想（事实上，我仍然活着），我是这一领域的资深研究者之一。

■那非常棒。那段时间，我与美丽的墨晶擦肩而过。就在那时。

因此我猜想，那其实是我第一次“遇到”你。

■通过水晶头骨。

尼克·那切瑞诺是西方第一个以水晶头骨为演讲主题的人——1980 年 3 月。尼克是一个意大利籍美国人，他是在一个典型的意大利天主教家庭中长大的。然而，尼克与他人的不同之处，以及他之所以是他自己，是因为他的外婆是一个高级女祭司。他的家庭中有巫术崇拜的传统。她在意大利被称为“斯雷特加”（strega）或者“斯雷高娜”（stregona），意思是高级女祭司。他也遇到过一个名叫考玛里（Comadre）的女人，她是他小时候的老师。

其实，故事开始于他的出生。尼克出生在布鲁克林区（Brooklyn）家里的厨房餐桌上，他的祖母和女祭司外婆是他出生时的接生婆。因此，很明显，自打他一进入这个世界开始，他就并非是一个典型的意大利天主教徒。

他是在巫术影响下长大的。

■据我回忆，在书中，你谈到，他出生的桌子周围有很多水晶……那是真的吗？

是的，在他出生时，根据巫术传统，他们不能扔掉胎盘。胎盘被赠与一个名叫考玛里的人，她是这个家庭的亲密朋友，也是一个高级女祭司，是她外祖母的朋友。她拿着这个胎盘，把它放进一个广口玻璃瓶里，周围镶了一块水晶，给他的胎盘充满能量。它是来自母体能量的连接，他们相信，祖先的能量将穿越到这里来。当他8岁的时候，他被带去了那个女人的屋子。一直到那时，他什么都不知道，除了他出生时非常灵敏的事实。他认为每个人都是这样的。但他极其敏感。8岁之前，他已经能进行精神交流。

当他去她的屋子时，她给了他一块水晶，挂在他的脖子里，然后扔掉了那个胎盘，从那之后他一直戴着这块水晶，它是他的动力源也是保护物。他们教给他水晶的使用方法：如何运用水晶治疗，以及水晶是什么。

他很小就开始研究水晶了，那时他才八九岁，他对水晶知之甚多。当他第一次在布鲁克林的家中看到水晶头骨时，他才9岁。他上楼梯到了二楼，在那里，看到一面面向楼梯的巨大的镜子。当他沿着楼梯走上去时，他照着镜子，立即看到了一个头骨。

因为有巫师背景和精神体验，他并不害怕。他看向镜子，看到那个头骨并不是人的头骨，而是一个水晶头骨。之后他看到两个非常重要的东西：

一条眼镜蛇，一只美洲虎。他从未忘记这些形象。事实上，后来曾有人给他画了这两个动物。后来，当他与玛雅人接触时，他发现了美洲豹祭司，后者一直传承着玛雅水晶头骨的知识。

■我也是美洲豹祭司，我肯定你也是。

没什么好惊讶的！因为在20世纪40年代，这些形象把尼克引领到墨西哥。他和美洲豹祭司取得了联系，之后遇到了最终与我们有了联系的那个绅士，这个人将玛雅水晶头骨和紫水晶头骨带到美国。他是弗朗西斯科·雷耶斯（Francisco Reyes），他称自己是阿兹特克人（Aztec）和美洲豹祭司的传教士，他说自己是美洲豹祭司中的一员。

1982年11月，我遇到了弗朗西斯科，那时，他带来了紫水晶头骨。我在1983年春天又遇见了他，那时我们利用紫水晶头骨做了一个仪式。

■你提过遇到紫水晶头骨的经历，我想请你和我们分享一下。当你研究它时，有何感受？

1979年11月，我在玫瑰十字会公园工作，是那里的一名研究学者。我从一个绅士那里得到通知，他是玫瑰十字会埃及博物馆馆长(Rosicrucian Egyptian Museum)。他曾在圣何塞（San Jose）与一个名叫约翰·萨莫拉（John Zamora）的绅士取得联系，后者说他有一个东西，想让我们看看是否能鉴别真伪，或者能否在玫瑰十字会埃及博物馆展出。当然，事实证明，这个名叫约翰·萨莫拉的绅士是一些生活在墨西哥的玛雅人的代理人，他试着变卖这些黑市古董。他们试着将我和玫瑰十字会员当作代理人，帮助他们。他首先带给我们一些照片。

对我来说，机会难得。作为一个考古学家和史前科学家，我听到过很多有关水晶头骨的事情。我看到过米歇尔-黑吉斯头骨的内部图片，但是在那时它并未和我产生共鸣——并没有完全理解。我第一次看到这些照片是在1979年，后来我们称它们为“玛雅人头骨”（尼克·那切瑞诺命名），它留给我很深的印象。

我说："哇！这是另外一回事。你知道，我很喜欢研究这些！"

我们询问这个绅士他是否带来头骨要我们研究。那是1980年1月4日，我首次看到了一个古代水晶头骨。玛雅人的水晶头骨确实是古代的。

■你为什么说它一定是古代的？

因为我们研究过它：我们仔细研究过；我和尼克·那切瑞诺研究过。尼克·那切瑞诺记得第一次和这些水晶发生联系是在9岁那年，他于1944年在法国南部看到第一个水晶头骨。他于20世纪40年代后期去了墨西哥，看到很多水晶头骨。大约在60年代和70年代，他以专家的身份和一个小组去了墨西哥，在那里，他在瓦哈卡（Oaxaca）地区遇到了弗朗西斯科·雷耶斯（我跟你提过，因为你熟悉墨西哥，也曾去过那里）。紫水晶头骨来自瓦哈卡。

尼克自费来到美国，带来头骨。

那个绅士不像很多玛雅传教士那样富有，他很贫穷，他是如何带着古代水晶头骨穿越边境地区从墨西哥来到美国，而没有被海关查到的？

很惊人，他带着这些水晶头骨来了。他在1979年10月来到美国，在尼克的小组工作，这个小组是尼克于1944年在纽约创建的。

1945年，他们在加州成立了公司，就一直待在那里，直到尼克于2004年去世，此时，小组也解散了。

国际水晶头骨社团（The Society of Crystal Skulls International）是最有名望、最科学、存在时间最长的水晶头骨研究组织。尼克创建了这个组织，发展学员。他是第一个获得允许在加州教授超心理学的人。

■他很令人吃惊。让我们回到头骨的话题上吧。

为了回答你的问题，我试着回到这一点上。尼克曾和我一起研究了4个月。他相信它是古代的。我专注于此。我和马塞尔·沃盖尔就此的全部谈话记录被保留下来。马塞尔·沃盖尔立即宣布它为"古代品"。我这边有很多人在研究头骨，但是常常见不到面。我们设置了调查问卷，让人们在外面填写。

我们记录下了会议的声音记录。我有研究水晶头骨的工作人员的大量声音记录。

■哪种信息涌现出来了？

哦，人们看到了玛雅场景。大概有80%的受访者将会看到玛雅场景。因此它被称为“玛雅水晶头骨”。带云雾纹理的水晶头骨大概有5英尺高，重达10磅，边部带有特别的刻痕，就在颞叶那里，非常特别。有很多那样的头骨，因此很明显，它们都是由同一帮人雕刻的。紫水晶头骨也有很多刻痕。

头骨的颞叶部分是粗糙的，即便整个头骨的雕刻工艺颇好：漂亮而又平滑。我们在上面看到很多场景。它周围有很多能量。因此我得出结论，这是一个古代的人工制品。我现在知道更多，因为这是我研究的第一个头骨。我会将它划分为古代人工制品，但是并不像我们谈论的那么古老。

■我们谈谈其他的吧！

尼克·那切瑞诺和国际水晶头骨社团使用学名分类它们。他将头骨分为3个级别。我们称之为的“现代头骨”是50到100年前雕刻的。你在外面看到的大部分水晶头骨，都是由个人所有，他们宣称这些头骨是古代的，其实却是现代的，是在50至100年前雕刻而成的。

我们认为是“古代的头骨”应该是100多年前的。然而，我们分类为“古代的水晶头骨”，其实是在1000多年前雕刻的。我将玛雅水晶头骨列为古代品。

后来，我离开玫瑰十字会后，约翰于1982年11月再次与我取得了联系。他说，传教士带回了另外一个头骨。我奔到他家，那里有一个紫水晶头骨。我记得，那时我还没和尼克·那切瑞诺会面。因此我没有意识到，那里有很多紫水晶头骨。我从未听说过这些。

你知道，当他研究各色的玛雅头骨时，他看到了很多幻象。但是我不认为各种不同矿石的头骨是“古老”的。现在我告诉你，你能想象到的每一种石头都可以用来雕刻水晶头骨：从紫水晶到红宝石。

■我曾经甚至有一个很小的水晶头骨，当然是现代的，是由绿玻陨石雕刻而成的。

绿玻陨石？哇！那肯定非常美。它是天外飞石。

■是的，难以置信，当它和我在一起的时候——有一天它跳出我的手心，消失了。它是一个很小的头骨，因为你知道，绿玻陨石是多么昂贵。但能量非常强大。

我曾经有一个紫水晶头骨，紫水晶是我最喜欢的石头。

因此我对它非常着迷。我很喜欢它。我后来遇见了弗朗西斯科·雷耶斯，他告诉我很多关于水晶头骨的事。他给了我很多信息。帕特丽夏，令人惊奇的是，我不会西班牙语，弗朗西斯科不会说英语，因此约翰·萨莫拉就为我们翻译。然而，很多次（你知道玛雅人可以做到这一点），他看着我，他会用西班牙语与我交流。我脑子里很清楚他在说什么。他有那样的能力。他展示了精神感应术的才能。

其实马塞尔·沃盖尔说过，古代水晶头骨（特别是玛雅头骨）的主要用途之一是语言解码器。换句话来说，你面前有一个水晶头骨，遇见来自各种文化背景的人，他们说着各种不同的语言，通过水晶头骨，每个人将会知道彼此在说什么。

这就像《星际迷航》里的场景，你知道吧？

■当然，对很多人来说，这是地图上没标明的海域。你知道，我同意你的看法——甚至当我们谈论亚特兰蒂斯水晶头骨时，这也是一个通信系统的隐喻。你认为 12 个水晶头骨可能是联合在一起的，它们可能会激发出第 13 个头骨来，那是一个主要头骨或者是全息图。这些我在材料中已

经说明。当它们重新聚合，它就激活了。这是对某种古代计算机设备的完美描绘！

让我们来谈论一下第13个原始头骨。我们都拥有愿景。

尼克·那切瑞诺是当代提及看到第13个头骨的第一人。他提起过这种幻境：12个头骨，围绕着巨大的第13个头骨。他在其他人谈论它们之前谈及一切。1983年，在我与弗朗西斯科·雷耶斯谈论头骨的时候，他从未提及13个原始头骨将聚集重现的玛雅传说。那并不意味着这一谣言：他从来没谈论它。他同时代的人从未谈论过这些。

10年前，在你的书里，你这样做了。

20世纪80年代晚期，人们开始谈论这一点；他们开始谈论看到13个头骨的幻象。一共有13个原始头骨存在，这一观点开始浮出水面，并从各种不同的人之间传出来。我想问问你，你是否从萨满那里获得了更多的信息，因为我知道，你已经被传授了墨西哥玛雅智慧传统。

■是的，非常正确，我奉献水晶头骨的加入仪式是由帕伦克遗址的玛雅看守人执行的。

那真是非常棒。这是我今年去那里的原因之一。

我是在和玛雅萨满取得联系后旅行的，我只告诉了两个人。我和弗朗西斯科·雷耶斯和一个现代绅士谈起过，后者住在加利福尼亚沙士达山（Mount Shasta）的北部。我和他一起研究过这些现象，我们谈论了大量水晶头骨的信息。他说，据他所知，那里并没有13个水晶头骨将聚集重现的玛雅传说。但这并不意味着没有这个传说。我只是在说，最近10年或者15年，它突然变得非常流行。

■不是的，根本不是这个意思。真正的萨满巫师其实并不会说那么多。他们相信，沉默就是力量。

的确如此。

■我和玛雅人以及秘鲁巫师的谈话经历，正好与藏族喇嘛的谈话一样，他们说得很少。搜寻者只能通过能量发现智慧。我们分享一个故事：

正如你说的，10年前，我写过13循环（Circle of Thirteen）。我经常梦到它，开始搜集每一种水晶头骨和其他矿物材质的头骨。

2005年，我在帕伦克遗址组织了一个灵性探索小组。在我离开这个项目之前，我告诉人们，我们将在帕伦克遗址举行一个水晶头骨仪式，那时，我们将把12个水晶头骨聚集起来。我一直听到这一信息（从天狼星向导那里）：“呼唤第13个头骨……呼唤第13个头骨！”我一次又一次地听到——连续几天，直到结束。我认为它向我传达的意思是，我应该带来这12个水晶头骨，全息图或者本质将会在头骨组成的圆圈中间出现。因此，我开始搜寻并组织这12个水晶头骨，将它们带往墨西哥。

导游担心，我没有任何特殊的办法举行这个仪式。他希望举行的仪式和他认为的传统玛雅仪式一样。我一直让他不要担心——在某个正确的时间，我就会想到办法。

我们去了伟大的帕伦克遗址。开始下雨了，他跑到当地一个出售手工艺品的摊位前避雨，即帕伦克遗址看守人的父亲肯（Kin）那里。肯问导游，他为何出现在那里。他们悄声交谈，谈话中，导游告诉玛雅人，他这次的旅行是为了“一个来自意大利”的妇女，她正打算在遗址那边举行一项水晶头骨仪式。

肯问他一共有多少个头骨，导游说我带了12个。

他说：“在这儿等。”几分钟后，巫师卡亚姆（Kayum）出现了，并让他复述整个故事。

卡亚姆问他：“这个女人是谁，她来自哪里？”

后来我了解到，他一直想知道我来自哪里，因为他有一个幻觉（他说那是一个预言），有一个来自北方的女人将会带着水晶头骨前来——那将会把他的力量还给他。

导游不断告诉他，我来自意大利。但这并不符合预言，因此卡亚姆坚持不断问我是否真的来自意大利。最后，导游说：“不，事实上，她生活在意大利，但她并非来自意大利。她来自加州。”

卡亚姆后来简单地说：“我来执行这一仪式。我带来了第13个头骨。”你能想象吗？那个晚上，他见了我非常幸运的小组，并带来了他伟大的玛雅头骨。你能想象出这件事对我们的影响。

哇！

■这就像：“嗨，大家——我给大家带来了惊喜哟！”卡亚姆带着玛雅头骨过来了，当然，这是“呼唤第13个头骨”的绝妙显示。在卡亚姆的带领下，我们在帕伦克遗址举行了仪式，结束的时候，他给了我另一个头骨：“爱丝特雷娜”（Estrella）。他说，他已经成为这个家族的一员了。他说，这也是预言中规定的，我会将它带到欧洲，研究它。

那正好解释了你是如何被联系上的。你预见了一切……我说，那是正确的。1980年，在研究玛雅水晶头骨时，我也看到了12个水晶头骨围成一个圆圈的场景，中间有一个巨大的头骨。事实上，我看到它了，其他人也看到了。那里有12种不同颜色的矿石。绿色的像玉，红色的像红宝石，色彩斑斓。

■那被证实了！在我的仪式中，出现了12种颜色不同的头骨。

你看，这是真的！这13个原始头骨是否来自亚特兰蒂斯，我还不太肯定。世界上有很多人说，它们是13个原始头骨之一。尼克·那切瑞诺能在任何地方看到15个到18个被他辨认为真正来自古代的头骨。我相信，那里有很多关于13个头骨的集合。现在，无论人们相信与否，都没有关系。如果你认为这13个头骨都来自亚特兰蒂斯，那是非常迷人的。人们说那里只有13个原始头骨，这我不同意。

■当你谈论玄学概念时，“只有”这个词必须要消失。一切皆有可能。

我们再次使用“古代”这个词来描述水晶头骨，这些头骨已有一千多年历史了。那意味着，一个水晶头骨可能是在1001年前雕刻的，它仍然是古代的。然而另一个头骨可能是在1.5万年前的亚特兰蒂斯时代雕刻的，也是一个古代头骨。因此我认为有各种集合。这13个原始头骨是否来自亚特兰蒂斯，或者西藏……在你的《亚特兰蒂斯崛起》（*Atlantis Rising*）一书中，我发现，如果我能用黑米特代替“亚特兰蒂斯”，我对你说的就没有任何异议。

■哈！你是一个黑米特人！

大祭司（伊斯兰学者）也是这样说的。你在书中提到的一切——还有来自10年前的非常精彩的引导性材料——正在展现。10年后，我们面对这些：当然，世界新秩序、HAARP的警告、全球变化以及其他事情都在发生——特别是日常饮食方面的。我发现那非常有趣，因为自从1992年起，我就成了一个素食者或者是一个半素食者。那时起我就不再吃红肉或者鸡肉。在这里，你知道，天狼星长老不断告诉我们，要吃食物链较低端的事物。

当我用黑米特来代替亚特兰蒂斯时，对于在《亚特兰蒂斯崛起》中呈现的材料，我没有异议。

■以我的意见，我们该称它为“亚特兰蒂斯”或者“黑米特”，这并不重要。谁知道呢？我们可以一直谈论1.5万年前的文明。依你看，它是的，当然，因为你是一个考古学家。但是当我谈论古代世界时，我认为，它是一个旋涡：那里没有边界，没有国家的分界线，而我们今天却有。我们现在确定的这些边缘地区可能与过去很不一样。

1万年前或者1.5万年前，我们在直觉方面更为先进，这是事实。这就是很多人的发现。现在我要告诉你，我认为玛雅头骨、紫水晶头骨是古代的，但当我看到马克斯和沙娜拉时，发现它们更为古老。当然，它们是我遇到过的年代最久的头骨。我们可以谈论沙娜拉（尼克·那切瑞诺的头骨）和马克斯（得州头骨）。它们都是在一万多年前雕刻成的。现代人没法雕刻出马克斯或者沙娜拉。我相信，它们是由奥尔梅克人雕刻的，后者是玛雅文明的发源人。

玛雅人自称为奥尔梅克人的后裔。没人知道奥尔梅克文明真正有多古老。考古学家对此也非常困惑，他们一直在研究时间线，但是他们认为，奥尔梅克人在古黑米特时代就已经完成了他们想完成的一切。如果你曾经去过拉万塔州（La Venta）或者维拉克鲁斯州（Veracruz），你会发现很多石人头，都是由玄武岩雕刻的，那看起来很像西非人。

■它们有明显的黑人特征。

它们诞生于1万年前，是由15吨重的玄武岩石块雕刻而成。雕刻技术和古代黑米特时代的一样。我的好朋友，克里斯·邓恩（Chris Dunn）新出版了一部书，新书显示，1万年前的全球石雕，大部分都展现出了先进的机械技术。我们在印度也看到过它们，我们在西藏地区也看到过……

■我想知道你从玛雅传教士那里得到的更多信息。

他对我说，根据他们的传说，头骨不是由玛雅人创造的，但是，这些头骨是“神”的礼物。我对此有两种解释：要么“神”是外星人，古人认为他们是神，要么“神”是古代高度发达的文明，玛雅人把他们尊崇为神明。两种说法皆有可能。

玛雅人从不雕刻任何大型的、人类大小的水晶头骨，他对此相当清楚。我们从坟墓中了解到一个事实，阿兹特克人（各种部落的种族联盟；他们征服了萨波特克部落 [Zapotecs] 和米斯特克部落 [Mixtecs]，二者是古中美洲的艺术家——水晶雕刻者）委托来自各个部落的雕刻者雕刻了这些水晶头骨。但是，这些成品仍然很小，从弹球大小到棒球大小。弗朗西斯科很清楚，大型的头骨要古老些，他相信，它们要么来自外星人，要么来自一个非常古老的文明。

■玛雅人和很多其他的古代文明团体雕刻了这些头骨，以此保存祖先的记忆，就像你我以及很多人似乎想要抓住自己的潜意识那样，我们不能

考虑一下这种看法吗？很多人似乎抓住了13循环的记忆——一个水晶头骨的银河计算机网络的深刻记忆，这是从天狼星人那里继承过来的，我认为是这样的。至少，我相信，它们是来自天狼星的礼物……但是谁知道呢？谁知道有多古老呢？

正因为我们发现这些古代头骨并不一定意味着它们是或者不是“亚特兰蒂斯”头骨。它让我想起矩阵近地轨道的一个隐喻。永恒的问题：你是唯一的吗？当然，近地轨道是“一体”的变位词。人们似乎很纠结，头骨是否是这些头骨中的一员……我们完全不了解所有经历的重要价值。

是的，我同意。那是自我意识。有人意识到这些头骨，他们开始宣称：我有一个原始的主头骨。

但是你知道，玛雅人是移动者——他们行走在维度之间。他们通过植物导师，即我们说的致幻植物，陷入沉思的状态。他们可以穿越到其他维度和其他时空，然后回来，当然，他们能够制作一些他们看到或者经历过的肖像。玛雅人是时空大师——他们是时间看守者。当然，他们可以穿越到其他领域中——包括去天狼星。

玛雅人对昴宿星也非常迷恋——那就是弗朗西斯科和其他玛雅守护者告诉我的，他们相信，他们的根在昴宿星——那是他们最初的家。

黑米特人认为，家肯定在天狼星以及其他地方。

因此，玛雅人崇拜昴宿星团。我之前提到过，你必须要理解这些事物，我们将那些几千年之久的东西称之为“古代”的。穿越1000年，我们回到1万年之前——那里有很多地层。

■是的。如果1000年之后地球仍然存在，人们将会发现上百个我们现在雕刻的头骨，他们会如何看待它们呢？到那时，他们会认为我们都是头骨崇拜者吗？它和我们意识中的古代记忆有关。

我认为，确认这些头骨是否是古代的，或者它是不是“其中之一”，非常重要。这些头骨对我们意味着什么，是非常重要的问题——另外，随着我们的发展，它们对我们又意味着什么？

你是对的。它可能仅仅对我、尼克以及其他考古学家而言是非常重要的。我们也从科学的角度出发，兴趣颇深。你可以运用上星期雕刻的水晶，你还可以使用任何一块石英水晶。它们就像设备和工具，与思想和不同的维度和外星球意识发生了联系。

■我建议购买现代头骨或者古代头骨的人，应该先要弄清楚这些头骨是在哪里雕刻的。我知道，在巴西雕刻头骨的人们，技巧娴熟，精神力量颇足。与马塞尔·沃盖尔的合作告诉我，这些雕刻者的意图是多么重要。

是的，迈克尔有一些用意念力切割的水晶，它们非常有趣。

■我认为，雕刻者的意图与头骨的影响有关——不管是古代雕刻者还是当今的雕刻者。

是的，那些与迈克尔合作的雕刻者的目的是创造一个非常强大的疗愈工具，以用于治疗或者提高意识。今天，在巴西和中国有很多意念雕刻者，他们创造了那些具有审美价值的、惹人喜爱的水晶，但是他们并不了解那个意图的精神影响。雕刻者的目的是在雕刻的时候，进入作品。

弗朗西斯科和我分享了玛雅人如何利用水晶治疗的知识。他传授给我们一些特殊的技巧，他利用紫水晶头骨使用这些技巧。沃盖尔也是这样做的。他教我进入头骨的两个重要方法，即通过声音和呼吸进入。尼克·那切瑞诺完全验证了那一点。他和他的团队一起使用颜色、呼吸、声音研究——那是一条与头骨进行接触的途径。沃盖尔给我们做了证明：音调、吟唱、声音，是打开并进入头骨的 3 条重要途径。我们开始看到这些场景。我们称用大脑看事物为“精神测量”，而用水晶测凶吉意味着你要真正看着水晶，在水晶中看到这些情景，这两种方式之间是存有差异的。

我有幸被允许观看尼克是如何使用紫水晶头骨工作的。我第一次在他的工作中看到的情景真是难以置信：他向我们展示了在头骨上呈现的地质年代弧；大变动的伟大情景。尼克说，在玛雅人的头骨上，他看到 3 个伟大的大变动时期；在紫水晶头骨上，他看到了 4 个。使用马克斯或者沙娜拉，他能看到10个之多，因为它们是非常古老的——它们越是古老，就越是令人难以置信。

在我研究玛雅头骨之时，我可以看到玛雅人和奥尔梅克人的一些情景。当我开始研究紫水晶头骨时，我突然可以看到古代埃及的情景。为了能让人们理解这一点，我需要解释一下：自8岁起，我就全身心地研究古埃及。到1968年，它已经成为我生命中的一部分。我已经对古埃及知之甚多，当然，我遇到了伊斯兰学者，他教给我很多土著传统。但当我专注于这一个头骨时，我看到了我无法相信的一些情景！

我看到四面被水包围的狮身人面像，我看到很多绿树。我看到这些事物，它们向我证明，金字塔不只是人的坟墓，它们还是能量来源。我看到一些我无法理解的情景，我一直将它们保存在记忆中。但直到我遇见伊斯兰学者，我才理解这一切。伊斯兰学者告诉我，它在古代是怎么样的。我意识到：我的上帝！那正是1983年我在紫水晶头骨中看到的一些事物。直到1992年，我才遇到伊斯兰学者。

■你知道，我的《法老居住的地方》一书认为，水晶头骨和埃及之间存在直接的联系。我意识到，从未有人发现二者的联系。我想知道你的意见。我们知道玛雅人、亚特兰蒂斯，甚至西藏，它们之间有着某种联系，但是……

以及秘鲁！

■其实，我在秘鲁与巫师交谈过，他没有感受到与头骨的联系。有人告诉我，它不只是与亚特兰蒂斯相关，它们更可能与利莫里亚相关……除非你有我不知道的信息，否则我不相信，印加人（Incas）和头骨有联系，就如墨西哥、危地马拉以及伯利兹城的玛雅人一样。

是那样的吗？不，我没有；因为我从未去过那儿，我没和它对过话。我不知道来自秘鲁的任何古代头骨，因此我会同意你的观点。

■我请教你——关于头骨和埃及之间的联系，我想知道你的感受，因

为我有一种很强烈的感觉，但是从未听其他人谈起过它。

帕特丽夏，那对我来说确实很迷人。1983 年，我在紫水晶头骨上看到了一些埃及形象，我对此连接越来越感兴趣。古代埃及人用水晶来做什么呢？我开始向埃及古物学者寻求帮助，他们完全对古代埃及的水晶使用一无所知。他们说，古埃及人并没有水晶，更未使用水晶。我说道：“图特王（King Tut）的坟墓里有一个用各种钻石制成的项链，包括水晶珠……在图特的坟墓中发现了一个水晶酒杯！”

埃及古物学者并不知道那一点。我们知道，他们用粉晶石修筑大金字塔：阿斯旺（Aswan）的粉晶石晶体含量为 55%。正因为这样，它才有如此强烈的共鸣，在声音和振动上才如此强烈——55% 的晶体含量！

显然，他们知道它。

当我第一次遇见伊斯兰学者时，这是我与他谈论的最为重要的东西之一：“水晶怎么样呢？”我问他。

他被水晶头骨吸引住了。我问他有关水晶和水晶头骨的传统。他说信息很少，但他觉得头骨是普遍的，世界上有很多知识，水晶拥有记忆，因此，它们蕴藏着大量的、丰富的知识。他说，他相信黑米特人雕刻并且使用了水晶头骨。他很支持这种看法，即便他没有直接的信息；甚至我也没有……但是我相信，如果亚特兰蒂斯的确存在，那它肯定与黑米特交流了。

如果古玛雅和古埃及有联系，他们肯定分享了这一智慧。他们已经继承了这些事物。尽管我们没有它的直接知识，我也相信你获得的通灵信息，即古埃及人使用了水晶头骨。

■在帕伦克遗址，我遇见了一个萨满巫师。在仪式上，他赠给我他自己的两个头骨中的一个，这个仪式是我的小组和他一起举行的。我和他相遇的有趣之处在于，我小组中的成员问他这个头骨是从哪里来的，当他回答说是埃及的时候，我非常吃惊。

我认为，它并不是一个古代头骨，但是他却说它来自埃及。对我来说，那是一个强有力的确认，你也可以想象得到。

哇！那真令人惊异。

■它并非水晶头骨。不止六个地质学家看过头骨的照片，却没有一个人能够识别出它是何种矿物。有人说："古埃及人雕刻了石头，这是我唯一能够将其与此联系在一起的东西。"

有趣的是，玛雅萨满称头骨为"爱丝特雷娜"（Estrella），在西班牙语中是"星星"的意思，而在阿拉伯语中却是"昴宿星"。

很好的连接。

■因此我认为，这不是一个古代头骨，但它很迷人，他将这一头骨送给我时，说它来自埃及。

那是非常震撼的。这是我听到头骨与埃及有关的首要信息。

我们需要记住，水晶头骨记录下了每一个瞬间、每一个声音、每一个人、每一个与它们接触过的振动。

也许因为亚特兰蒂斯的这 13 个水晶头骨，使这种情况变得可能。它们极可能成为第一个主要的银河计算机网络，正如你所说，它还存贮着人类集体失去的意识。

1988 年，我开始研究米歇尔－黑吉斯头骨，很多人认为它是原始的 13 个头骨之一。

■好的，我们谈一谈那点吧。我想听听你会说些什么，因为对这个头骨我也有一些个人体会。

这是最知名的头骨之一，以此为主题的书数不胜数。它雕刻得很精美，璀璨夺目，还带有可移动、可分开的颚。它是由 13 磅纯水晶打造而成，内部结构与人的颅骨骨骼构造完全相符。

■所以，它是否真是一个古代头骨？另外，安娜·米歇尔－黑吉斯（Anna

Mitchell-Hedges）是如何获得头骨的也存有争论，绕开这些问题，我想请问你与这个头骨更多的经历。

非常强大！它拥有很高的能量——没有什么能像它那样，进入我的生命，一直到那个点上。我在里面看到了玛雅情景。但最打动我的是它难以置信的美丽。它雕刻得如此完美，那使我很迷惑：古人为什么把这些东西雕刻得如此完美？我与它有了冲突。但是在 20 世纪 90 年代后期，尼克向我宣布，那确实不是古代的。但是，因为它雕刻得很精美，也许诞生于德国（根据尼克的说法，因为它正好非常美丽），目的可能在于出售。

其实，我们相信，头骨是在德国雕刻的，但它可能被带回了墨西哥，和一些古代头骨放在一起，因此，保存在古代头骨中的记忆也许就下传到了它身上。

它致使一些在水晶头骨方面有复杂经历的人，例如尼克·那切瑞诺或者受过尼克或迈克尔训练的人，就像我，能够获得这种结论。它不是你可以轻易接近的东西。如今我认为，它不是一个古代头骨：它很古老，19 世纪 60 年代，它在德国的奥伯施泰因丁雕刻而成。但那并未否认它拥有极其强大的能量。它的功能和一些古代头骨一样，这意味着它有很多能量可用于疗愈和通信。

■最近，我和头骨坐在一起，发现它们真的如此令人惊异。但正如我说的，我没有把注意力放在头骨是否是真的或者是“一体”的问题上。我更感兴趣的是，我对头骨的反应。我自己在这里搜集了很多头骨——一些来自墨西哥，一些出自秘鲁，那是我在一个黑市经营者仓库中后面的一个房间发现的。无论走到哪儿，我似乎总是能发现一些头骨。

那是因为它们呼唤你去找到它们。我们相信，有一个头骨兄弟会 / 姐妹会（就像你谈论的，从天狼座那里得来的），有些人，比如你，真的与这些头骨有联系，它们呼唤你去找到它们。它们正这样做。对于米歇尔 - 黑吉斯头骨，我的最终结论是建立在我使用马克斯和沙娜拉看到的东西之上的。

因为我与其中两个头骨的联系，我觉得我可以谈谈安娜米歇尔－黑吉斯头骨。

那两个头骨是天然的（它们雕刻得并不漂亮，并非是用最好的石英雕刻成的），但其能量是巨大的。我知道，你会在某一天，很快，遇到它们。我会亲自将乔安·帕克斯（JoAnn Parks）介绍给你，他是马克斯的守护者。

■我在这里等了很长时间，为了见到马克斯——甚至从照片中，我感到有一股精神激流穿过我的身体。谢谢你的邀请。

书中有一整个章节是关于乔安·帕克斯如何与藏族喇嘛和诺布·陈（Norbu Chen）取得联系的。诺布·陈的名字和给你藏族头骨的人的名字非常相像。马克斯实际上是从危地马拉玛雅传教士那里得来的……非常长的故事。

■其实，我没有给它命名。我从那个头骨那里获得了这个名字！

真是难以置信。我的头骨告诉我它叫“梅凯特阿顿”（Meketaten），法老阿肯那顿（Pharaoh Akhenaten）的女儿的名字。

■是的，它们是那样做的！

你是我认识的成功与埃及取得联系的另一个人。现在，我知道，伊斯兰学者的长袍口袋中只有一点蔷薇石英。

之前，我们就谈论过藏族头骨，诺尔布……我想再谈谈。你看到了那张所谓的古代西藏头骨的照片，并对此有了强烈反应。

是的，正是。正如我说的，你寄给我的第一张照片，铜绿上面满是砂砾和灰尘——它并不像水晶。之后，从清洗干净的头骨的第二张照片来看，我显然看到它是由水晶制成的。它有那种古代的粗糙的风格，而牙齿常常让人想到别的东西：雕刻者最后做的事情。那使它看起来是古老的，可能真的是古代的。的确，它不是一个雕刻来卖的现代头骨。

■这个头骨的奇怪之处是，它的顶部有很多老式银饰，里面刻有裂缝，代表大脑的脑沟。它让我想起伊斯兰学者关于甲虫意义的教义，或者“凯普瑞”（Khepre），一个觉醒的符号。

它的牙齿上面也有一些银。我在此之前和之后未曾在任何一个头骨上看到这样的东西。

是的。但是曾有过这样的东西。现在蒙古有很多头骨（实际上是石头，而不是水晶），它们的顶端有一些古蒙文。我们看到过类似这样的东西，上面缀有金和银。

■很迷人。我确实从那个头骨上获得了信息，牙齿上的金属和头骨与那通过头骨使用的声音有关。

我认为，马克斯和沙娜拉是我见过的最为有趣的头骨——非常非常古老……雕刻它们并非出于审美目的。世界著名的地质学家罗伯特·斯考奇（Robert Schoch）看过马克斯。他告诉我们，它是由各种不同的石英融合成的。那意味着里面具有巨大的热和压力。斯考奇对考古学家说（这些人坚持认为所有的头骨都是现代赝品），马克斯可能是由一种能量工具雕刻而成的。如果能量工具进入任何一条接缝，它会将头骨分成5片，头骨随之碎裂，散到各处。

它必须由熟练雕工手工雕刻：一个技艺精湛的巫师。选择水晶用于雕刻马克斯，是因为他们看到5块水晶融合在一起，产生了巨大的自然能量和动力。因此它被雕刻为一个仪式用具。

在研究这些水晶头骨时，我们发现，它们似乎有一种与生俱来的特性。我们也发现，它们似乎与普遍的意识存在维度间的连接——不一定是“外星人”。你知道从第五维度到第六维度甚至更高维度，有比我们所知的生物更高级的生物，他们没有物理实体，使用设备与三维层面上的我们连接。水晶是这些设备之一。它们被用作维度间交流的设备。这就是它们叫作水晶的原因。

它们似乎有一种特性，总是与其他意识相联系，这些意识想知道人类经历是什么——我们的意识是什么。因此它们被用作维度间的入口。

■这使我想起 2012 情节的现代问题。

我们几乎都在这儿。很多迹象指向那个日期——你如何看待它？

10 年前，通过你的书，你带来了这一看法。你在 1999 年就已经取得了联系——他们总是在谈论今天实际上发生了什么。绝对地，我们来到一切历法和周期的聚集之处。

我向伊斯兰学者请教 2012 年 12 月 21 日，他只是大笑说："对我来说，这没什么，因为我无法辨识这一历法……"

如果你与真正的玛雅时间守护者交谈，他们不会谈论世界的尽头。他们会说我们将运行到下一个循环中去："没有时间。"

人们说，现在很黑暗——觉醒何时到来？

伊斯兰学者说："我们每天都在成长。你现在将要看到什么……你将会醒来，知道你以前不知道的事情……它正在发生。我们不需要等待 2012 年 12 月 21 日——就是现在。"

■是的，我们现在正在进入这一大变动时期。人们对头骨兴趣的高潮很快将和玛雅预言一起到来，就在那一天。我们都在这儿，正处在这一时间表上。

我完全同意。就在 20 世纪，你的黑吉斯头骨现身了，我也涉入这一领域，越来越多的人对此感兴趣。因此，显然，你是绝对正确的。水晶头骨、觉醒以及玛雅日历的尽头之间存在联系。水晶头骨是玛雅预言的一部分；它们一直是各类不同文明的一部分，因为它们记录并带来知识。

甚至圣殿骑士团（Knights Templars）也拥有一个水晶头骨。

■的确。六七十年代，我们真正开始再次发现水晶——我们好像必须在星球上重新分配水晶，作为我们准备的一部分。对我来说，玛雅头骨中

心的那一个是水晶头骨，而它本身也是一条强大的信息。

的确如此。伊斯兰学者也告诉了我，那时，他跟我谈起黑暗年代将结束以及新的黎明即将到来。我很吃惊，天狼星的长老使用的是我从前在伊斯兰学者那里听到过的术语。他会说，对我们而言，工具将会在那里，我们不会失去什么，我们只是睡着了——静止地。显然，对我们而言，一切都是工具，这一点将很快明了，因为我们将会进入下一个阶段。

他说，就像头骨一样，一切都是静止的。

■我们不要忘记，水晶头骨携带着最后一个隐喻，我们使用自己大脑的巨大能量——就是水晶大脑，我们将它们拼凑在一起，以记起所有的事情。

那是十分有趣的。是的，问题是：为什么是头骨呢？你想——当你火葬一具尸体时，两个部分不会烧毁：头骨和长骨。即使温度为10万华氏度，一个人的头骨也不会烧毁——它会一直存在。它代表保存到永远的一些事物。我们将自己的智力放在哪里呢？当然，它储存在我们的细胞里，你将带着这些细胞完成你的工作，但是它主要储存在大脑里。

大脑储存在哪里？它储存在头骨里。

■是的，那是意义深远的观察结果。头骨不易腐烂。

我们发现一个头骨，有350万年之久。

■人类的大脑就是一台计算机，头骨是一个非常完美的比喻——机敏的。对我来说，古代头骨就是一个计算机系统，这点毫无疑问。

毋庸置疑，我完全赞同。

■头骨是一个古代的计算机系统，这点我们都同意。你觉得，我们

正在组织一个重新发现头骨小组吗？这个小组将会联合起来执行这一功能吗？

我从弗朗西斯科那获得的不是与2012相关的13个头骨的特殊传统，但是他的确相信，它们将会再次出现。很多人对这些头骨感兴趣，这是事实，也是一个信号，觉醒离我们已经不远了。

■玛雅萨满被召集起来，带着水晶头骨聚集在各个神圣遗址上。跟我合作的玛雅人都使用了水晶头骨。一些奇怪的事情也发生了，就在现在……一些绝对非常神奇的事情。在我们人类觉醒之时，水晶头骨的确正激活一些储存在我们身上的古代记忆——我们需要的某些东西，以帮助我们凭借这些钥匙打开集体思想之门。

★★★★★★★★★

斯蒂芬·米勒的书是：《水晶头骨：通往人类过去的惊异之门》。斯蒂芬也是吉萨研究协会的主要研究人员，主攻大金字塔。如果想要了解他关于头骨的知识，以及他对埃及和黑米特传统的追求，请关注他的网站：www.gizapyramid.com。他还著有《从光明到黑暗》《奥西里斯的领地》等书。

第十四章

难以置信的治疗：神奇矿物质溶液——与吉姆·汉伯对话

◆◆◆吉姆·汉伯◆◆◆
◆◆◆Jim Humble◆◆◆

吉姆·汉伯的职业生涯始于航空和航天工业，在这一领域，他逐渐成长为一名科研工程师。他研究了第一批洲际导弹和月球车，为第一批真空管计算机撰写了使用手册，同时也设置了原子弹爆炸实验。

他还研究了控制电子学，做了磁流发电的实验，在休斯航空公司（Hughes Aircraft Company）成功地构架了第一台由计算机控制的机器，并发明了首个自动车库门开启装置。

在采矿业领域，他写了4本书，更新了陈旧的技术，降低了健康危害。他首先克服了水银风险，然后发明了从矿藏中取出水银的方法。他的技术包括排除化学淋滤，最后只使用水回收黄金。

吉姆的近期目标是回到非洲，用他最新的可能改变世界的神奇药液消除每一个非洲民族的疟疾病，并向全世界证明，这是可能的。他会的……是的。

****

■亲爱的吉姆，首先为你的漫长旅程表示祝贺。通过你开创新的工作，各种疾病患者都康复了。你的神奇矿物质溶液（Miracle Mineral Supplement，以下简称MMS）还鲜为人知。我想请你详细地讲一讲，你是如何研发出它的？

我在南美丛林中探矿，那时，我身边的一些工作人员得了疟疾。我试验了一种补充剂，我用它净化水，当然，也用于恢复健康——在短期内，我治疗了疟疾。它非常神奇。他们在4小时内恢复了健康。

■是的，我在你的材料中读到了这一点，让人难以置信。我认为，显然，你在矿物盐补充剂中添加了柠檬酸。它有何功用？

其实它是一种矿物盐补充剂，最近80年来，被全美广泛用于保持健康。它是亚氯酸钠。很多保健工作者都知道它，并已投入使用多年。我在丛林中使用它，我的工作人员在短期内恢复了。我给他们服用的第二天，我在更多患有疟疾的人身上试验，同样的事情发生了：他们几乎都立刻恢复了。

我没有任何选择——一旦我发现它，我必须告诉世界——那是我将要做的。

我花一年时间研究这一补充剂，以使它在所有的病例中都有效（那时，它并不是对所有的病例都有效）。我往非洲寄了很多样品，也给我在那儿交的朋友寄了一些，我们用不同的方法试验这种药品，直到我们发现激活它的最好办法，直到我们确保它对抗疟疾100%有效。

■因此，你往矿物盐补充剂里添加了二氧化氯，是吗？

基本上，是亚氯酸钠产生了二氧化氯。

当你将必要元素，例如柠檬酸或者柠檬汁加入亚氯酸钠中，就会产生二氧化氯。当你服用它时，二氧化氯就会在你体内活动——它会在身体内穿梭，杀死体内的病原体。

■啊！那是一个非常震撼的宣言！首先，我猜想你遇到了来自主流社会的一些阻力……但我当然不是主流人士！这里是“超越矩阵”——因此让我再听你谈谈：是它杀死了体内的病原体？

好的，我们讨论一下这些病原体。我叫人们喝下它，逐日加大剂量，以及柠檬汁的饮用量，因此两周到一个月或者一个半月后，他们就增加到带有大量柠檬汁的 15 滴药剂。之后，它杀死了他们体内的大部分病原体。人们患有的 C 型肝炎——没有了；糖尿病没有了；大多数疾病消失了——很快！

对于患病时间长的患者，就要看这种疾病侵入体内的程度。二氧化氯和氯气很不一样——那是完全不同的。二氧化氯用于水净化器，已经有 100 年的历史了，因为它能杀死病原体。它不会入侵人体，产生很多对人不利的可能导致癌症的化学混合物，例如氯气。

二氧化氯实在是和氯气大为不同，对人体的影响也完全不一样。它只在人体内待几个小时，然后被食用盐溶解，因此它什么都不会留下，也不会造成副作用。

■你的信息表说，它也能治疗癌症。在我们当今社会，疾病种类日益增长，我想请你解释一下这种可能性——癌症的治疗？

一周前，澳大利亚的一个妇女打电话给我。她患有肺癌，医生告诉她只有两周的时间了。她卧床不起，但还是每天起床，在轮椅上坐 10 分钟，只是为了不要躺在床上。

她的家人决定马上给她举办一个生日聚会，因为他们觉得，她活不到自己的生日了。有人建议她开始 MMS 治疗——她的医生其实给了她这种治疗，8 天后，她可以起床走动了。她已经几年不能走路了。12 天后，她驾车去湖边，沿着湖边走了走。那天她召开了一个研讨会。她现在回到了学校。

■太惊奇了。你有任何支持你意见的临床试验吗？

我们在马拉维的一所监狱做了一些疟疾临床试验。我们有一家独立的测试血液的公司——治疗前后，他们甚至不让我们接近血液。接受治疗的病人 100% 恢复了。当地政府之前认为我们肯定是错误的，因此他们进行了自己的试验，他们获得了相同的结果——接受治疗的病人 100% 恢复了。

■ 100%？

就疟疾而言，是的……100%！当我们治疗艾滋病时，我们选择静脉注射进行治疗。我们获得了 99% 的治愈率。

■你有一些文件支持你的观点吗，吉姆？我扮演了魔鬼的角色，因为我知道人们会直接问这样的问题。

我们的确有疟疾治疗方面的文件资料——个人可以来访或者把政府人员叫到这里，如果他们想要获得一份——但没有艾滋病治疗效果的相关资料。我们从未得到文件资料，因为我们没有支付血液检测的基金。我们没有检测他们。人们只是感觉很好。他们下床了，能自己穿衣服了，说："我要回家见我的家人。"

那是他们做的事情。

因此我们能说什么呢？他们没有死于艾滋病。他们都回家了，感觉良好。

■那是震惊全球的信息。你现在在干吗呢，吉姆？据我所知，你打算返回非洲，想要铲除那里的疟疾。是吗？

是的。我写书销售，希望能足够支付在一个国家消除疟疾的费用。希望是在马拉维，因为我认识那里的政府人员，我有朋友在那里。这个国家有 1200 万人，大概有 400 万人患有疟疾。我希望将他们在 18 个月内治愈，这些费用全来自我写的书的版税。

■在这么短时间，你如何能治疗400万人呢？

我将获得一些捐助，书的销售也会让我有足够的收入雇佣一些人员——真正的好人，大概是一个月40美元。我将获得一些车，雇佣一些人，训练如何使用MMS——然后将他们派往一些村子，训练村子里的一些酋长。我已经完成了这项工作。这些酋长完全出于自愿。他们和其医务人员学习如何使用它，之后他们去治疗村子里的人。因此我们相信我们可以在此框架内接触到每个患者。当然，我们会在那个国家制造MMS。我制造它，一份只卖一便士。只需要两份便能治愈疟疾。

■什么？两份？

是的——两个剂量。

■我们需要你向我们解释一下。你教人将多少柠檬汁加入到补充剂中……你将柠檬榨汁，将它添加到补充剂中，这样就完成了！一个人只需要花两分钱，经过两个剂量的治疗，就可以将令人害怕的疟疾治好吗？它就那么简单？

需要15滴——我通常需要18滴MMS以及100滴果汁（我其实使用柠檬酸，而不是柠檬汁，因为我一次就能榨100加仑）。柠檬酸就像柠檬汁，柠檬汁是10%的柠檬酸，而我使用柠檬酸。我添加100滴，化学反应需要3分钟，再加入一些菠萝汁，然后我给人们喝。那真是一个非常大的剂量。

一个小时候后，我再给他们第二份。4个小时后，90%的症状就消失了：热病、头痛、脚痛、手痛、打颤和呕吐，一切都会在4个小时后消失。如果病人起先卧床不起，服药后，他能够自己起床，穿上他的衣服走回家。

■真是令人惊异。真是太令人兴奋了。

我已经亲自治疗了两百多个病人，而我训练的那些工作人员治疗了7.5万个病人。我们有大量证据证明它是有效的。治愈的患者之中，我一个也不认识。当然，也有人患有其他疾病，因此他们并不没有立即痊愈，因为这些疾病通常需要更多的时间——甚至一周。无论哪种病例，它的疗效都是非常快速的，非常令人兴奋的。无论我多久试验一次，总能兴奋地看到某人迅速恢复——它的药效是强大的。

■它不只是强大！这是生命中一个多么令人难以置信的人道主义时刻啊！知道你为这么多人工作，看到这么多患者快速康复，我真的难以想象。

对于不常见的新疾病，莫吉隆斯症（Morgellons），效果又怎么样呢？如何治疗这种疾病呢？

患有莫吉隆斯症的病人也能从MMS中获益。不幸的是，它没有疟疾恢复得快，有些人打电话给我说："我捡回了一条命，我现在很好。"

没人打电话说那种疾病完全治愈了。打电话说它们很有效的那些人，其实仍然有某些症状。因此，它还没有完全治愈这种病，但是我们仍然坚持不懈地做研究。

我一直通过静脉注射激活药剂，进行研究测试。没有人之前做过这样的事。我在自己身上也做了测试，以看看它对人体的作用究竟如何。

■给自己注射？吉姆，你真是一个令人惊异的人。你对这些药剂有何反应？

注射之后的90分钟内，我感到全身冰凉，我必须裹着毯子。第二天，我可以加大剂量了。它正把我体内的某些物质清理出去！它在清理我的肺。当我呼吸的时候，肺部会产生一些噪声——那些噪声已伴随我多年了——突然，注射几天后，它们消失了。因此，我很清楚要继续研究。

已经有人注射了我研究的化学物质——全球的医院和诊所有十万多种注射药物，包括氯化物，其注射的剂量和我使用的相同。

不同之处在于，我激活了它，但是他们却没有——他们只是使用。激活能大幅度提高二氧化氯的含量——高达 100 倍。

■因此，这是二氧化氯，一个不可或缺的医治元素。那是我听到你说的，对吗？

二氧化氯起了作用。它是一个杀手。它没有任何营养价值——它只是杀死病毒。它是氧化剂——人们知道的最为有效的氧化剂……但它仍然是较弱的氧化剂，它无法攻击健康的细胞或者有益菌。它不会攻击它们，因为它们非常强壮地联合在一起，不会被二氧化氯氧化。此外，它是一种强大的氧化剂，能杀死病原体。

■不好意思，吉姆，我有点困惑。人体内的癌细胞非常强大，二氧化氯是如何会杀死它们，而又不会杀死健康细胞呢？

当一个细胞生病时，它会变弱。癌细胞比较弱，和其他健康细胞比起来，它们的细胞壁构造不同。我还不能确定，它是如何杀死癌细胞的。它可以穿透细胞壁，进入细胞核内部——杀死细胞核。但是它确实能杀死癌细胞。它们将癌细胞清除出体内。在清理人体的过程中，它们在体内释放一定剂量的毒素——因此病人可能会觉得有些虚弱，有点想作呕——他们可能腹泻，告诉你它正在起作用。

它将杀死癌细胞。它是如何做的，我们不是很肯定，但是事实上，它的疗效在几百人身上已经得到了证实。这些人给我打电话，告诉我它是有效的。

■因此我们并不知道它为何有效。

对于癌症，没有——我们不知道它是如何杀死这些癌细胞的。

我们清楚地知道，体内的其他病原体是如何被二氧化氯杀死的。在过去的 70 多年里，人们就一直用它来杀灭仓库里储存的肉类上面的病菌，用来消毒屠宰后的鸡。它还广泛被用于消毒医院的地板、家具，还用来杀灭供水排水系统中的病菌并同时保留有益细菌。它是有选择性的：它只杀死水净化系统中的病原体，而不会攻击任何有益菌。

它是一种弱氧化剂。所有的病原体都是厌氧细菌——它们都可能遭到它的攻击——但是你需要的健康有机体不会受到攻击。

■让我们打个比方，那时，人们获得这一矿物盐补充剂的信息时，他或她已经多次采用化学疗法或者放射疗法了。他们仍然能够通过这种治疗而恢复健康吗？

不能。他们采用化学疗法、放射疗法或者外科手术治疗的次数越多，MMS能给他们的帮助就越少。它有时可以起效果，这要看他们身体有多脆弱，靠什么支撑下去。它做了它的事情——它开始起效，但是你必须杀死癌细胞，且要比它们再生的速度快。

当你杀死一个癌细胞时，它会在系统中释放出一定的毒素。我们试着让人们服用足够的剂量，这样他们就不会生病了——一个剂量就可以帮助消除反胃，清除癌症。

如果癌细胞比你想要杀死它们的速度发展得更快，人们可能不会通过MMS治疗而康复。很多时候（就像医务人员说的），你抓住癌细胞的速度越快，你就越能通过MMS消除它。

■你推荐人们使用补充剂自我治疗吗？

是的，如果他们可以的话，是的！有几千人患有癌症，却很少有医生愿意使用它。现在有几千人进行自我治疗……仅在美国每月的销售量就有1万瓶。

各种各样的人使用它，以治疗各类疾病。大多数人的确获得了良好的效果。如果有人进行放射治疗，采用现代医学治疗措施过多，那么它可能是无效的。

■我想知道得更多——尤其是你谈论了病原体，不只是疟疾。那么如何预防呢？你认为可以将 MMS 作为一种预防方法吗？

是的，绝对可以。我推荐你用它预防，开始服用小剂量药剂，逐渐加至最大剂量 15 滴。之后，如果你每次服用 15 滴，每天 3 次，服用数天，你肯定会觉得体内清除了很多病原体——除非有些实在是入侵得太深了。你将体内所有的病原体清除出体内，你会知道的！你的感觉也会不一样。之后，你可减为每周两个剂量，每个剂量为 6 滴，当然要使用柠檬酸激活。那会杀死很多进入体内的病原体。

我曾遇到过得了流行性感冒的人，通常使用此药 24 小时之内便会治好感冒。感冒症状通常在一小时后消失。有时，会久一些——可能是 2 小时到 4 小时，但是通常，你可以在一定时间内清除感冒症状。喉咙疼痛也如此——当然，如果你用它治疗牙齿，它也会改变你的口腔健康。我并不关心你如何刷牙，如何小心地保护口腔。如果你口服此药一周，你会看到口腔的健康状况整体提高，你的牙龈会变得更加坚固，你的牙齿会变得更加紧凑，你不会再有坏牙。你感觉口腔也更健康了。

■吉姆，你在网上销售这类矿物盐补充剂吗？

不，我没有。我从来不从这类药的销售中获益。有人捐钱给我，但是我决定，如果我要在这本书里谈论它的话，我就不能卖它。因此我并不销售它。

■那是因为你不想停工吗？

是的，如果我销售补充剂和书的话，美国食品和药物管理局（FDA）会找我的碴。自我不再销售药剂起，我就在人们那里获得了更好的反应。人们知道，我并非以此赚钱。

■显然，对人们来说，那是非常重要的——消除人们的怀疑，即你对

正在从事的工作有任何财务动机。

因此，目前，FDA“允许”你从事你的工作，告诉人们这一显著的治疗奇迹。但是，正如你知道的，大型医药公司将要控制所有的矿物盐补充剂。这将会给你的工作以及你解释这些难以置信的治疗奇迹有何影响呢？

他们会禁止我的活动。我肯定，他们会阻止这些活动。但是我们已经做了一些工作，能够将他们的行动减慢。我称它为“神奇矿物盐溶液”和“水净化剂”。除此之外，没有别的声明。这些声明都写在书中。这一瓶溶剂只是说明如何净化水。没人可以反对水净化剂。

■那……人们会看到的。

是的，当时机一到，他们会出来阻止。没人怀疑这一点，因为它会减少医药公司的收入，他们无法提供那种药物了。

■尤其是现在，我们面临着这些新出现的病原体和细菌的威胁……以及所有的昂贵药物，比如特敏福，正成为唯一能够治愈这些疾病的药物。

那么禽流感呢？你认为，它也对此有效吗？

我认为是的。但我们从未就禽流感做实验，但它肯定能杀死炭疽病菌。炭疽病菌是最难对付的病原体之一。

■它能杀死炭疽病菌？

当然！他们在炭疽病爆发时，利用这种药物治疗。他们使用二氧化氯杀死炭疽病菌。他们使用相同的材料氯化钠来联合对抗病原体。唯一的不同在于，我是将它注射到人体中去。但是我用了相同的材料。

其实在相同浓度下——2% 到 4% 的二氧化氯能够杀死炭疽病菌，杀死任何人们知道的病原体。我认为，它能杀死禽流感病毒以及其他病毒……而那些人们常患的疾病，比如莫吉隆斯症和莱姆关节炎以及其他可以追溯到实验室的疾病，我肯定，它们不喜欢和MMS相处，因为氯化钠会杀死它们。

■你曾受到过威胁吗？

没有，但是有一些医生说我错了……大多数医生站在我这一边，甚至是你认为不会赞同我的医生。但是有些医生告诉我，我做错了，我应该等他们花100万美元证明疗效。那是我们通过标准过程获得认可的唯一途径，那需要100万美元。

■因此，关于这本书，你能告诉我什么呢？你能否详细描述一下，如何研究这些物质？对这一材料，你能给予人们何种实用信息？

我在书中透露了完整的信息。我不只告诉你如何获得它、如何使用它治疗各种疾病，我还告诉你如何制造它。我不只告诉你如何在厨房里制造，我还有一个章节告诉你如何在你的厨房里制造。

因此，只要按照我的说明，你就可以一天生产两三百瓶药剂。我尝试从各个途径告诉人们如何制造、如何使用，因此它的信息不会丢失。书本遍及世界。无论他们如何阻止（他们将会来到美国），信息仍然在这些书中，它仍然留存在世界上。

■我认为，拿从这本书中获益的资金去治愈非洲的400万患者，这样做是非常重要的——非常高尚的追求。告诉我——你在非洲的最终目标是什么？

一旦世界看到我们将整个国家的疾病都清除了，人们会希望帮助并捐献资金来帮助其他的国家。其他国家已经表现得感兴趣，但是我们需要更多的钱去清除非洲的疾病，因为那里有多种疾病、大量患者。一旦我们那样做，我们需要的钱，就不会像如今在非洲需要的那么多。

世界上的自由国家将几十亿美元投到非洲。无法真正知道有多少！非洲的每一个城市都有非营利组织在那里提供帮助，但是那还不够，因为那里有那么多疾病。

一旦我们消除疾病（如果他们允许我们这样做），在非洲就可以少花一些钱。每年都有500万人患上疟疾——那产生了大部分的贫穷人口。一旦人们可以重新工作，每个季节都能种植粮食，收获谷物，那么贫穷人口将会减少90%。那里会发生变化——它会改变资助非洲人的资金数量。它会改变世界。

■我对“那种力量”很好奇，也很奇怪，他们真正的目标是否是治愈非洲及其人民，或者他们是否有自己的日程表。

我认为，有过一个案例……他们只是想一直待在那里。甚至当我对比尔·盖茨（Bill Gates）说时，他说，一旦我们获得FDA认可，他会跟我们谈拨款一事，但是他知道，我们不可能获得FDA认可，因此他也没有什么好担心的。当然，我已经向所有的大型组织提出申请，结果是要么石沉大海，要么给我一封拒绝信。

至少比尔·盖茨给了我一封拒绝信，与无动于衷截然相反。

■吉姆，给我们谈谈实际治疗过程本身吧。你在非洲，人们排着队等候，一些人知道他们得了疟疾，一些人受到前者的影响。你的病人如何知道他们得的是什么病？他们应该服用什么药物？病人对服用药物的整体感觉如何？

治疗疟疾的方法至少是，你必须给予他们大剂量的药剂，以杀死寄生虫。当你看到患者时，你能认出疟疾。不需要花很长时间辨认——在非洲所有人都可以辨认出疟疾症状。你很快就能辨别出来。你给他们服下大剂量药剂后，其他一些没有患上疟疾的人就可以服用小一点剂量的药剂。

当我们走访一个村子时，我们给每个患有疟疾的病人服用大剂量的药剂，其他只是说有点不舒服的人，我们就给他们服用小剂量的药剂。患有疟疾的病人服用18滴，而其他人服12滴左右。

一些人立即反胃呕吐，但是我们第二天回来时，他们康复了。大多数人告诉我们，他们感觉良好——康复了。

他们在村里排着长长的队伍，告诉我们哪里不适。分发药剂的人就站在那里配置药剂，然后分发给病人。我们必须要分析下这一点，因为我们没有时间给每个人解释。它效果非常好。如果有人感到不适，那不过是因为他们呕吐或者腹泻了，但是他们会变得好些……那才是最重要的。

■有人说这是一种“小白鼠”实验。你如何解释呢？

那里的人们并不这么认为。他们第二天就高高兴兴地康复了。那里有很多人维持队伍秩序，给病人药片、各种注射药剂或者其他什么。说到“小白鼠”，世界卫生组织（World Health Organization）在非洲分发了四五百万注射疫苗，以预防各种疾病，然而大多数人还是生病了，或者病得更严重了。当然，没有人会承认，除了那些知道他们在干什么的人。各类书籍和各种报告都有记录……

■我猜想，最后的证据来自人们对你说的一声：“谢谢——我康复了。”

确实如此。最后，第二天，人们回来围着我们，带来他们的家人，无论我们去哪里，人们都很兴奋。有呕吐现象的人……我们告诉他们可能会呕吐，他们很高兴做了净化，因为他们知道那意味着药物起作用了。村子里有好几百人，当我们执行这一任务时，人们会来到教堂。在非洲，我们拜访了很多教堂，很多患有疟疾的人也来到教堂里。

很多患有疟疾的人是徒步走来的。他们因病而无法工作，但他们至少能来回走走。为了治疗，他们很多人来到教堂。大多数人在治疗后感觉良好，回到家后感觉更好了。

■那么动物呢，吉姆？动物可以治愈吗？

当然！很多人用这种药治疗他们的动物。一些人带来他们的动物，我在书中提到，我习惯每25磅使用3滴药剂，但一开始剂量要小，不然会有反胃和腹泻的症状。如果有人因为治疗而得了病，他就不会再继续使用它。因此在美国，我们通常一开始用小剂量的药，然后慢慢增加，因此他们还停在生病的水平上。即便他们有些病痛，但是他们知道那是药物在起作用，它们在杀死体内的有害物质。动物……你能很好地解释动物为何也能被治愈。

■那么普通人呢，他们可能并没有患上可怕的疾病，但是有一种心神不宁、失调以及慢性疲劳的感觉？你也推荐用这种补充剂吗？他们又该如何自我治疗呢？

是的，感染了假丝酵母菌和慢性疲劳的病人第一天应该服用 1 滴，第二天服用 2 滴，第三天服用 3 滴，以此类推，他们迟早将服用足够的剂量（通常 15 滴为最大剂量），那时他们会有反胃现象。因此，比如，如果你服用 8 滴，你反胃了，你可以减少到 6 滴，这样小剂量服用两到三天，然后再把剂量加上去，直到 15 滴。大多数成年人可以服到 15 滴；对于孩子，我们认为 3 滴为最大剂量。每 25 磅 3 滴，但是你不需要一开始就这样子哦——你一开始可服用 1 滴。

■当服到 15 滴时，你叫他们只服用一天吗？

当你服到 15 滴时，假如你在加大剂量的过程中并未反胃，我建议你早晨服用 15 滴，中午和晚上再各服用 15 滴。大部分情况下，你所有的病原体那时会清除。你应该每天服用 3 次，每次服用 15 滴，这样服用一个星期左右（大概是 4 到 5 天），直至没有感到任何不适或者特别的感觉。那时，你可以肯定你已经杀死了体内的所有病原体。

■甚至你不知道你得了什么病——它们就都死了！

是的。人们来到这里，我们给他们做培训。我们给他们服用 6 滴，等一小时后，我们再教他们自己配置药剂——因此他们一小时之内服用了两个6滴。我给你举个例子：来找我们的一个女人，她的一只手，自手腕到她手指，完全瘫痪，她的右脚，从脚踝到脚趾，也是如此。两年来，她都不能移动手脚。她的丈夫把她放在轮椅上，因此她可以过来找我们。

我们给她6滴的剂量(当她进来时，她感到坐骨神经痛，腿下部也很疼)，一个半小时后，她开始注意到疼痛消失了。最后，她的手有了一点感觉……她服下了第二剂。两个小时后，她能正常地移动她的手了，她可以动动她的手指和手腕。她脱了鞋，脚也可以移动了。从她的腿到后背，所有的疼痛都消失了。

我能告诉你的是，病原体、细菌和病毒分布在你的腿、膝盖和你身体的各处，它们危害你的身体，直到你感觉疼痛。这个女人承受这种痛苦有20年之久！2个小时，疼痛全部消失了！

■2个小时对20年！我想说，那值得一试。吉姆，你的工作实在是很显著。你想对全世界的人们说点什么？

我只想说："试一试吧！"你会有什么损失呢？

已有成千上万的人尝试过了。我无法向所有人保证，它会治愈你……但那值得一试。我不管你有任何问题：给自己一次机会。一开始，我认为，研究的目的在于疟疾和艾滋病，但是现在我明白了，它的研究是为了一切病症。它非常神秘。我每天都会获得惊喜。

■吉姆，你是一个多才多艺的人，你拯救了世界。我想把一切赞美给你，你可以让我帮助你将你的信息传给更多的人……帮助你获得你需要的支持。

****

欲知吉姆·汉伯及其工作，请登录网站：www.miraclemineral.org。

他的书是：《21世纪的神奇矿物质溶液》（*The Miracle Mineral Solution of the 21st Century*）。

第十五章

货币的终结——与托马斯·格列柯对话

◆◆◆托马斯·格列柯◆◆◆

◆◆◆Thomas H.Greco Jr.◆◆◆

托马斯·格列柯是一位社区货币经济学家、教育家、作家和顾问。他是一位已退休的终身教授，花了三十多年时间研究并撰写以下主题：通过商业与经济学方法，获得更多的协调、公平和可持续性。他更是一个幻想家，希望在这个世界中，人类可以创造和平，致力生产而不是破坏。

****

■当我们观察到给予我们安全感的结构被破坏时，未来将会如何呢？这是一个令人兴奋和绝对紧迫的主题，这一刻，全球都面临着发展模式的转变。

托马斯，我想请你讲一讲，你在书中写下的打算。请给我们讲一讲你的背景，是什么触发你撰写新书《货币的终结》（*The End of Money and the Future of Civilization*）？

30 年前，我开始调查货币和银行问题。我如此关注这个问题，是因为我意识到，银行是中央机制之一，通过它，权力和财富被集中到少数人手中。20 年前，我开始针对这个问题写书——我的第一部作品就是《货币和债务：全球危机的解答》（*Money and Debt: A Solution to the Global Crisis*）。在那本书中，我概述了失调的货币体系的本质，提出了几条我认为应该用于开发一个更有效系统的原则。几年后，我写了另一本书《健全社区的新货币》（*New Money for Healthy Communities*），着眼于一个新的交换机制，后者曾在 1994 年这一特殊时期使用过。

■我想，你现在能从一个全局的角度强调你写的这些观点。我们来谈谈全球崩溃，我觉得这是可以控制的——但是当然，我不是一个像你一样的专家。但我很好奇：你是如何了解到新世界秩序（New World Order）的，以及正如你说的，它是如何为大多数财政和权势精英谋取利益的？我们能否听听你对这整个事情的高见，以及它正被少数精英操作的观点？

当然。货币和金融业如何运作，我们一直一无所知。很少有人真正了解它。有很多似是而非的说法其实是想避免让人知道真相。看看近来的国会听证会信息。有一些国会议员，例如艾伦·格雷森（Alan Grayson）一直在质疑美联储(Federal Reserve)的一些领导者，质疑他们最近在做什么，质疑他们为什么不愿公布系统有多么失控的信息。

■不单是不情愿——他们简单地拒绝回答……他们似乎知道自己可以这么做！

是的，他们的确在拒绝。他们采取了一个非常傲慢的姿态——他们为自己粉饰太平，置身事外。他们兜售给人们这样一个基础概念：我们需要一个独立的中央银行，因此货币就不会受到政治利益的控制。但是其实，正是中央银行使货币被政治利益所控制，因此我们的现状是，一个中央金融债务 / 货币系统正在向全球蔓延。其实，世界上每个国家都有一个中央银行以及银行家和政治家之间的勾结：银行家以一定比率把钱借出去（这些钱是他们利用一些账簿创造的），政治家按他们喜欢的方式花这些钱，且不用关心税收，如果有必要，这些货币将会被中央银行定位为合法货币。

本质上，我们的货币系统有两大寄生因素：利息和通货膨胀。通货膨胀就是通过政府债务变化使货币贬值合法化。当政府债务成为合法货币时，它创造了新的金钱，然而毫无疑问，对于经济而言，没有额外的益处和服务，因此它们代表“没有价值的美元”。它迫使商贩提高价格，以此保护自身免受这一合法冒牌货的冲击。

■因此，我们正在谈论的是合法高利贷吗？

是的，高利贷是这一系统的组成部分。“利润”这个词通常意味着高利贷，并由为了使用货币而制造货币的人收取。本质上，我们允许银行家将“大众信贷”私有化。我们将自己的信贷交给了银行，我们祈求他们借给我们一些钱……他们仰仗特权向我们收取费用。

■真是可恶。我们眼看着政府控制银行以及私有财产，你是如何看待这一问题的呢？尽管我们从管理者那里偶尔听到一些啦啦队式的信息，告诉我们它会变得更好，但是其实并非如此——是吗？

是的，我认为它没有变好。在它变好之前，还有很长一段路要走。我认为，基于银行机构的现状，改善也是非常有限的。如果我们想看到任何重大改善，我认为，我们将不得不创造备选的交换结构和备选的财务机制。

你指的是政府控制银行，其实不是这个样子的：你们只是看到了表面。然而事实上，如果你看到谁在收费……美国现任和前任财政部长都是高盛集团（Goldman Sachs）的高管，该公司也许是全美最强大的财政结构，也是世界上最强大的金融机构之一。这个问题是：他们在为谁的利益服务？财政部做了哪些使人民受益的事情？美联储又在做哪些有益于民的事情？

其实它首先考虑的是银行利息。利用银行的紧急救助，我们将私人债务转变为公众债务。中央银行的目的是使政府债务货币化，这意味着通货膨胀，也使银行卡特尔（cartel）收取它们通常是通过制造一些账簿创造的利息。我们的现状是，允许一小部人控制经济，控制政治。因此，我们有了粉饰的民主，但其实，我们的世界是受一小组精英人士控制的，他们控制了货币、金融业、政治以及财务……

■当你说“粉饰的民主”时，你指的是什么？对我来说，它当然不是“民主”。

每过几年，他们会给我们投票的选择权，选举何人成为领导者。

■然而，我们已经意识到他们是如何控制那一套的。

是的，当然。

■因此，我们拥有的是民主错觉。

是的，“错觉”这个词选得很好。

■这对公众而言是非常重要的信息，因为人们顺从和允许此类事情发生的途径，正是建立在“民主”和“爱国心”这类庄严的词之上的——国家主义思想，但其实，我们看到新世界秩序正在控制一切。

确实如此。政治权贵谈论了几十年——问题是当他们谈到一个新世界秩序时，脑子里想的是什么。他们对详情并不感兴趣。

■当然，他们故意对自己的计划表现得模棱两可，因此，在人们开始提问权利问题时，计划仍然能够顺利实施。

是的。他们想要我们认为那里没有任何选择。他们是这样跟我们说全球化的：它必须完成，因为没有选择，必须要按照他们告诉我们的方式去完成。在我看来，老的世界秩序基本上是建立在这样的基础之上：信仰缺乏；一个不变的有罪的本质；暴力冲突；命令和强加命令的控制方法；精英规则。

新世界秩序恰好也是建立在同样的前提之下。

■因此，并没有新的东西，是吗？

没有。它只是在我们延续了三个多世纪的秩序的同一个方向上前行。我们必须创造一个欢乐的新世界秩序，它建立在各种信仰之上，建立在集体智慧和社区自治上，它必须有益于人类进步、非暴力解决冲突以及分配公平。我正在尝试促使这些系统的形成。

这一欢乐新世界秩序的特点是以社区为基础的民主机构：更多合作；公平分配；更好的持续性；可再生、可发展的经济。它支持人类的普遍发展——不是在牺牲大多数人的利益基础上成全小部分人的利益。它将是一个和平的世界秩序。在此秩序中，我们彼此合作以实现更好的利益。

■你认为这一秩序能够实现吗？你认为该如何实现呢？

是的，我认为这绝对能够实现，世界上有很多人正朝着这一目标前进——也许这样描述它并不太合适。我们有绿色运动、分权主义运动、生态运动以及人类潜能运动。我们已经举行了城镇转型运动。我们获得了很多备选的交换机制和社区货币，这些流行于全球。由于当今的全球金融危机，人们真正开始坐下来，接受建议。

统治系统中的缺点清楚地暴露出来了，人们将自己和其精力投入到这些备选的结构中。我认为这是一种化茧成蝶的变化过程。这也许有一点推测的意味，但是我认为，对我们而言，抓住机会努力工作是一件好事。

■我们离 2012 非常近了。无论你相不相信玛雅历法，可以确定的是，2012 年已经被证明是银河周期的终结日子。有些人相信，我们将要面对世界末日；另一些人相信我们站在新黎明的门槛上。不管人们在这一点上的看法如何，毋庸置疑，它是银河系转变的一个时间，非常令人兴奋。玛雅

人预言，世界将在顷刻之间崩溃，由此进入一个更高的振动之中。事实上，我们看到了我们认为非常可靠的结构的崩溃。

我对玛雅信息所知不多。我看过一些资料，但是对于它预言了什么，我没有很深的理解。但其实，我们可以看到，我们的体系正在崩溃。我们的医疗系统无法提供卫生保健；我们的教育系统无法提供足够的教育；我们的经济建立在不断增加的需求之上，这些增长可能随时停止。在某一时刻，一些事情必定走向成熟。

生态学家研究昆虫和动物种群，很清楚地看到，当一个种群呈指数级增长时，它最后必须停在一个较为稳定的状态上，或者顷刻间崩溃。我认为，我们将集体经历这种变化。

我们遭受了由复利准则导致的波及面广的大型危机。这一准则是为了我们的货币和金融系统而设置的。复利有一个呈指数增长的功能，那意味着它以不断增加的比例增长。因此，如果我们要成功转变到一个稳定的经济模式中，能够在现有的资源上生存下去，我们必须要改变我们操纵货币和金融的方式。那就是我新书的内容。

■书的标题非常引人注目。它其实正在唤醒我们，以在这个星球上寻找生存的全新方式。你认为，取代现有的经济和金融结构的将是什么结构呢？另外，你能给我们谈谈你这本书的主题吗？

人们通常问我："你说的货币的终结是什么意思？我们真的会有一个没有货币的经济吗？"回答是肯定的，也是否定的！货币已经经历了一个发展过程——我们用金和银开始商品经济。在此之前，我们将各种商品当成交换媒介：兽皮、钉子、子弹、糖、盐——所有的东西。那些商品一般是人们在交易中会接受的有用的东西，他们知道以后可以用这些换自己需要的东西。例如，当烟草被当作货币时（革命战争之前，美国殖民地上都使用烟草货币），不吸烟的人仍然会接受，因为市场有对烟草广泛的需求。他们知道，他们能以此换取他们需要的东西。

我们从商品货币进化到符号货币，后者是纸质货币，只不过是商品安放在何处的一张仓库收据——典型的是存在银行的金币和银币。后来，银行发现，他们可以在大众信贷的基础上制造货币——因此他们开始发行银行钞票，这种钞票不只是建立在存储的金银之上，还建立在其他资产之上，比如抵押条或者签名票据，成为银行发放 / 收取贷款的凭证。

“信贷货币”的创造使我们从商品货币的束缚中解脱出来，但是它也为更严重的滥用打开了一扇门，因为它是不透明的。银行家能够在附属担保物的基础上发行纸币，这些担保物有着可疑的价值或是根本没有价值；也能够在政府长期债务的基础上发行，这些债务可能永远也无法偿还。基本上，货币发行的基础贬低了流通着的所有货币的价值——那是一个名为“通货膨胀”的过程。我们需要收回大众信贷，自己管理信贷，根据我们的意愿和我们自身选择的价值分配信贷。

我谈论的就是“互惠信贷结算”的过程。这曾在历史上出现过——互惠信贷结算并不是什么新东西。我谈论的就是在世界范围内，信贷社区内的大众申请。

■美联储从你的口袋中获取 100% 的私人收入和财富，这些社区如何将自己从联邦中解脱出来？

我们首先要做的事情便是将自己从对美元、欧元的依赖中解脱出来……或者日元——一切政治货币，因为它们都受到各自中央政府的控制。我们处理的方式是将我提到的信贷流通组织起来。

■因此，你在谈论这些社区，它们创造自己的货币，声称自己将从联邦系统中分离出去？

不是，这里没有任何分离主义的宣言。它只是提供了支付所购买物品的另一种途径。

■换句话来说，就是物物交换系统？

人们通常这样认为，但其实并非如此。物物交换是以物换物——我有一些你想要的东西，而你有我想要的……我们做个交易吧。那是物物交换。

■是的，但是一些建立在物物交换贸易系统上的社区将会授予你信贷：例如——我有10英斗的小麦。我把这一信贷用于购买其他一些商品或者服务。

只有当你在这一系统中将某些东西出售给别人时，这一信贷才会产生。我们最好的例子便是信贷清算系统，那是在大萧条期间于瑞士建立的。它称为“WIR”，是由瑞士的一些中小型企业创立的。那时，和其他政治货币一样，瑞士法郎十分不足。银行限制将信贷提供给商业和生产部门，因此这些小商人聚在一起，试着理解：“即使我们没有任何货币，我们如何使用另一个系统开展商业活动？”

他们都有产品和服务出售，但是没有足够的官方货币来调节这一交易。因此，他们决定建立一个账户系统：当你出售商品时，你的账户将记入贷方；当你购买货物时，你的账户将记入借方。当你出售时，你的账目增长；当你购买时，你的账目下降。

他们组织了这一交换系统，称为“WIR”，这一系统已经运行75年了。那一时期，这个系统达到了鼎盛状态。

■他们如何逃脱政府的手掌——例如，他们从正在出售的产品中获得收入，征取税收？

赋税是分开进行的，他们仍然必须支付赋税……但那不是重点。重点是他们不需使用瑞士法郎，但可以继续商业活动。因此他们把自己从政治货币系统中解脱出来：他们只是使用自己的物品和服务去支付他们想要的物品和服务。那就是互惠信贷结算的所有内容。

近来从WIR获得的统计数据显示，他们在全国拥有6万个成员，每年进行13亿美元的商业运作。这是一个非常重要的国家实体。

这些实体也在世界上其他地方存在，叫作“商业物物交换”，但是“物物交换”实在是一个误称。更准确地说，应该称之为“商业贸易交换”。它们能进行贸易运作，靠的是信贷结算这一过程。我们为何不能在一个更为普遍的基础上进行这些信贷清算交易？包括雇员、消费者以及各类商业：从零售到批发、制造商，再到基本的消费品生产者。

■因此，本质上来说，这一系统类型不可能在借方上运行，因为如果你的账目上没有信贷，你就不会获得借款，对吗？

并非如此。你获准信贷，这意味着你在卖之前就能买到。一些自己建立信誉的发行者将会被赋予此类特权，拥有一个进 / 出账的账目。

■谁赋予了这个人的可信性？

社区本身。那将牵扯到另一个问题，即这些交换系统是如何组织起来，开始运作的。作为合作者或者个人，他们组织起来获利。最大程度上来说，商业化的物物交换是商业性质的获利组织。但是他们仍然提供了信贷清算服务，这对他们的成员来说是一项有价值的服务。

■到底是什么保护这种计划或者组织不会成为腐化管理的牺牲者？我们知道，私人利益催生了腐化管理，使之避免或者转移到一种更符合常规的系统中？换句话说，某些人获得了决策者的地位，这使他们拥有决定某人能否拥有你所提到的这种特权的权力。不久之后，这些人将拥有太多的话语权和过大的权力，以至于能决定社区的走向。

是的，这是一个共同的问题，我们在人类历史上一次又一次地看到——那里，雇佣者篡夺了管理权，控制所有者的特权和权利。之所以造成今天这样的局面，是因为人们从不对他们的权利负责，而这些权利本身能确保恰当地处理这些事情。作为转变的一部分，此刻的人们担负着责任，学习需要的知识——宣称自身的权利。我们讨论的是这些人手中的货币权，因为，就如我之前说过的，它是我们的信贷，我们给银行信贷，祈求他们给我们一些贷款。

我们可以直接分配自己的信贷。但是，系统防止权力的篡夺和一小组控制者的产生，我们该如何组建这样一个系统呢？那是另一个完全不同的问题——也许，做到这一点最好的途径便是组建这些系统成为合作者，或者如果它们是为了获益的商业系统，我们必须要确保它们在产业竞争中保持在同样的水平。

■它似乎在等着利益侵入，这些利益并不需要这种权力繁殖。

是的，我们曾经看到过。总是有这样的既得利益者，例如不想释放奴隶，不想妇女有投票权——那些我们必须与之斗争的东西。希望我们能聪明地认识到，如果我们不做改变，一切都会崩溃。

■是的，通过这些改变，每个人都会变得更好。

这是一个事实，强调这一点非常重要。这一系统非常不稳定，因此掌控系统的人最终将一无所有。我们需要做一些改变，这些改变授予社区权力，帮助我们超越目前的占统治地位的货币模式。

■人类似乎需要在被推到一个边缘之后，才会迎接挑战，团结一致，看清我们处在某种灾难边缘的现实。这一紧急事件最终将使我们觉醒，看清巨变的时代即将来临的事实。

是的，危机时常给我们带来机遇，正如你所说，直到人们开始感到疼痛，看到有变化的需要，他们才会有所反应。我们内心有不同的冲动：我们保守的冲动想要保持目前的身份，我们变化的冲动想要探索一些更好、更有意思的事情。

■令人吃惊的是你命名的“保守的冲动”，它想要保持事物的原状，并且认为，正如你说的，当一切发生的时候，他们将一无所有。

真正的保守主义者并非是那些想要保持原状的人，例如罗恩•保罗（Ron Paul）。几十年来，他一直就货币系统发出警报。他获得很多听众，人们开始注意到他。

■尽管他并非是个保守主义者。

他是一个保守主义者。一个真正的保守主义者。

■罗恩•保罗？有一段时间，我常常觉得他不是一个保守主义者。他是一个先锋派思想者。

当然，他和所谓的保守主义者有所不同，后者控制了共和党。那就是既得利益者如何获得发言权的。

■我从来没有遇到过这样的人，丝毫不关心自己的个人财政安全。我们如何与这些人交谈呢？我们谈论乌托邦理论和最后的可能现实——我们如何对待失业的人们，他们无法在世界上找到工作。你会说些什么，帮助他们发现并找到出路的方向？

那些当然是可行的问题，基本上，人们必须在自己的社区中组织起来，互相帮助、彼此合作度过这一转变时期。我前面说过，我相信，我们可以度过这一转变，破茧成蝶。想想毛毛虫和蝴蝶吧，毛毛虫的目的是获得食物和生长。那是它做的一切：获得食物，慢慢地长大，然后度过“脱胎换骨”这个过程。它蜕皮，并长出了一层新皮。如此四五次，直到它停止——直到最后停止进食。它的行为在那一时期可能具有破坏性，因为在成长过程中，它完全能吞食植物——但是最后它停止了生长。在它的成长体制中，有一些东西要求它停止生长。

之后，它作茧，进入另一个时期，它的身体衰退，毛毛虫变成另一种生物——蝴蝶——茧内发生的转变过程。形成蝴蝶的细胞还在那里，还在毛毛虫体内，一直在——但它们在毛毛虫阶段休眠。但是当毛毛虫进入茧内时，这些细胞又被激活了，开始将自己组织起来，形成器官，最后变成蝴蝶。在某个时刻，当这一过程完成时，茧会裂口，蝴蝶飞扬。

蝴蝶的行为非常不同于毛毛虫。它四处飞来飞去，采集鲜花上的花蜜，并在此过程中授粉，帮助花朵进行再生殖——它是有性别的，也有自身的生殖循环，因此雌性可以下蛋，然后孵出更多的毛毛虫。循环再次开始。

如果那是一个我们今天将要经历的一切的比喻，那么我们不应该期待事物过去存在方式的恢复。即便经济恢复了，它却是不再生的。我们将进入更加稳定的经济模式，生产力将会提高，将更有效地为人们提供本质需要，我们会停止生产大量奢侈品以及人们根本不需要的东西。现在国会有一场辩论：是否要资助一种新的战机。五角大楼不想要，而国会却想资助，因为它支持地区经济，国会议员正是定居在那里。

我们必须停止此类事情。我们必须停止生产垃圾。工厂大门之间的距离越来越短，在那里产品和垃圾同时出现，它们走向生命的尽头。我们“丢弃这个”“丢弃那个”，直到现在，还在强调提高劳动生产率。我们必须面对资源生产率，以更少的材料生产出更多的价值。

■很显然，做到那一点就必须要大量减少我们的消费。

是的，只消费那些我们实实在在需要的东西。问题是，对公司来说，劳动力是一笔花费，他们必须通过降低成本、提高收入来使自己的利益最大化。因此他们喜欢将工厂设置到那些迫切渴望工作和收入的地方——基本上，这是近 10 年美国和欧洲发生的事情。制造业去了亚洲，在那里，劳动力既丰富又便宜，因此，现在西方国家的制造力已经所剩无几。

如果我们要重新恢复经济，我们必须将注意力集中到制造业的地方化上——产品更多为本地使用，而不是出口到遥远的市场上去。一旦结束便宜的石油时代，我们将会看到运输成本增加，这将使本地生产为本地所用。随着财务危机的发生，我们将会看到经济衰退。比如，某些发展中国家已经变得非常依赖美国市场，他们积攒了大量美元，作为他们保持美国市场销售额的途径。但是现在，他们看到美元变得越来越不值钱的迹象，因此，如果美元相对他们的货币贬值的话，他们不得不吞下苦果。

■他们知道，如果他们使美元恢复原来的价格，美国政府将会制约贸易，因此，他们必须在中央货币系统上维持一定的美元空间吗？

不是。惩罚越是严厉，他们越会迫使美元贬值，那会使进入美国市场的出口货物越昂贵。他们将不得不降低出口市场的生产重点，提高国内市场的生产重点。

■这一切是如何与金银联系在一起的？很多人相信，或是被迫相信，他们应该储存黄金，把它作为应对财政灾难的树篱或安全措施。

问得好。在历史上，曾经有对政治货币贬值或崩溃的担忧，人们只好去珍贵金属中寻找生路。金银以及其他货物和可收集的物品——它们都不是美元控制或者该国货币控制的东西——作为价值储备，可能存在于某人的投资项目中。然而，作为交换媒介，我认为，我们不会回到金银中去。我们知道货币可能担当的相反功能。

在经济学上，你了解货币有着交换媒介、储存手段以及价值尺度等功能。当金银成为货币的主要形式时，它们确实履行了所有的功能。但是信贷货币却不一样。

信贷货币是，或者应该是、纯粹是一种交换媒介。如果你想储存价值，你可以用别的途径达到目的。你购买金融工具，比如法人股份、法人债券或是银行的定期存款——或者其他形式的长期金融工具，或者你买一些类似实体商品或者房地产之类的东西——那些主要是人们用来试图保护他们安乐窝的东西。

■那是，它们当然不稳定。当然，就像一切灵性传统的本质一样，这些全球事件再次强化了一个准则，即什么都不是永恒的。如果你看佛教教义，它告诉你要使自己从物质占有中解脱出来，因为你无法抓住它们。物质满足的欲望和抓住占有物的需要创造了痛苦。

我们看到金融业崩溃后上演的一切——就房地产业而言，我们曾经视之为一切金融投资组合的堡垒，而现在我们看到它们的价值下跌，人们甚至失去了他们的家园。在很多国家，这甚至写进了法律，即政府可以随时拿走你在“重要领域”的财产。没有什么像我们想象中那么安全——政府会采取暴力占有策略。

那是真的。政府有可能强迫剥夺人们拥有的财产。

■政府拨款给你的家庭和产业，说：“我们计划在这修建高速公路或者商业中心——再见！”在这个星球上，这种行为受到允许，全球如此！

是的，政府大量滥用某些领域的特权。1993 年，当富兰克林·罗斯福（Franklin Roosevelt）在大萧条中期成为总统时，他召回了黄金。他说：“现在，美国人持有黄金是非法的……你必须将你的黄金上交政府。”反过来，他们被给予纸币，每盎司黄金 22 美元。黄金刚刚完全收归政府后，其价格就马上涨到每盎司 35 美元。

■你预见到此类事件会再次发生吗？

这种事常常发生。我真的不知道何时会再次发生。

■几年前，我遇到一个朋友，他是旧金币的收藏爱好者——他有大量旧金币。他收到来自银行的一封信，信上说，他将金币藏在地下室，开始囤积黄金，这种行为是不“允许”的，还说他必须将黄金上交银行。

我问他：“这意味着什么？”我们要将黄金送归银行吗，就像我们在战争时所做的那样？

他说：“是的。政府已经说了，贮存黄金是非法的。那是进入下一步的前导。”

那是我们必须预见到的情况。最近，有一家私人造币厂生产“自由美元”。他们遭到袭击，所有的金属都被政府充公。他们也发行赎回金银所用的证书。那是一个私人仓库。这是一年前的事了。

■之前，当我问你这些替换经济如何幸存，不会遭到政府排查说“谢谢”之后就停止时，就是表达的这个意思。当然，他们有禁止这些备选货币或者货币交换系统的理由。

那是真的——因此人们打算把自己组织起来，宣告自身的权利。

■我们有很多工作要做——那是当然的。有这么一个有背景和知识的人，他注重现实，满怀人道主义，重视我们的财政状况和个人经济安全。而你就是这个人。听到你谈论这些，我们非常兴奋。有一些事情最终会适时出现在我们面前，就是现在，就在这个转变时期。

这些事情在我们的社会中出现——例如你提到工作中基于贸易的网络，你是如何预见到的呢？它们将往哪个方向走，你能给我们一些看法吗？

当然。你使用过一些像易趣网（eBay）、亚马逊（Amazon.com）这样的网站吧，所有的网上市场都是一步一步发展起来的，而且现在发展得颇好。我自己也经常在亚马逊买书，在易趣网买一些其他的东西。我概括的这些联机系统，不只包括网上市场，也包括信用清算系统，它们有一些新的价值标准或是账目单位。我们可以创建一个以网络为基础的交换系统，这一系统可以独立于政治货币系统之外。

■你难道不认为专制政府将会把自己的靴子踩在这些方案之上吗？

这要看他们能否察觉到他们的统治时间将要结束，他们会不会制造一些变化，以形成某种有序的社会秩序。他们的统治范式将引导我们走向毁灭，最终无法继续存在。

我能提供的便是使人人受益的解决方案。人们将认真为自己工作，但是我认为，将会有一个更为分化的政治和经济系统。

经济学家简·雅各布斯(Jane Jacobs)说，显著实体，并不是国家经济。显著的经济实体应该是城市。国家经济只是一个简单的城市经济的聚合，因此我们必须要回头看到局部水平，看到支持社区健全所需要做的事情。因此我把自己的第二本书命名为《健全社区的新货币》，因为这是我们创造健全社区的途径。

■再一次强调，它是适合时代的。我们生活在一个彼此疏远的社会中已经很久了。在用户至上主义的追求中，我们和社区意识离得越来越远。这是多么及时（就像我前面说的，也许那是它需要到来的原因），我们回到为社区服务上去——回到我们的人性中去——投入到最近的行动中去。

是的，它取决于我们认识到的一个事实，就是我们不是分离的实体。有一句话说，“没有人是一座孤岛”，而我们的社会已经成为一个孤立的社会。我们大多数人甚至不认识住在对门的邻居。我们付出了一定代价。这种隔离对我们来说非常昂贵。如果我们要解决自己的问题，我们必须走到一起，一起合作，我们需要发挥集体的努力和智慧。重新改组需要一个很漫长、波及面广的过程，那是要在全球实行的。

■那是一种惊人的乐观主义思维，它通过你的工作体现：是的，有分裂的可能性存在，但是在此故障下面，隐藏着一个机遇，我们可以以此重新检验人类潜力的本质和我们在社区、社会中的角色，以及最后，成为我们整个世界的真正保护者。

最近几十年来，有一个策划社区和建立社区的大型活动，就是城镇转型运动。这一运动正获取巨大的动力，正在全球蔓延开来。有很多可持续发展小组正在组建起来——我们在图森(Tucson)有一个名为“可持续图森”(Sustainable Tucson)的组织，它是一个正式的城镇转型组织。基本上，它使人们联合起来，看到我们面临的问题，看到我们应该如何以一种可持续的方式走向未来，因为我们已经面临我之前提到过的多方面的危机：资源消耗、全球变暖、石油缺乏，以及包括机构障碍的一切问题。这是一些必须要改变的症状。

■是的，它们必须立即改变。你会对那些想要知道更多的人说什么——人们可以在哪里找到这些组织，并且找到它们的信息？

“美国城镇转型”可以给你美国以及其他地方的各类转型城镇的列表。你也可以通过网络找到这些。从商业角度来说，“地方生活经济”所建立的商业联盟囊括了美国大大小小的行业，这些行业有不同的前景和动机，它们着眼于如何与国有储藏、国家链条竞争，着眼于如何转变成一个可持续的经济模式，去生产人们需要并且可有效分配的东西。

■正如你一样，托马斯，我看到的是：当知道我们正在远离旧的范式，进入一个全新范式时，我看到巨大变化的机会正在展现。

对那些非常关心但是仍然不知道对将要面临的变化做些什么的人，你会对他们说什么？

我会劝告人们去认识他们的邻居，参与到社区活动中去，在后院开辟一个花园，为自身的健康负责，尽自己所能了解一切正在发生的事情，由此，他们可以成为变化的一部分，而不是问题的部分。

■的确如此。成为你想看到的变化。读一读托马斯·格列柯的书，通过你视为必然的过程，加快你改变的步伐，拥有积极的心态，破茧成蝶。

****

托马斯·格列柯的书有：《货币和债务：全球危机的解答》、《健全社区的新货币》、《货币：理解并创造备选的法定货币》（*Money: Understanding and Creating Alternatives to Legal Tender*）、《货币的终结》。想要了解托马斯·格列柯及其书的更多信息，请访问以下网址：www.reinventingmoney.com；或是他的博客：www.beyondmoney.net。

第十六章

动物保护主义：它们也有灵魂——与马克·霍桑对话

◆◆◆马克·霍桑（Mark Hawthorne）◆◆◆

1992年，马克·霍桑在印度遇到一头牛之后就不再吃肉，10年后成了一名严格的素食主义者。他后来访问了动物安置所（Animal Place），一个教育中心和家畜避难所，离他加利福尼亚北部的家不远。自2004年开始，马克就是《萨提亚》（*Satya*）杂志的供稿作家，直到2007年，这份杂志停刊。他还频频为《素食新闻》（*VegNews*）提供稿件。他的文章也在《素食者之音》（*Vegan*）、《草食动物》（*Herbivore*）、《今日印度教》（*Hinduism Today*）、Utne.com网站以及美国各大报纸上出现。马克和5只兔子分享新鲜的蔬菜，这些兔子是“拯救小兔子”（SaveABunny）机构所救，这一机构与设在旧金山港湾区的动物收容所合作，旨在为兔子寻找温暖的家。马克的很多作品可以在旧金山港湾区网站（firstprecept.com）上看到。他热情、坚定、无私地致力于结束地球动物朋友的痛苦，并为它们找回尊严。

****

我访问马克的那天，救下了一只被扔进垃圾箱的小狗，还有其他6只小狗（它们同样也获救了）。一些冷漠的人认为，这是摆脱不想要的小狗的最简单的途径——他们很清楚，小动物会在垃圾粉碎器的磨床中死去。

让7个无辜的小狗死去——人类种族是不是已经堕落至此？我救了它们——4只小狗落户到科里（Cori）家里——我认为，这和访问是同步发生的。

****

■马克，对话开始了，你能否描述一下触发你成为一名素食者的那一瞬间？

那是在20世纪90年代，我花了几年时间旅行，最后到了印度，我开始与喜马拉雅山上的一个佛教徒家庭一起生活（那时我还吃肉）。我吃的一切东西都出自他们自家的菜园，我其实变成了一个严格的素食主义者。生活在1.2万英尺的山上，我感到非常舒服。一天，一头母牛闯进了菜园，我们正好注视着对方——对我来说，这是一个神秘的瞬间——我意识到，这个动物和人一样活着。就在那时、那里，我决定回到美国也不再吃肉了。

我真的这样做了，一段时间后，我成了一名严格的素食主义者。

■我也想与大家分享我的素食主义故事。24年前，当我还是一个食肉者的时候，我去了肉店，抱怨我昨晚烹调的牛排出奇的硬。肉贩直愣愣地盯着我说，这取决于动物在被杀死时受了多少痛苦。他解释了动物死时的肾上腺素，他说，动物受的痛苦越多，它在被杀的瞬间越是恐惧，肉就会变得越硬……那不是它的错，或者说不是肉贩的问题。

在瞬间觉醒的那一刻，我问自己：“在你一生中，为何从来不想想这个问题呢？”

我那时决定，不再吃肉了，再也不吃了。

当愚昧的面纱揭开时，一切多么令人惊异。第二天，那天是复活节，

我行驶在高速公路上，看到一辆装满羔羊的卡车，正前往屠杀的路上。我看着它们小小的、甜甜的、无辜的脸蛋，它们惊恐地望向卡车外面，我想……我们的社会是多么伪善啊。一方面，我们将毛茸茸的填充动物玩具送给孩子，还在复活节上将小兔子作为礼物放到孩子手上；而另一方面，我们享用它们弱小的死去的肉体。至今那些充满恐惧的眼睛仍然盘旋在我头顶。

是的，我们在教育孩子时，显得多么不一致啊。一方面，正如你说的，我们给他们可爱的填充动物玩具和小鸭子——他们看卡通，在动画片里，动物都是明星；之后我们喂给他们鸡块、热狗以及所有这些可怕的东西。一些孩子会想一想这其中的联系，而另一些却不会。

有时，他们会感到被背叛了："我的父母为什么这么对我？"

这是他们的一次觉醒。

■这使我们想到一个问题，一个关于动物生命和意识的本质问题，以及我们该如何对待它们。很多人实在不相信动物竟然还有灵魂！这个问题貌似一直是神学辩论大厅的座上宾——也许还会继续存在。

很显然，我明确认为，动物是有灵魂的。如果我有一只动物的话，我无法这样看待它：没有灵魂，也没有来世。

■我相信你会认同不吃肉能提高敏感度的说法。我认为，通过消化系统消化肉，会降低人体的振动频率，将人带出与其他生命同步的振动之外。你吃的肉越多，你就会离感受到其他生物的生命力量和它们释放的意识能量越远。

绝对是这样的。你正在消耗一具尸体：吃一个死了的东西。

■正确！我的消息就是：你正寻求着激活光之体，改善致密体，然而你却在食用僵硬的、死了的动物肉。从形式到目的，完全矛盾。

当然，尝试用不说教的方式教育人们——我想这一定是你熟知的一门

艺术——由此你不会让他们疏远你。当人们准备改变的时候，他们就会有变化。我们无法通过一个无可争辩的案例，为动物保护主义、素食主义展现原因。人们只会拒绝承认。

我同意。发现我们接近人们方法的平衡点，这是关键。对于动物积极分子，比如我们，友好接近，这是非常重要的，但是另一方面，我们必须要说出事实。有时，事实是丑陋的。

■尤其在我们这颗星球上……有太多的事实，是为了忍受一切信仰系统，而这些系统与扰乱动物皮毛（原谅这个动物比喻！）和我们正在做的事情背道而驰。我祝贺你，在帮助人类觉醒这一重要探索中成为一个领导者。

谢谢你。我把自己看作是全球动物保护主义者的导管。我访问了120位动物保护主义者，将他们的想法和功绩以书籍的形式呈现，激励其他动物保护主义者。我把自己看作是他们所有工作的承载渠道。

■这是一本令人惊异的书，处处彰显着智慧。这是各种类型信息的概略，这是给那些真正想要投身到动物保护行动中去的人们所准备的。

我们在此谈我们为什么而奋斗。你能给我们概括地说说，一个动物权利保护积极分子会做些什么工作？为了改变现状，善待动物组织（PETA）和其他主要的动物权利机构正在做什么？

非人类动物目前是地球上遭到虐待、被掠夺得最为严重的生物。这些虐待行径包括：动物贸易（工厂化饲养业），这也许是人们最为担心的行业之一；海洋动物被人类从海洋中捕捞上来成为人类的晚餐；医学研究；还有产品测试。在这些案例中，动物一直被关在紧闭的笼子中，用于测试，用于试验——常常是没有采取任何止痛措施。

还有一个非常流行的行业，它包括使用动物毛、皮以及革。一些人将这些视为动物贸易的副产品，但其实在很多案例中，它们不再是副产品。

有些娱乐行业，包括马戏团和动物园，为了生存，常常在野外捕杀动物。如果它们还小，父母被杀后，就被从它们原来的生活环境中运出去，送到其他国家，在那里，违背它们的意愿——表演一些小把戏，这些小把戏都不是它们天生就会的，而是为了人类的娱乐目的学会的。一些运动，比如狗和马赛跑，打猎（我绝对不喜欢这类运动！），也涉及各种动物。在有些“篱内狩猎”活动中，动物被困在一小块地方，当猎人开始追逐时，它们被放出来，这样就保证猎人能杀到动物。那里根本就不存在运动！甚至有些家养动物也遭到虐待。

还有一些我们极力反对的虐待行径，不再一一提及。

■谈论这类事情，很难不情绪波动，甚至感到沮丧。你在书中也讨论了这类话题——当你面对这么多虐待行为和痛苦时，你该多么焦头烂额啊。你如何亲自处理这类事情？

我认为，那些最成功的行动主义者——也就是说，那些投入这行时间最长的人——是成功发现平衡点的人。我们正好是人类，因此我们需要发现积极献身的途径，同时保护我们自己。观察其他行动主义者，我发现了一个公式，我称之为“A-C-T-I-V-E”法则。

每一个字母都代表一个步骤：

A：把自己当成普通人。我们不是超人——每过一段时间，我们需要休息，享受假期，和朋友一起笑，有一段美好的时光，试着对度假不感到罪恶。

C：做一些实在的事情，以提醒自己有所作为：可以是你寄给编辑的信的文件集；你参加过的活动的剪贴簿；一个网址——任何可以提醒你自己是战争中胜利者的事物。

T：跟别人说你信任他。他可以是运动圈内的人，也可以是运动圈外的人，例如家人、朋友或是父母。如果你和某个人在一起，你敢表现自己真实的一面，那本身就是真正的礼物。动物保护行动是我们感情的努力，因此对我们这些敏感的人来说，放松真的很重要。

I：忽视令人心烦意乱的文字和图片，尤其是让你感到无力或者沮丧的事物，即忽视读到或者看到的让你心情很坏的东西。将这些放在一边——不要看那些可怕的录像。

V：我的最爱：拜访动物收容所。美国有很多动物收容所，我知道在澳大利亚和英国也有很多。但我不太了解其他国家。在其他一些中心，来自研究中心和工厂式农场的动物回归至家庭，在一小块地上自由自在地生活。你可以在这些地方成为志愿者。我就在加利福尼亚的动物安置所做志愿服务，对于很多积极分子从不去摸猪的腹部或者向一只火鸡吹口哨，听听它的叫声……或者看一只母鸡洗一个泥浴，我感到非常吃惊。你知道，生活在大自然中的母鸡喜欢洗泥浴，因为这可以帮助它们清除寄生虫。所有动物在自然界中能做的事情（如果它们是自由的，没有圈养在巨大的家畜工厂式农场中），积极分子可以在动物收容所中亲眼看到。

E：锻炼。我认为，我们到外面走走，跑步、徒步旅行、游泳、去体育馆、练习瑜伽、沉思，非常重要……做任何我们能为自己的身心服务的事情，以帮助我们释放来自工作的压力。

我认为，这 6 件事能为积极分子提供一个很好的公式，可以从动物保护行动的工作中避免受伤害。

■我们指出，不需要将你全部的生活投入到这一事业中去，这一点很重要——即使你将一小部分时间用来帮助动物，仍然非常有效，而且意义深远。我相信，我们献出自己所能提供的时间和精力，是非常重要的。

是的，你肯定不需要成为我这样的人！我一星期有 24 个小时投入到这项工作中。

■一个月一小时甚至也能使现状有所不同。

当然！如果星球上的每个人每个月能有一个小时的时间投入到动物保护事业中去，世界将会发生难以置信的变化。

■我访问了作家佩内洛普·史密斯（Penelope Smith），她曾和被人们忽略的一些动物灵魂有过接触。我认为，她做了很多工作，让人们认识到这样一个事实：动物是有灵魂的，和我们一样，它们也有来世……我们需要知道这其中的联系。

我完全同意。

■因此，有人想要更积极地为收容所和其他动物保护活动服务，你会给这些人什么建议呢？他们如何取得联系呢——你的网址上有列表吗？

是的，网站上有几个链接，书上也列举了几个。你可以在网上搜索一下，特别是看看你居住的地方有没有类似的机构。放手去做吧。我也会回复一些网站留言。

■回到素食主义的问题上……我想仅在现实水平上，谈谈反对食肉的问题。现在有不少疾病是从动物肉上传染过来的，更不用说荷尔蒙、抗生素以及它们体内的杀虫剂了。对那些对动物保护主义不敏感的人来说，他们认为可以通过精选动物肉从而避免患病。

是的，不可避免，这是成为素食者的主要理由之一。除了（正如我们刚刚谈论的）因为你不想这么残忍而不食肉之外，不想再因为这些工厂式农场而产生出更多温室气体之外，当然还有关乎你的健康问题。食肉可导致癌症、心脏病、中风以及肥胖。有很多严重的健康问题皆是因人类食肉而招致的。

人们曾经争论，人类曾经是否有意食肉，我试着不卷入纷争，因为我认为它并不重要。

■我同意你的看法。这是一个没有尽头的地下通道。你一旦进入，人们会变得非常具有攻击性，或者引用“食物不足”这样的论据（我认为，这不是事实）。大多数肉食者只是由于缺乏想象力和创造力而找不到肉食

的替代品。

正确。我们在饲养家禽方面投入了太多的资源。我们焚毁森林，用来种植谷物、饲养家禽。生产一磅牛肉需要16磅谷物。那些用于喂养动物的16磅谷物（正好可以生产一磅牛肉），可以供一个人食用一个月，因此对我来说，证据并不确凿。在水资源、商品以及其他所需的能量资源方面也有类似的统计数据。

2006年底，联合国公布了一项报告，揭露动物贸易而不是全球的运输，要为全球变暖负责。相对于动物贸易，所有的飞机、船只、汽车对全球变暖造成的影响要小得多。

■我们肯定，当你指“动物贸易”时，每个人都能理解你在谈论什么。

事实上，我谈论的是饲养动物用于食用的行业，包括工厂式饲养，或者我称之为的“CAFOs”（集中型动物饲养）。他们把动物从小农场（几十年前，我们大多数人对此很熟悉）转移到大工厂中。

他们把动物转移到室内（动物在里面看不到自然光），因为他们发现，给动物少一些生存空间，它们就会吃得少一些，但却可以生产更多的肉……或者更多的鸡蛋，更多的牛奶。当他们意识到情况属实时，工厂式农场成为了标准。旧式麦当劳的农场是一个神话。如今，很显然的是，家庭式小农场变得越来越少。现在，工厂式农场是农场巨头，它是生产“动物产品”的多国集团。

■谈到这些关养动物的笼子，你会给人们一些它们有多么狭窄的令人惊恐的信息吗？

在“拯救下蛋母鸡活动”期间，我曾经在一个层架式鸡笼中待过一段时间。基本上，每一只鸡只有67平方英寸的活动空间。每一只母鸡至少需要72英寸，这个长度正好能让它展开翅膀。这些笼子大概只有一个文件柜抽屉那么大。每一只笼子里大概放着6到8只母鸡！

这些母鸡被剥夺了它们所有的自然天性。为了避免它们互相伤害，它们的喙被切割掉，没有采取任何止痛措施。它们站在铁笼里，不能展开翅膀。

它们无法筑巢，因此它们没有可以自然下蛋的地方。在很多情况下，它们被叠放，2 到 4 层，因此最顶部的母鸡的大小便都落到其他母鸡身上。那就是动物如何生存的：在黑暗中，呼吸氨气，大概生存一到两年……

■为什么有氨气呢？

因为下面有大量粪坑，当排泄物分解，它们会释放出氨气——在工厂式农场中，你会发现，它们是被当作肉鸡饲养大的——饲养员叫它们“烤”鸡。你走到这些地方，肯定会闻到氨气味，它刺激你的眼睛……而这些动物一辈子都在闻这种味道。因此他们喂母鸡大量的抗生素。

■因此，人们也就摄取了抗生素。

确实如此。

■与这些令人难以置信的虐待和不人道打交道，真的很艰难。我赞美你以及所有的积极分子，你们都在做这项工作。这是现实。人们需要看到这种情况，并且学会倾听，这样才能做出改变。我们人类种族，应该是地球上最聪明的，而这种不人道的行为却在继续发生。

我要求人们必须坚强，愿意听到这个事实，由此他们才能会做一些事情。

是的，它很难。我曾经去过工厂式农场内部并成功施救。

我处理过那些被虐待的动物。我家有 5 只兔子，它们是“有特殊需要”的兔子，因为它们曾被以某种相当可怕的方式虐待。然而，与这些动物生活在一起，我看到了希望。我看到它们又是多么轻易地相信人类，我就此获得了很多鼓励。如果我们一起合作，如果我们有同情心，每个月能花一个小时的时间为此努力，我们能够改变现状。

集中实验、娱乐业以及流行产业、运动产业……他们都非常害怕动物保护主义者。

他们不喜欢我们所做的一切，因为知道我们这样做是有效的。

■其实，在书中，你最后也详细谈论了如何处理迫害。你谈到警察，解释如何处理反对这项工作的“反应性武力”。我很高兴你能和大家分享一些见解，以便他们知道如何应对这些反对行为。

我在书中加了一个附录，涉及全球一些国家的公民权利法规，而这本书很容易获得。基本上，我认为，最好的建议是——当你在进行你认为是合法的解救行动时，如果遇到官方执法人员，你不需要解释太多。为自己找一名律师，不要有任何内疚……因为，正如你认为的那样，你没有犯下任何罪行。

■你谈论的是一个人其实正在进行或者完成了施救的情形吗？

不是，我谈论的是这种情形，比如你可能在一处公共场所，正在发布反对不法权利或者素食主义的信息……这些性质的东西。也许，附近商店的所有人都很担心，会叫来警察。警察来和你谈话，在某些情况下，你可能会被逮捕。我不知道——这要看在哪个国家，哪种情形。我不是公民权利法规方面的专家。

■在今天的美国，你会被逮捕吗？

也许不会。我认为，只有你做了一些破坏性的事情，警察才会有理由逮捕你。我想，我的忠告对这些例子也是适用的。如果你被逮捕……你需要找一名律师。

我不想劝阻或者使人们气馁，或者惊吓到他们，使他们认为在他们身上将会发生什么。

■我同意你的看法。但是另一方面，人们需要知道，你从事的这一行业非常艰难，做这些帮助动物的事情，有时会面临个人危险或是风险。你自愿、自豪并且义无反顾地从事这一事业……因为你承担着责任。对人们来说，了解你重视这件事，甚至愿意面对迫害，这是非常重要的。他们需要知道，一些组织例如PETA，或者你在书中提到的其他组织，意味着支持冒着生命危险的人们：例如“绿色和平”组织的战士，他们为你保驾护航。你可以通过募捐支持他们，通过知道这些人因追求自身的信仰面临危险而尊重他们，传播信仰。我认为，这是赋予权利，而不是恐吓。

其实，有很多惊人的人，例如海洋守护者协会（Sea Shepherd Conservation Society）的保罗•沃特森船长（Captain Paul Watson），他积极追捕日本捕鲸船。他曾多次被逮捕，他也曾入狱，还遭到枪击，甚至被射中。

他是我的偶像之一——他从事着如此高尚的事业。他是一个彻底的积极分子，他是一个伟大的人物，一个受命在身，为全世界的动物贡献一切的人。

■他也是我的偶像之一。关于目前日本的捕鲸情况，你有最新的消息吗？

我不是非常确定现在的情况具体如何。我知道，在最后一次捕鲸的征途中，日本船只曾出现。我认为，有一半的鲸会遭到他们的屠杀，我想，这对动物保护主义者来说，是个不小的数量。

■我在怀疑，是否因此鲸才自己冲上海岸。我相信，军事声纳（极低频）活动，给鲸和海豚造成了更大的伤害，逼迫它们自杀。

是的，我同意。不幸的是，我们美国政府也得为此事负责。

■有一些反对运用声纳波的积极活动吗？

其实人们可以广泛参与进来。你可以去了解你们的军队正在做什么，或者你们的政府在做什么。例如，在美国，美国农业部（USDA）有一个名为"野生服务"的分支机构。那是美国政府的一部分，它们常常去公共用地猎捕野生动物。一般来说，他们这样做，是因为这些动物吞食家禽，或是被认为是一些"讨厌"的动物，例如丛林狼，它们常常追逐绵羊和山羊以及其他家禽。

野生动物协会（Wildlife Services）也会杀害吃掉某人农作物的野生动物，或者射击攻击某个人的野生动物。我认为，大多数人并不知道自己的纳税款用于这些。还有一个事例，使你对自己的政府现在的所作所为非常不悦（至少是美国政府）。

你可以明确地和政策制定者交谈，你可以跟当选的官员交谈。用信息武装自己很重要，你首先需要知道发生的一切……去网站，例如PETA或者你所在国家其他组织的网站查找信息，这点非常重要。因此你需要了解当地发生的事件，然后与政策制定者联系，不管对方是一个当选的官员，还是一个从事动物测试或者以其他途径虐待动物的机构——告诉他们你不想这类事情再次发生。

无论是因为一次潜在的失去的投票，还是意味着失去税收，你的声音起到了关键作用。让做决定的人们知道你的看法很重要。

■我同时认为，人们并不真正了解自己的声音——一个电话或者一封信，它可以真正起到作用。人们常常对影响变化感到无能为力，其实是因为他们没有打电话也没有请愿。

事实是，大多数人都没有写信，也没有打电话。编辑知道这一点，当选官员也知道。因此，当人们花时间写信或者发电子邮件，又或者是拿起电话与政策制定者交谈时，他们意识到，这个人是在为一个更大的组织说话……这一组织没有打电话，也没有写信或者发电子邮件。

你也许认为，如果你写一封信给编辑，然而信件没有发表，你就浪费了时间——事实并非如此。

你教育了那个编辑，你让他们知道，有一群关心并对这一特别主题感兴趣的人。同样，也教育了当选官员。他们知道，大多数人不会给他们打电话或者写信，因此如果你这样做，他们会把这件事看作是潜在的选票。他们会说："这是花了足够时间关心此事的一个人——我会注意的。"

■考虑到他们后面的游说者，你真的认为他们会推进日程吗？

是的，我真的这样认为。我意识到，我们有很多游说者正在推进他们的日程，比如法姆·比尔（Farm Bill）——是的，它起到了作用。

■对于克隆动物这一新兴现象，你有何看法？对那些摄取这种肉类的人来说，这意味着什么？

我相信，以任何方式开发动物资源都是错误的。正如我所说，我认为，我们不应该将动物用于食物、衣服、测试或者娱乐……这些都不可以。因此，我同样强烈地反对克隆动物，因为这是一种开发行为，而不是一种自然行为。

至于食用食物的安全问题，我相信，没有证据可以证明，我们吃的都是安全的。我知道，有一些机构供稿说，这很安全，但是我怎么知道呢？我们如何知道，10 年后，你不会得一种新的疾病，例如一些新的癌症？他们不断告诉我们，食物供给是安全的，然而我们不断患有新的疾病，比如疯牛病、禽流感、猪流感以及其他与动物患有的疾病相关的问题。

我认为，没有人可以确切地说，从动物身上克隆出来的肉类是安全的，而且可以食用。

■那些公布这些食物是"安全的"的协会，也许对我们来说是"不安全"的。

是的！他们对我们吃的食物有明确的金钱兴趣。

■我们当然已经看到，特别是最近 10 年来，食物供给是不安全的！

当然，一些动物“产品”，尤其有害。

正确。它们是否确实“安全”？我们仍然认为，吃这些食物有害健康。比如，我认为，吃腐化的牛肉对你很不好。

腐化的牛奶也不好。我们是星球上唯一一个喝另一个物种乳汁的物种，即使我们断奶之后，我们还在喝。

那是自然的吗？不是，当然不是。我认为，牛奶产业和鸡蛋产业中的动物，承受的痛苦比其他任何动物遭受的痛苦还要多。

就拿奶牛来说吧。这些动物每年人工受精，以分泌乳汁。它们不断怀孕，因此可以提供牛奶，它们的孩子被带走——在孩子出生一天后或者更短的时间内。新生的雌性动物再次被送到牛奶行业中——而雄性动物变成小牛肉或者是其他牛肉产品。它们可能被认为是很好的肉类动物，但是它们确实遭到杀害了。

一年四季不间断提供牛奶的雌性乳牛可以存活 5 年，直到它们耗尽自己的身体。之后，它们惨遭屠杀。它们的身体耗尽，然后用于一切东西，例如汉堡包。它们只有那一点价值了。

在大自然中，一头母牛可以存活 20 到 25 年，而被圈养的同伴则只活了正常寿命的 1/5。它的整个一生都是在工厂式农场的牛奶机器上度过。它所有的孩子都被带走。母亲和小乳牛的分离真是让人难以相信。在那分离的时刻，听到这两只动物的哀叫，我的心都快碎了。

当我了解到在牛奶产业和鸡蛋产业中发生的一切时，我坚决认为，我必须成为一个严格的素食主义者。我只是再也无法吃它们了。

■做你所能做的事情，获得最好的进步，这是相当重要的。

是的，记住每一种基于动物的产品都有一种代替品。有很多大豆产品，素食主义者冰淇淋、不需要鸡蛋的烘烤食谱……有大量的其他选择。当我知道了在鸡蛋产业发生的事情时，我再也不吃鸡蛋了。

■吃素食，你感觉如何？植物也有意识。自然，人们会问我们素食主

义者："如果你不想吃肉——那么你为何吃植物呢？它们也有感觉！"

已经有很多证明植物意识的著名试验——比如由斯坦福大学研究学院（Stanford Research Institute）的马塞尔·沃盖尔完成的工作。他给各种植物做脑电图测量，研究它们对各种刺激的反应，实验结果令人惊异。

当你问我这个问题时，我有两方面的反应。

第一，植物没有神经末梢——它们没有中央神经系统。它们也没有设定的机制，以帮助它们逃脱疼痛刺激。因此，我认为，它们无法感知疼痛。第二，如果你相信植物可以感知疼痛，那么成为一个素食者也许是一个更好的办法，因为世界上植物生命的最大消费者就是家禽。我们提高粮食产量，以饲养家禽。

■对的！你说得太正确了。我鼓励人们了解，所有生命都有意识，试着在吃它之前为它祈祷，就像土著人那样做——尊重它。我们需要吃饭。我们需要通过自己的习惯，尽自己所能，将对动物的伤害减到最小。

我同意你的看法。我们需要意识到，我们消费的一切，即使你是一个严格的素食主义者，也在某些程度上伤害了动物或者昆虫。我们需要试着不要对它伪善——动物不需要我们那么圣洁——因此不让至善论的理想获得一席之地，这点很重要。

■你下一本书打算写些什么内容呢？

我目前正在告知一些积极分子一些更鲜为人知的虐待和犯罪行为，这些都是由皮毛产业和我提到的其他一些产业犯下的罪孽。政府在背地里操作一些事情，我们却一无所知……我要告诉全世界。

■马克，你非常勇敢。

是的，我想也是！我猜想它已经让我惹上了麻烦！

■正如他们说的："一个人必须做他该做的事情！"那就是我们要宣扬的。成为一个积极分子需要勇气。我脸上写满了勇气。

我认为，我们有其他的生存方式。我必须为这些生命做这些，它们不能为自己说话。我必须为它们这样做。

■马克，你有一张列表，上面记载着帮助动物的你能做到的11件事情。我们能在此分享一下吗？

当然可以。它们是：

1. 成为严格的素食主义者。如果你不能，试着不要吃肉和鸡蛋，而牛奶只能每周喝一次。看看你感觉如何。之后尝试每周素食两天……然后三天，等等。

2. 在iGive.com或者goodsearch.com网站上建立一个账号。这些网站可以让你把用于网上购物资金的1%支持动物团体，我想强调这一点，做这些事情不会让你支付任何东西。它们是搜索引擎，提供网上购物服务，但它们会把1%的钱资助给你选择的机构。

3. 和当地的动物保护机构或者收容所联系，询问是否需要志愿者——我们之前讨论过这一点。

■我喜欢在此做些评论：如果你把一只家养动物带回家，请把它看成一种生命，而不是因为小孩子想要他们在电视上看到的动物，或是因为这一品种在某一时期非常时尚。这些都不是儿戏。如果你把动物带回家，请你确保自己为此负责，这个动物不会成为一个老的帽子，然后遭到遗弃。从垃圾粉碎器中救出漂亮的小狗，我对此感到非常激动。

是的，我想再谈一些事情。我有一个朋友，曾经在动物避难所工作，他告诉我一个妇女把她刚刚从宠物店买的一只小猫带到那里。我没和你开玩笑：她把它带到避难所，只是因为它"和窗帘不搭配"。

■你不是认真的吧，马克——这很难使我相信。

不幸的是，确实是真的。因此我完全同意：如果你把动物带回家，它就是你家庭的一部分。请关心它们。

■它们给了你无条件的爱。你仅仅需要回报给它同样的爱——为了动物的一生。有多少人在休假的时候，将他们忠实的动物遗弃在路旁？有多少动物被毫不知情地遗弃了？又有多少动物在尚无谋生能力的时候被遗弃了？

兔子是另一个例子。每年的复活节，人们为孩子买来兔子。之后，当好奇心没有了，他们就将兔子扔在公园或者动物避难所。这些动物被当作玩具——商品。

■这个早晨我将小狗（我想它是"幸运"的）带到兽医那里，她叹息着说："你无法想象……人们把六七只小狗放在一个包里，然后绑在栅栏上……"唉……我们回到你的列表中去。

4. 分发 PETA 或者素食活动的传单，并在活动开展之前派发。我的书的第一章详细谈论了如何发传单。

5. 要求你学校的自助餐厅或者你最喜爱的餐馆之一开放素食窗口。

6. 给你所在地的报纸写一封信。

7. 拜访当地的一家书店，选几本动物权利方面的书籍。

8. 通过搜索 google.com 查询素食者网站——找到一个素食主义者入门知识包，发给你食肉的朋友或者家人。

9. 如果你有动物陪伴，而它没有切除卵巢或者不是中性的，那么请预约你的兽医，做好这项工作。（注意：很多组织免费为你服务，如果钱是个问题，你也可以支付这笔费用）

10. 按下反对残忍行动信息的按钮，你可以找到志趣相投的人们。

11. 在你的电子邮件的签名栏附上你喜爱的一种或者两种动物的权利或者活动链接地址，让人们知道他们可以去哪里获取这些信息。帮助动物是一件很容易做的事情。

■都是很好的建议——谢谢，马克。

我想提醒人们，当我们在个人的和灵性的道路上前行，以抵达更美好的世界时，我们需要看到这些发生在周围的黑暗面。金钱就停在这里吧。忽视这一紧迫的问题并不能解决它。我们必须对此危机和残酷的事实做一些事情。我们必须要支持马克和其他在此领域工作的人，他们常常冒着生命危险做一些改变。我们必须教育孩子——他们是未来。

我们要联合起来，让这个世界变成一个对动物更加友好、温暖的地方，动物有权享有这一空间中的尊严、自由和爱。每个月一小时的行动，甚至会改变一些事情。

****

欲知更多关于马克工作以及他提供的资源的信息，请关注：www.strikingattheroots。

第十七章

海豚和鲸鱼的时刻——与哈迪·琼斯对话

◆◆◆哈迪·琼斯◆◆◆

哈迪·琼斯曾经是CBS和UPI的一名记者。他从事海洋和海洋哺乳动物的电视纪录片制作已有二十多年了。“把摄像机对准日本渔民，要求他们释放几百只海豚，这一件简单事件引出了‘蓝色之声’的最初概念。”他说，“因特网的出现给了我们一个空前有力的工具，促进我们结束那些施加在海洋和海洋哺乳动物身上的残忍行为。”他已经将一生都献给了拯救事业……

****

■不久前，我看了一部痛苦又悲惨的纪录片，讲的是日本人如何屠杀鲸——很难观看下去。它是如此牵动人心，我立即打开电脑，搜索制片人哈迪·琼斯。他立即坦诚地回应，同意这次访问。

日本继续打着“研究”的幌子捕鲸。目前，丹麦已经做出决定，增

加捕鲸数目。显然，鲸不只是死在人类的忽视、我们的有毒物质污染、过度捕捞以及对它们栖息地的破坏中。丹麦请求国际捕鲸协会（International Whaling Commission）允许格陵兰屠杀五十多头座头鲸。

不能让这件事发生。

对我而言，与海洋监护人哈迪·琼斯交谈，是多么有幸。我正在纽芬兰岛（Newfoundland）参加一次鲸的研究远征活动，去靠近这些伟大的生命，而我几乎从未近距离接触过它们。在大西洋波涛汹涌的深水域航行，不是一件容易的事。

你好，帕特丽夏，你确实到了一个寻找鲸极好的地方——纽芬兰岛。

■是的！我参加了一个鲸研究项目，很幸运，我看到了很多鲸目动物，一些是抹香鲸，还有一些是座头鲸。显然，它们以出现在此海域的小型鱼毛鳞鱼为食。因此它们现在是来觅食的。这次谈话的时机和地点是多么适宜啊！

其实，一切都相互联系，因为你在外面看到的鲸是游到格陵兰岛的鲸的一部分，它们将遭到杀害。冬天，西太平洋的座头鲸会向下游到西印度群岛，途经波多黎各（Puerto Rico）以及圣卢西亚岛（Saint Lucia）和多米尼加岛（Dominica）海域，一直前行到委内瑞拉海岸。之后到了夏季，当它们需要觅食时，它们就沿着美国东海岸向上迁移。它们离开马萨诸塞的斯特勒威根海岸（Stellwagen Bank），然后离开缅因州，来到纽芬兰岛。有一部分鲸去了格陵兰，因此你看到的这些鲸很可能成为目标，如果我们不终止捕鲸活动的话。

■几周前，你参加了国际捕鲸协会会议，并且跟我说，丹麦官方请求允许格陵兰杀害50头美丽、雄伟的座头鲸。为什么要考虑这一方案？丹麦为何要提出这一荒唐的请求？目前情况如何？

丹麦请求允许格陵兰屠杀鲸，这是一件非常奇怪的事情。格陵兰的土著猎人已经有小须鲸和长须鲸的捕获份额了。他们获得允许捕杀小须鲸，一部分份额给了土著猎人，其他的用于商业目的。他们要求捕杀座头鲸，减少小须鲸和长须鲸的份额。因此理论上，当你加上座头鲸时，用于捕杀的网就增加了，总体上来说，比他们用于捕杀小须鲸和长须鲸的数量要少一些。

你查看背后的原因，然后问："他们为何要这样做？"

这个答案相当明显。日本人通过"行贿"或各种引诱煽动他们这样做。日本人为何想要去格陵兰捕杀座头鲸呢？日本人想在北极圈获取捕杀座头鲸大概 50% 的份额。全世界人民强烈抗议，因为座头鲸是很珍贵的，他们请求取消该请求。因此现在，他们似乎正在尝试走后门——通过某人批准这一请求……之后他们想要前去捕杀座头鲸。

■我们为何一定要捕鲸呢？我们这个物种就不能改善一下吗？就不能停止捕杀这些珍贵的生命吗？我很费解。

你之前告诉过我，一头鲸的平均市场价值大约是 50 万美元，因此这是个很明显的答案。当然，贪婪的人也可以通过其他途径赚钱。人类意识何时能提高到终止野蛮的屠杀呢？

我希望我有那些问题的答案。至于日本和其他土著人为何要捕鲸，其实有两大明显的原因。那些格陵兰人确实以鲸目动物谋生，比如海豹、鲸，人们可以想象到他们需要鲸目动物的原因。对他们来说，鲸肉是很有价值的。然而，事实已经证明，吃鲸肉曾经可能有益健康，但是如今，却是有毒的。

换句话来说，格陵兰土著居民（也适用于阿拉斯基土著人以及加拿大的因纽特人 [Inuit]）在海洋中捕鱼，海洋却已经被重金属和有机氯——两大有毒化学物质污染，而这些毒素都积聚在他们捕杀的物种中。一个结果是，格陵兰的人口出生性别比已经出现根本变化。

在格陵兰岛南部，目前女孩的出生率是男孩的两倍。以前是男孩多。在格陵兰岛北部，靠近北极的地方，那里有一些村落没有男孩出生。这种情况的一个明显原因是（丹麦政府也曾报告过类似情况），积聚到鲸和海豚体内的化学物质基本上都是雌性激素。从本质上来说，吃这些肉就好像在摄取雌性荷尔蒙，即雌性激素。

■其实，全球人口也出现了这种情况。还包括，男性的精液减少，曾经有报道称，男性精液量在最近40年来下降了50%。我们通过化学泡沫倾销到海洋中的雌性激素以及我们倒进海洋中的其他污染物，都直接影响着人类基因。

是的，在格陵兰岛变化是非常显著的。我们之后认识到，首先，为了健康着想，不该食用这些动物；其次，我们已经污染了海洋，招致这样的恶果。而在我们认识到这些之前，我们还做了多少错事呢？

■我还想加一点，如果人们不去抗议这类暴力犯罪，即那些我们对海洋哺乳动物犯下的伦理层面上的罪孽，那么至少你可以帮助人们了解到，食用这些有毒动物是致命的，对身体是有害的——也许对人们来讲，这是一个触发器，至少可以减缓对这些海洋哺乳动物的消耗量。尤其是对日本来说，我不得不特别指出。

我们去过一个日本村庄，测试了人们的毒性水平——我们在市场上测试了海豚肉。有一个人的情况是，体内汞含量是正常值的89倍，100万人中只有89个这样的人，令人惊诧！我们发现，吃海豚肉的很多其他人情况类似，他们体内的汞含量都极高。

■其实，在纽芬兰岛上，一个海洋生物学家告诉我，不久前，那里曾一度流行严格的“只吃金枪鱼”的减肥饮食。有些人得了很严重的疾病，几乎快死了。有一个妇女中毒过深，在进食几天之后，她不得不因为汞中毒而住院治疗。

那一点都不惊讶。金枪鱼位于食物链的顶端，海豚也是，人类也是。化学物质累计到食物链上端。即使化学公司将一定毒素释放到水中，它也会分散。事实上，确实如此。在海洋中，毒素可以入侵到很深的领域。他们没有料到，那些化学物质，即便是很小的量，都被浮游生物吸收了，然后被大一点的生物吃掉，以此类推，直到食物链顶端。每一次，鱼都被大一点的鱼吃掉，然后浓度加大 10 倍。直到最大的捕食者，例如金枪鱼，它们体内含有大量的水银，在任何情况下食用它们都非常危险。

不可单单食用金枪鱼！

■也不可食用海豚，我们要提醒日本人！我听说，日本人也将鲸肉装在罐头里，作为狗的食物。那实在是让我很难想象：用鲸的珍贵身体喂饱家畜，不去爱护它们，不去保护它们免受荒谬的虐待，浪费它们珍贵的生命。

日本政府资助捕鲸——那不只是利润的问题。政府以各种方式资助捕鲸者，因此他们可以继续从事这一血腥的行业。

很多人都抓着头皮问："他们为何要这么做？他们为何不放弃这一行业呢？他们将损失金钱——他们将因此损失市场……"

其实，鲸肉的价格已经下跌了。我认为，他们在冰箱中储藏了 4 万吨的鲸肉，没销售出去……所以他们为何还要继续捕鲸呢？

■为什么不让那 4 万吨鲸在海洋中游泳、唱歌（我们知道它们的音乐畅响海洋），而是让它们在冰箱中腐烂呢？

我为 PBS、探索频道以及国际组织拍了几年纪录片之后，我想，到了最后，这些充足的资料（电视上的可怕画面），鲸目动物的困境和灾难的波及范围可使他们停止杀戮。实际上在很多村子里真见效了——30 年前，当我去日本的时候，那里曾有很多村庄捕杀海豚。今天，日本主岛上只有一个村庄还在继续这个行当。

■这又算哪一种"捕杀"呢？他们喜欢把海豚圈起来，这些海豚其实喜欢人类，对我们充满好奇——他们把海豚圈起来后，然后残忍地屠杀它们。这些无辜生命的鲜血横流于整个海湾，海水都变成了红色。这是真正的大屠杀。我们不能称之为捕获了——这是集体谋杀。

是的，那是我们正在尝试阻止的事情。好消息是，现在只有一个村庄还在这样做。他们非常顽固，声称自己的文化和生计依赖它。那里其实只有 37 个人从捕杀中获得了一切。我曾一度认为，这次的曝光可能会阻止他们的行动，但是很显然，在那个村庄没有取得任何效果。我们目前正在做的事情就是对人们的毒素水平进行测试，这些人常吃海豚肉，我认为，要么以健康原因的名义迫使政府禁止这一行业，要么简单地使人们说："我不会再吃了。"

■我认为，那一天一定会到来，哈迪。深入人们的心灵，帮助人们切身体会到，这对他们自身的健康和幸福有害，这是一个积极的保护措施。否则，他们似乎没有终止这种行为的动机……

日本人自己——日本新闻界和医学界人士——也正在号召。因此，它不只是来自海外的声音，目前也在日本内部响起，这是一个积极的信号。

■对于阻止捕鲸协会允许格陵兰屠杀 50 头座头鲸，你打算做些什么呢？

我们需要做的第一件事是，使奥巴马政府尽快行动。大家都公认，美国将要面临很多挑战：经济危机，在伊拉克和阿富汗战斗的美国军队危机，等等。但是在国际捕鲸委员会出席的美国代表团，是由布什领导的。有小部分奥马巴政权的人在这里，因此我们必须让白宫认识到，几百万人正在关心鲸，并需要参与到计划中去。这就是接下来几个月我们要做的事情——将这一即将来临的大灾难告知人们，使人们团结起来，影响美国政府，因为美国在国际捕鲸委员会有强大的影响力。

奥巴马总统在全球很受欢迎，如果总统站在鲸这边，我认为，这将是镇压捕鲸活动的一个好方法。

■他声称要成为一个"生态"总统，因此如果他的宣言是真实的，那

么这将是触动他的一件大事，他可以实现自己宣言的大事。

是的，因此，我们呼吁人们给白宫写信，告诉奥巴马总统，鲸对我们很重要。它们是海洋的象征，目前不只受到捕鲸人的威胁，还受到海洋里化学毒素的威胁。那将成为一个大焦点：对我们来说，应该保护鲸，保护海洋。那是我们的信息。我们每个月都会公布时事通讯，让人们知道，他们如何才能帮助鲸，他们应该给谁写信——利用计算机网络发布信息。我们可以动员上万人，甚至几百万人，让他们的声音被世界听到。

■现在应该将我们对这一事件的担忧和痛苦转化成行动了。跳出我们的樊笼，采取行动帮助它们，这再紧急不过了。海洋中毒了，并且在人体中留下毒素，我们无法袖手旁观了，海洋中的鲸目动物正遭到掠夺——鲸和海豚，珍贵的物种。我们不能让事态继续恶化。

我已经号召人们给丹麦首相发电子邮件、写信，抗议他的行动，要求他撤销这让人难以置信的计划，即允许格陵兰岛杀害50头座头鲸。

是的，那也非常重要——让丹麦人知道，我们不再坐视不理。对我而言，杀害座头鲸是非常愚蠢的——它们对人类相当友好。我并不是说，小须鲸和长须鲸流的血少，受的苦少——但是它们没有座头鲸那么有魅力……

■其实，他们看起来并不是在开玩笑。我正待在纽芬兰岛，这不是我第一次和鲸待在一起了。昨天，我们坐了黄道带号船出去，这艘船非常小，吃水位深。一些座头鲸从地平线上游出来，我们遇到一头带着它的孩子的座头鲸。我们关掉马达，开始歌唱，它们逐渐接近我们。

雌鲸离船很近，小鲸和我们面对面，它们甚至去了船底下。它让自己的宝宝去了船底，探测人类——这些正在唱歌的人类——试着与他们沟通！这次经历正好证实了难以置信的事实，即我们绝对可以与这些伟大的鲸进行沟通。

不幸的是，座头鲸的好奇心和友好使它们更容易遭到围捕——之后人们残忍地屠杀它们。他们用直升机跟踪它们，他们有电子设备……这是它们要面临的新的战争。

■我们给首相发了很多电子邮件、很多信息，抗议他要求并且鼓励对座头鲸进行屠杀的行动。我的一个读者发给我他的信息，如下：

你曾经有幸近距离接触鲸吗？你曾经足够近地观察它的眼睛吗？如果你曾有过，你就无法做你现在所做的事情。我们抗议你，我们抗议你的国家，一个我们认为文明的、发达的国家。我们要抵制你，我们不会罢休。

抵制这个国家的旅游者也可能有帮助——因此请你做你能做的事情，帮助他了解，这个世界正在关注着他。

哈迪，目前国际捕鲸协会是什么态度呢？会议结果如何？

主席决定暂缓这件事，协会成员惊慌失措。他们将举行更多的会议，会上，他们将再次将世界各地的诉讼事件集中起来，决定他们是否该允许继续捕杀座头鲸。因此我们有大量的时间团结起来。

我想强调这一事实，如果格陵兰获得一定份额，日本会说："你们将这一份额给了其他人，也请给我们同样的权利。"

■当然，这会触发各种形式的屠杀。

是的，这会引发多米诺骨牌效应。当一个国家获得许可的时候，很难要求另一个国家不要求这么做。今年有一个日本人要求在日本海岸捕鲸的事件。如果日本人获得在自己国家的海岸捕鲸的份额，韩国人会说他们也要开始捕鲸。这就是为什么我们必须非常坚决地抵抗企图捕鲸的每一次努力。

上个周日（2009 年 7 月 5 日）我深受鼓舞，《纽约时报》在其社论上写道："不应该有任何形式的捕鲸活动……以任何理由……全球的任何一个国家。”

这一深受尊敬的报纸发布了这一信息。他们也在周日的《星期日时报杂志》（*Times Magazine*）上谈论了鲸和人类之间的沟通，因此《纽约时报》的这些人已经觉醒了！

■这是一个好消息。我们也可以帮助刺激媒体。除了抵抗丹麦和格陵兰的活动，你的组织“蓝色之音”目前在做什么？你目前还在发起哪些活动？

我想要提到的一件事是，除了反对残暴行为的运动，我们还要和海豚一起深入海洋。我们用一台个人电脑做了一些人类和海豚之间沟通的实验，这个实验是在水中执行的。我们和巴哈马群岛（Bahamas）的一群海豚接触了31年。

1978年我第一次去那里，后来，人们才开始真正花时间研究水中的海豚。我在巴哈马群岛发现一个斑点海豚群，它们非常友好，在此期间，我跟它们建立了良好的关系。在这段时间里，我了解了一些特别的海豚。我们通过纪录片和因特网成功地让人们了解到，这些动物是多么美丽——它们多么友好、聪明、合群，并且充满好奇心。

■正如你之前说的——那就是让它们陷入麻烦的原因。因为它们很好奇，常常接近一些船只，所谓的“捕猎者”（我称他们是“屠夫”）杀了它们。

幸运的是，想要杀害它们的人毕竟还是少数，但是这些人能制造无法想象的伤害，特别是座头鲸正面临着大危险。

想要观看我们的纪录片，请登录我们的网站www.bluevoice.org，可以在网页顶端输入“Web Films”。其中一个纪录片是由马特·达蒙（Matt Damon）讲解的，他讲述了我们的工作。我们在日本海岸遇到了一头非常友好的抹香鲸，事实上，它正好游向我们的船，懒洋洋地靠近船只45分钟。

人们可以将这些链接发给朋友——那是另一种有效的方法。如果你看到某些镜头，你看到这些座头鲸的交配仪式，你看到抹香鲸向我们游来……

你可以与这些受到威胁的动物进行深入的接触，而它们就是日本人和格陵兰岛人想要杀害的动物。通过将这些链接发给朋友，并邀请他们加入，人们可以积极行动起来。他们可以给白宫和丹麦首相写信，电子邮件地址为stm@stm.dk。

■我呼吁关心这一重要事件的人们给首相写信，让他听到抗议的声音，同时通知你的朋友和媒体。

我必须说，一些人写信给我说，把自己的名字写在抗议信息上，自己有一点儿害怕，因为目前任何形式的抗议都会招致非难。

我要告诉你的是：如果你放弃抗议的权利，放弃抗议你认为是错误的行为——我们就完蛋了——所有一切，包括植物和动物王国，以及地球本身。因此鼓起你的勇气，如果那就是需要做的事情，请走出恐惧地带，不要光想到自己，想想鲸和海豚，它们无法为自己说话。

我们应该有所行动了。正如你之前说的，我们可以做一些改变。

是的，写信给白宫是非常重要的。我认为，在这个特殊时期，可以通过与注重生态的奥巴马政府建立联系，迫使美国总统给国际捕鲸协会施压。

■是的，这是一条非常积极的信息：“你是关注改变和生态进步的总统。我请求你采取积极措施，以结束对鲸和海豚的残酷屠杀，它们是面临危险的海洋动物。”

确实是那样的。他对代表团非常有影响力，会指示他们如何与国际捕鲸协会交涉。

■不管你相不相信，白宫确实收到了那些邮件，而且他们也阅读了。

其实他们有专门的一台计算机阅读此类信件，但它只搜索关键字。他们知道人们的立场。电子邮件地址是contact@whitehouse.gov。

■如果你想让他们选出你的电子邮件，你需要在你的信息中突出“鲸”“屠杀”“抗议”等字眼，因此要有创造性，要把注意力集中在你想要白宫真正了解的信息上。要有紧迫感，因为每一天都很重要。

人们喜欢哈迪，他把自己的生命献给了这项探索事业，我现在也是这样——我也登录了——请求你也这样做。鲸和海豚需要你，由此它们才能存活。我们需要你——人类的声音，请接受这次挑战。

记住，这不仅关系到海豚和鲸的健康和幸福，也关系到最为重要的蛋白质来源的持续性问题，这些来源一直存在——我指的是海洋中的鱼类。我们过度捕捞它们；我们目前使很多鱼类中毒到不可食用的地步，再也不能吃它们了。我想要谈谈这个问题。

■当然可以。我在这里和纽芬兰岛人谈论鱼类如何消失，我知道，这是非常重要的一个主题。

1984 年我在纽芬兰岛确实看到过座头鲸。那时，他们谈论鳕鱼场的危险。最初，是那个渔场把探索者带到了北美。它是鱼资源丰饶的渔场，可以养活整个欧洲几百年。它现在基本枯竭了。西北大西洋的大鳕鱼渔场已经遭到摧毁，在他们控制该渔场后，它再也无法恢复了。这是纽芬兰岛曾发生的最为严重的生态灾难之一。

■我在这里也看到了最近的石油发现——显然，他们已经在海底发现了丰富的石油资源，就在圣约翰岛（St.John’s Island）。

鳕鱼渔场曾在一些原始海滩以及最纯的水域兴旺过，而现在，我从旅馆窗户望出去，那些地方停泊着很多油轮。当地人对此非常高兴——它为该地区带来了经济繁荣。但是，看到油轮在鳕鱼和其他鱼类生长的地方出现，真是让我心痛。

在开发资源时，人们在短期利益和对这些资源的长期可持续性利用间挣扎。夺取他们能从地球上获得的直接满足，似乎总是排在第一位……当他们可以做到的时候。这些，被他们错误地视为“繁荣”。

记住，即便石油使某些人获益，但他们无法吃石油。你回顾过去，鱼类是一种非常便宜的蛋白质，而今天它却高达17美元一磅。

■我们支付获得的重量大部分是浓缩的水银、其他重金属以及污染物。

是的——需要知道的重要事情是，你的鱼从何而来——根据情况购买鱼类。有一些小秘诀：野生的鳕鱼、阿拉斯加鲑、大比目鱼仍然是健康的、可食用的，它们的污染物含量较低。然而，不要吃农场的鱼。

■哈迪，基本上，你给公众谈到了90%的鱼类。那是我们能在超市买到的鱼——它们都是农场饲养的。

它们含有农药和多氯联苯，他们也使用抗生素。

■他们使用增长激素吗？

我不太确定。其实，他们做的就是给鱼类强喂饲料。

他们给鱼吃能抓到的大量其他鱼类，因此它们长得非常快。那就是农场鱼易于聚集污染物的原因，因为它们吃了很多其他鱼类。之后他们使用抗生素对抗各种细菌，因为鱼类生活在一个非常拥挤的环境中。

■是的，我在这里看到过这类农场。海湾水域有一些笼子，并不是很大——它是一个用于饲养食物的鱼类动物园。这一现状是非常残忍的。当然，我们能发现这一食物的替代品。

是的，吃农场的鱼，尤其是大鱼时要小心——比如金枪鱼和箭鱼。这些物种体内含有一定量的汞，通过饮食，你可能遭到污染。

“蓝色之音”有一整套工具，可以通过我们的网站为你测试体内汞含量。你取下一小撮头发，之后寄到美国北卡罗来纳大学实验室（University of North Carolina lab），那里能够分析人体汞含量。你会得到一份报告，体内含有多少汞——测试结果会存入数据库，以便我们知道，这个大问题的波及范围。

如果你准备怀孕，你应该测试一下你的汞水平。如果你已经怀孕，你不应该再接触这些大型的鱼类产品，比如寿司。

无论怀孕与否，如果你吃了很多寿司，或者其他大型鱼类，你应该做个测试。

■汞中毒有哪些症状呢？

当然这要看情况而定。它可能会浸入神经系统：你可能会感到战栗；你可能会患上语言障碍症；可能有道不明白的感觉；你的手会颤抖。他们目前已经发现，很多曾经被认为与水银无关的其他疾病……现在已经确定与之相关。

■比如帕金森症？

是的，以及心脏病。汞会影响神经在体内传播信息的途径。如果神经给心脏不好的信息，你也许会得心脏病。具有讽刺意味的是，得出这些结论的是丹麦科学家，他们一直在法罗群岛（Faeroe Islands）做研究，那是丹麦的一个保护区。

他们得出这一结论，告诉那里吃鲸的人不要再吃它们，因为这对健康有害，而且会引起帕金森症、心脏病以及其他疾病。

他们也证明，这也会引起法罗群岛的孩子们发育迟缓。

■然而，不久前，在法罗群岛，人们屠杀了上百头海豚，我们可以通过因特网看到这些血腥的场景。遭到大屠杀的海豚的鲜血再次横流海湾。为什么？这似乎是一个人生典礼——为了庆祝那里的年轻人成熟了，他们这样做是为了取乐、寻求刺激……他们也吃了大量的海豚肉。非常野蛮，会激怒你参与到行动中来。

想到人们在大量屠杀这些美丽无辜的生命，从而获得愉快和娱乐，真让人难以接受——单单是为了取乐。

这些人明显发展出了某种嗜血欲，他们对生命没有任何怜惜。这使我很困惑——一个人怎么可以对同类没有丝毫怜悯之心，让它们如此痛苦，陷入不必要的野蛮的死亡中，仅仅是为了取乐。

■多么痛苦啊！当动物还活着的时候，他们撕开它们的喉咙，拖着它们。它们在海湾的血污中，颤抖着做生命的最后挣扎。

我不想把焦点放在这里，但那就是现实。我们必须认识到正在发生的一切，那是非常重要的。看一看就走开，认为自己不必为阻止这些行为做出努力，这很容易，但是我们要为改变这一切负责。我们应该是地球上最高级的物种，但是我肯定，哈迪，你同意那尚有疑问吧。

我们自认为是智慧物种。我们自己宣称的！

■是的——我们肯定知道，我们对其他物种造成了巨大的伤害。那不是“现代人”的所作所为！抹香鲸的大脑是地球上最大的大脑……因此我们不是最聪明的。

我在加拉帕戈斯群岛（Galápagos）和多米尼加岛遇到了很多友好的抹香鲸，在有些情况下，只有几头鲸在那里，我和它们相距只有8到10英尺。我与一头母鲸及它的孩子待了45分钟，我看着它的眼睛。我看到一个温馨的场景：其中一头年轻的抹香鲸，用自己的胸鳍举起它新出生的孩子，一直举到水面上。这些动物拥有和我们一样的情感——它们有思想、记忆，有美好和相互爱护的感觉。

■有团队感……它们以家庭或者团队为单位旅行，它们很高兴——它们多么美好啊。但是在大自然中，我们从未看到动物为了取乐而杀戮——或者为了单纯的娱乐。那似乎只是人类的行为和情绪。

如果我们捕猎并杀戮鲸和海豚，想象一下世界会变成什么。在一些保护区，它们变得非常友好。人类和动物，比如鲸或海豚相互信任、沟通，还有什么比这更美好的事情？对我来说，活着是一件奇妙的事情。

■我也是。在我出海的有限经历中，我高兴地盯着鲸的眼睛。当它们与你眼神交流时，它就改变了你的生命。生命在此之后不再一样了。它很敏锐、深刻，你可以真切地感受到穿过你身体的更高等的智慧。

它令人羞愧……它是如此神圣。

我完全同意。我也曾被很多鲨鱼看到，那不是相同的互视！

■哈哈！我对那个眼睛不是很兴奋——与鲨鱼的眼神接触！

是的，我也能看出区别。鲨鱼在你身边穿过，看着你，只是说："我不能吃这个。"然后就游过去了。但是当你与海豚和鲸的眼神接触时，你看到眼睛后面有智慧。那个生命也在看着你，也许在想："我很奇怪，这个笨拙的生物是什么，怎么出现在我的领域中——看来是无害的，它对我很好奇，因此让我们调查一下……"

现在，巴哈马群岛的鲸，我们曾在那里待了三十多年——非常友好。它们喜欢和我们嬉闹。

它们把孩子带到我们身边。有时，它们把孩子交给我们，转过身，然后去觅食。

现在想想，它们为什么这么做？

■因为它们把我们当作保姆！

它们是这样的！它们认为，一条鲨鱼不可能靠近这么大的船只，因此在我们跳到水里，和小鲸一起游泳时，母鲸就离开了，可能去捕获食物。之后它们回来了，看到小鲸是安全的。那是信任，这非常重要，观察到这些情景真令人惊叹。你无法误认为是其他的东西。

曾经有一条锤头鲨直接向我游来。世界上有很多不同品种的鲨鱼，它们中的大多数你不必担心，但这种是真正的大西洋锤头鲨，非常危险的生物。

锤头鲨直接向我游来，我将摄影机打开，开始拍摄——其他没什么可做的了。4只海豚，非常年轻的雄性海豚，火箭似的奔来，就像一小队战头机，它们在锤头鲨上面，发出它们的声波——非常强烈的声波，它们在破坏鲨鱼的感知觉。当那一切发生时，锤头鲨试图以最快的速度离开：它无法快速移动了！

幸运的是，摄影机拍摄成功，我有这一场景的全程录像。

在纪录片中，我们称它们为海豚保护者。你无法否认这一事实，这些海豚为我和鲨鱼调停。它们这么轻易地把事情处理了——它们似乎不喜欢鲨鱼。它们对它一哄而上，将它赶出去。

■你本该早点谈论声音，我很想听一听。我听说有一盘磁带，记录了一个海洋生物学家的研究。他坚定地与鲸交流，对其音乐模式做了意义重大的研究。他记录下自己研究座头鲸25分钟的明显的回应声音模式。他在水面上吹奏单簧管，座头鲸能够对他的音乐做出回应。他对鲸吹奏音乐，鲸试图模仿那些声音！听闻这头巨大的鲸尝试跟随节拍，与音乐共鸣，我觉得真是令人难以置信。

是的，它们对那个声音有所反应。曾经有一个叫吉姆·诺兰（Jim Nolan）的人，研究了世界上所有的鲸和海豚。它们是听觉生物，而人类是视觉动物，因此它们自然会对声音感兴趣。

一些声音对它们有吸引力，而有一些却不会。当我们第一次对海豚弹奏音乐时（那是1978年），我们发现，海豚从几英里外赶来……但是它们很快对声音失去了兴趣。你必须添加一些新的东西，否则它们就会离开。那就是我们使用计算机系统的原因。早些时候，我们跟踪它们的声音，并将其录入我们的计算机，然后再把声音播放给它们听。2004年，一旦我们出海，我们就会记录下它们的声音，然后同步播放给它们听。它们大概会想：

“嗨，这些人变得聪明些了！”

■或许它们也许在想，你变成一个更出色的音乐家了。

啊！亲爱的哈迪，要是我们有此突破，我们就可以了解鲸和海豚，最后知道它们的说话内容和感觉了，那不是很好吗？

在星际接触上，我们正致力于这一课题：SETI项目希望从太空中拦截到信息，并破解密码，为什么不呢？让我们彻底研究鲸目动物，因为我们的海洋生物确实有伟大的语言和智慧，这些伟大的生物正等待我们去了解它们，与它们沟通。

我想说，最好的方式就是保护它们免受直接伤害，免受我们投入到海洋中的化学肥皂泡的伤害。

■从玄学的角度，我还想说，这些大型鲸和海豚正在编织海洋的音乐——帮助海洋保持平衡状态。我目前正在撰写这一方面的书，《在我们离开你们之前——来自鲸鱼和海豚的信息：我们为什么选择自杀？》(*Before We Leave You: Messages from the Great Whales and the Dolphin Beings*)将于2011年出版。但是现在，我想要呼吁帮助这些生物的实际可行的途径。

它们不会说话，不能保护自己避免落入那些邪恶之人的手掌。我们必须全力以赴帮助它们，正如意大利人说的那样——重大的时刻到来了。因此，大声喊出你的抗议，给我们的领导人写信，投入到这一事业。

我认为，我们目前已经到了一个拐点上。就是现在。我们大家都需要做这项工作。海洋真的处于非常危险的境地中。人们需要认识到这一点，积极行动。

■政府和私人机构谋杀经济发展模式的其中一个备选方案就是，发展鲸观光旅游业。如果你可以，找到一个严肃的、生态型的鲸观赏组织，它可以把人们带到海洋上，与鲸亲密接触，以此教育人们关心海洋中的生物。当然，我指的并非是聚会船只。如果你确实和这些美丽的生物亲密接触了，

它将感动你，而这份感动是你从未体会过的。

它们请求我们人类的帮助——“有大脑”的生物。它们需要我们以继续存活……我们需要向它们展示：我们这些觉醒的人是如何爱护、尊敬、敬畏它们的。

当然，我们可以抽出时间致力于那样的愿景和探索。没有这些大型鲸和海豚生物，海洋的音乐将会永远沉寂。

****

欲知“蓝色之音”和哈迪·琼斯正在从事的工作，即他们拯救海豚、鲸，保护海洋的工作，可以登录他的网站：www.bluevoice.org。

致谢

Acknowledgments

非常感谢这些人，他们耗尽一生心血，给需要愿景和方向的世界带来希望和可能的新景象。这些睿智的人们，在这次访问中，慷慨地与我们分享深刻的思想和观点——不只是他们，还有地球上所有的光之工作者。你们带着使命前来，娓娓而谈，为整个人类、环境、我们周围的生物，以及星际的神——盖亚她自己，带来更多的福祉。我感谢 BBS 广播网股份有限公司（BBS Network，Inc）总裁唐纳德·纽森（Donald Newsom），感谢他不知疲倦地将这自由之声传递到全世界——尽管来自各方面的压力希望他和我们所有的工作者保持沉默。和往常一样，我非常感谢无私奉献的北大西洋出版社（North Atlantic Books）的特别小组，他们不断给我们提供支持和平台，我才得以自由地给大家带来我发现的事实。感谢帕特丽夏·贝尔特罗提（Patrizia Bertolotti），她鼓励我从这些难以置信的访问中创作了这本书。非常感谢弗雷德·哈格德（Fred Hageneder），感谢他从我大脑的图片中创造出了封面。感谢杰恩·罗丝（Jayne Rose），她记录下访问内容，这真是一项最为沉闷的工作。感谢所有的朋友、同事和各地的光明工作者，他们频频与我联系，对我们的璀璨的星球盖亚付出了爱和同情。你们是最伟大的礼物。把我的爱给萨拉（Sara）；我爱的灵魂伴侣弗朗索（Franco）；洛奇（Rocky）、托斯卡（Tosca）和基卡（Kika）。你们是我灵魂的守护者。